アジア女性基金と慰安婦問題

回想と検証

和田春樹

明石書店

目次

はしがき

アジア女性基金、正式には、「女性のためのアジア平和国民基金」は、一九九五年七月に村山自社さ連立政府が宮澤自民党政府の河野官房長官談話に基づいて慰安婦被害者に対する謝罪と国民的な「償い」の事業をするために設立した財団法人である。基金は呼びかけ人に赤松良子、大沼保昭ら二〇人を立てて、理事長原文兵衛のもと、有馬真喜子ら理事、横田洋三、高崎宗司ら運営審議会委員、伊勢桃代事務局長と事務局員らが活動した。民間基金と言われるが、政府の政策を実行するための官民協力の機構で、全額政府資金により運営された。慰安婦問題の他、女性の名誉と尊厳に関わる諸問題にも取り組むという任務も与えられ、その全業務に投じられた国家資金は存在した一二年間に四六億円に上った。

基金は、次のように定義される慰安婦犠牲者を対象として事業を行った。「いわゆる『従軍慰安婦』とは、かっての戦争の時代に、一定期間日本軍の慰安所等に集められ、将兵に性的な奉仕を強いられた女性たちのことです。」これには、さまざまな方法で日本軍慰安所に集められた女性たちの他、フィリピンでは軍将兵に拉致され、兵営ないしその近くの建物に監禁され、連続的にレイプされた准慰安所での犠牲者もふくめられた。

基金はその人々に対して総理大臣が署名したお詫びの手紙と基金理事長の手紙を届けた。さらに、基金は広く国民から五億六五二五万円の醵金を集め、この資金で韓国、台湾、フィリピンの被害者二八五人に、一人当たり二〇〇万円の「償い金」を送った。そしてこれらの人々に政府資金により医療福祉支援（韓国台湾には三〇〇万円、フィリピンには一二〇万円規模）を行った。この他に七九人のオランダ人被害者のためには、政府資金による医療福祉事業金一人当たり三〇〇万円を渡した。

基金の事業に対しては、韓国、台湾では強い反発が示され、責任をとろうとしない日本政府の隠れ蓑であると言われ、多くの被害者が受け取りを拒否した。その結果、基金の事業を受け取ったのは、韓国が六〇人（六一人に送金したが、うち一人には届かず）、台湾が一三人と、登録被害者の三分の一を下回った。他方で、フィリピンでは二一一人、オランダでは七九人と、大多数の被害者が受け取っている。慰安婦被害者個人に対する事業は以上の三国一地域に限定されて行われた。それ以外の国では、インドネシアでは、高齢者のための福祉施設の建設への資金三億八〇〇〇万円が基金からインドネシア社会省に渡されただけで、中国、朝鮮民主主義人民共和国、マレーシア、東チモールの被害者に対しては基金はいかなる事業も行わなかった。

基金は二〇〇二年に被害者個人に対する償い事業を終え、インドネシア事業の終了を待って、二〇〇七年に解散した。解散後、基金はネット上にデジタル記念館「慰安婦問題とアジア女性基金」をのこした。

アジア女性基金は、日本の戦争により被害と苦痛を受けたアジアの被害者に対する謝罪と償い、贖罪の国家的事業を行った機構であった。戦後史の中で前例のない組織であり、事業である。その経験は日本の国民の貴重な達成として記憶され、その功罪が繰り返し検証されなければならない。

現実には、基金のことは二〇〇七年の解散以来忘れられてきた。しかし、慰安婦問題が二〇一一年の韓国憲法裁判所の判決以降、日韓政府のあいだの懸案として再浮上してきたため、アジア女性基金の記憶もよみがえってきている。日韓政府の合意によって慰安婦問題の解決を図るにあたって、アジア女性基金の歴史をふりかえり、基金の功罪を検証すること、基金の経験から学習することも必要になっている。

私は、一九九五年基金の発足のさい、依頼を受けて、呼びかけ人となり、以後、運営審議会委員、同委員長、理事などとなり、二〇〇五年春から解散の二〇〇七年三月までは専務理事、事務局長をつとめた者である。私は、職業は歴史家であり、大学の教授であった。その私がこの基金に関わるようになったのは、私の市民運動家としての経歴と関係がある。

私は一九六八年五月に自分が住む東京都北西隅の町の上に飛来する米傷病兵輸送のヘリコプターとベトナム戦争の関係について訴えるビラを駅前で配った。それが私の市民運動の最初の行動だった。そのときビラには次のように書いた。

「この汚い戦争は、結局は終るだろう。だが、そのときには、アメリカは人類の名で裁かれ、厳しく罰せられるに違いない。もしもアメリカが裁かれ、罰せられることなく、この戦争が終るなら、世界のどこかに第二のベトナムがつくられることはまぬがれない。」

そのビラを配って、私はベトナムの平和、ベトナム人の勝利、アメリカ軍の敗北を実現するために、市民運動をはじめた。七年たって、一九七五年、戦争はベトナム人の勝利、アメリカと韓国の敗北に終わった。輝かしい勝利であった。しかし、これは苦い勝利だった。アメリカは裁かれなかったのである。

自らの侵略の罪、残虐な軍事作戦の罪を認めることもなく、ベトナムに対して謝罪も贖罪も行っていない。

私は、ベトナム戦争に反対する運動をつづける中で、一九七三年の金大中《キムデジュン》氏の拉致事件に衝撃を受け、韓国民主化運動に連帯する市民運動を起こすことになり、その全国的組織の事務局長となった。そのように踏み出したのは、日本の歴史家として、朝鮮問題が自分たちの歴史の核心問題であることを理解していたためでもある。韓国の民衆市民の運動は厳しい、苦しい闘いであったが、一九八七年六月ついに軍事独裁政権に勝利し、民主革命を成就した。これはまさに偉大な勝利であった。

私は韓国の人々のこころを知るところから、朝鮮植民地支配に対して日本人が反省し、謝罪することが重要であることを認識した。その結果、植民地支配反省謝罪の国会決議を求める運動を一九八四年からはじめており、八九年からは本格的に開始した。この運動は一九九〇年代前半には戦後五〇年の国会決議を求める運動に発展した。他方で、一九九四年には、過去の戦争について反省も謝罪もしてはならぬという自民党保守派（奥野誠亮、板垣正、安倍晋三ら）の運動が台頭した。このため、戦後五〇年の国会決議は植民地支配の反省も、侵略戦争についての反省もすこぶる弱い調子のものに抑えられてしまった。

慰安婦問題は民主革命勝利後の韓国の女性運動から提起され、一九九〇年から日本政府に謝罪と補償を求める要求を突きつける挺対協の運動がはじまっていた。一九九三年に河野官房長官が慰安婦問題についての調査に基づく認識をまとめ、謝罪を表明する談話を出すという画期的な前進を果たした。その謝罪を表す措置を考えることが、一九九四年に生まれた村山自社さ連立政権に委ねられたのである。その状況の中で、村山政府も慰安婦被害者に対して補償はできないとして、国民の参加をえて、新しい方式を追求するとしていたが、それには韓国から強い批判がよせられていた。

慰安婦問題の謝罪と償いのための基金をつくるにあたり、政府から協力を求められて、私が呼びかけ人になることを承諾したのは、一九九五年の日本社会の到達レベルがなお脆弱なものであり、保守派のさらなる攻撃を受ければ、後退しかねないと考えたからである。一九九五年の歴史認識のレベルを後退させてはならない、このレベルを守り、前進させなければならないと私は考えた。

アジア女性基金での運動は、政府の要請を受けて、市民として問題の解決のため政府に協力するというはじめての活動であった。アジア女性基金は韓国からも日本の内部でも厳しい批判にさらされた。それが足かけ一三年間つづいたのである。私は基金の出発時四年間は呼びかけ人という基金の定款にも規定のない立場で、基金のために働いた。そのころの外部の批判者の集会で「私は基金の中で市民運動をやっている」と述べたことがあるが、自分の信念に従って、自分の意志で、自分にできることをやって、自由に働いた。その結果として、基金の公表文書は最初の呼びかけ文以外ほとんどすべて私が関与して作成されることになった。基金はその私の活動を受け入れたのである。私は、その間、機会があれば、アジア女性基金を改造、改善したいと願っていた。しかし、私が行ったことは、最後まで基金の基本コンセプトに従って、アジア女性基金の事業を最大限望ましい形で実現することであった。基金の解散にあたって、私はネット上にデジタル記念館「慰安婦問題とアジア女性基金」をつくりあげた。アジア女性基金の資料をできる限り公開し、国民の批判的検証が可能になるように努力したが、なお多くの資料は公開されていない。

基金が終わってから、足かけ一〇年になる。私は、アジア女性基金の事業がのこした問題を解決する責任を感じて、この間慰安婦問題の解決のために、関心を持続し、社会的発言をつづけてきた。二〇一五年一二月の日韓両政府の合意によって、慰安婦問題の最終的解決が宣言されようとしているいまは、あらためて本質的な議論がなされなければならないときである。韓国の人々はいまも納得していない。その中で韓国の新財団、「和解・治癒財団」は事業を開始するところである。

私は、基金に関わった歴史家として、アジア女性基金の歴史を書くことは私の責任だと思ってきた。本来であれば、高崎宗司氏と共同の作業として書くことを希望していたが、高崎氏が病をえたためにそれはできなくなり、私一人の仕事として進めることになった。

本書を書きはじめたのは、二〇一四年のことであった。第一稿が完成したので、平凡社に出版を依頼したが、このような大部の本よりは新書版で問題のエッセンスを世に問うことが必要ではないかと説得され、二〇一五年五月に『慰安婦問題の解決のために――アジア女性基金の経験から』(平凡社新書)を出すことになったのである。アジア女性基金については、そこで一通りは書いたのだが、なお完全版として本書を何度も書き直して、新書の編集を担当した関正則氏が明石書店に勤め先を変えたのに従って、明石書店で出版をお願いすることになった。

このように書き直しても、新しい資料の発見があり、自らの認識を修正せざるをえなくなったことが一度や二度ではない。アジア女性基金の歴史の全体像をつかむことはそれほどに難しいことなのである。もとより政府の資料がすっかり公開されなければ、完全にはわからないだろう。それでも、私は自分の経験したことと自分の手元にある資料を検討して、ぎりぎりのところにまで肉迫したつもりである。

いまから思えば、村山談話とアジア女性基金の一九九五年は希望の年であったと言わざるを得ない。そのとき私は五七歳であった。いまは二〇一六年、私は七八歳の老人だ。私には二〇一六年の日本が濃い霧の中にあるように思える。その霧の中にいる同時代人たちに本書を捧げたい。

第1章　われわれはいかにして慰安婦問題を認識したのか

戦後日本における慰安婦問題認識

日本人で軍隊に入って、中国から東南アジア、沖縄で戦って、生きて国に帰った将兵の数は二七〇万人と言われている。この人々が戦争しているあいだ、部隊の中か、そばに慰安所があり、そこに慰安婦がいた。この人々は戦争での経験を語ることは少なかった。慰安所と慰安婦のことが語られることはほぼ皆無であった。わずかに戦場の兵士を主題にした小説の中に慰安婦が描かれたにすぎない。だから戦後世代の日本人は慰安婦という存在を知らなかった。

朝鮮植民地支配ということも、戦後の日本人が注意を向けないことがらであった。その問題に関心を向けるべきだと呼びかける声は小さかった。そういう努力の一つが、在日朝鮮人作家金達寿の長編小説『玄海灘』であった。一九五二年一月から雑誌『新日本文学』に連載され、五四年一月に筑摩書房から単行本になって、広く読まれるようになった。大東亜戦争中、日本から京城にもどって、新聞記者になった朝鮮人青年が民族主義的抵抗の流れに身を投じていく過程を描いている小説だが、この中に「慰安婦」に関する記述がある。

主人公西敬泰の友人白省五にその同志である友人朴定出が「奴らは田舎からは女の子たちをも狩出し

て、その南方へ慰安婦としておくり出しているそうですが、これは本当だろうか」と訊く場面がある。作家は次のような説明を加えている。

「日本軍が朝鮮をその兵站基地としたのは、もうすでに久しいことであつた。それが太平洋戦争に入るにおよんで、……男子にたいする徴兵・徴用はもちろんのこと、若い娘たちをも前線に引き出していって、その不潔な軍隊のいわゆる慰安婦としていることはもはや公然の事実であつた。」

　そのような考えから白省五は「それは本当ですよ。彼らのやりそうなことで、さいご的な発悪《パルアグ》（あがき）ですね」と朴に答えた。

　朴は「すると、その退却し、全滅するもののなかには、あの罪のない連中や女の子たちもいるわけですね」としずかな声で言った。

「省吾は、びっくりしたようにその朴定出の顔をみた。というのは彼はそれには、そこまではほとんど気がついていなかつたからであつた。朴定出は横を向いて、しばらく何かに耐えているようであった。と、彼は顔を上げると突然がりつがりつと奥歯をきしりあわせながら叫んだ。「うん、畜生！　畜生奴ら、いまにみろ！　おれは死んでもいい。死んでもいいんだ！」省五は思わず引き込まれるようにして、彼のその憎悪に燃え立つて歪んだ顔をじいつとみ入った。おなじ感動が胸を打つて突き上げてきた。」（筑摩書房版、二四七－二四八頁）

　しかし、金達寿の小説のこの部分に注目した論評は知らない。当時高校一年生の私はこの小説を精読し、感想文も書いたのだが、このことには注意を向けていない。

　転機は一九六五年に訪れた。この年日韓条約の国会批准に反対する運動が起こり、大きな盛り上がりをみせた。その運動の中で広く読まれたのは、日本朝鮮研究所の本、『日・朝・中三国人民連帯の歴史と理論』である。安藤彦太郎、寺尾五郎、宮田節子、吉岡吉典の四人の名が筆者として挙げられている。この本は、一九六四年六月に出版され、六五年末までに一万三千部も売れたという（佐藤勝巳『わが体験的朝鮮問題』東洋経済新報社、一九七八年）。朝鮮植民地支配の実態、日朝関係などについて、まさに基礎知識を与えてくれたハンドブックであった。この本には、慰安婦という存在について、はっきりと書かれていた。

「最後に一言つけ加えなければならぬのは日本帝国主義者がやった朝鮮の婦人に対する政策です。それは、いくら事実を事実として語ることが歴史であるといっても、口にするだけでも恥ずかしいような所業です。日本帝国主義者は、売春制度の一番底辺の部分に朝鮮婦人を大量に投げ込みました。特に、軍隊を相手とする慰安婦制度こそは、最も野蛮と汚辱にみちたものでした。それは一人の慰安婦が、列を作って次々に押しかけてくる五十人の天皇制日本軍兵士を一日で相手にすることをノルマとした制度でした。それは、朝鮮本土のみでなく、『満州』でも、『支那大陸』でもまた『南方』でも、わが『皇軍』のすべての前線に『慰安婦部隊』として配置されていたのです。その八割までが、強制的に連れ出され、狩り出された朝鮮婦人でした。」（四八－四九頁）

「しかも、この慰安婦部隊についてはさらに、一言しなければならぬことがあります。それは『皇軍』が敗戦・退却の際に、これら慰安婦を現地に置き去りにしたのはまだよい方で、ひとまとめにして殺してしまったのが大部分だということです。このようにして、日本帝国主義の最もけがれはてた側面は、地上に『資料』も証拠も残すことなく、抹殺されたのです。」（五〇頁）

もっとも、当時運動の中でこの日本朝鮮研究所の本と並んでよく読まれた『ドキュメント朝鮮人――日本現代史の暗い影』（藤島宇内監修、日本読書新聞出版部、一九六五年六月）には、慰安婦の話は出てこない。他方で六五年五月に出版され、長くロングセラーとなった朴慶植《パクキョンシク》『朝鮮人強制連行の記録』（未来社）には、「戦時中、朝鮮女性が慰安婦として多数戦線に動員されている」（六七頁）、「うら若い同胞の女性が多数『女子挺身隊』、『戦線慰問隊』などの名目でひっぱられ、『慰安婦』として戦争遂行の犠牲にされた。……全体の数は数万に上ると思われる」（一六九頁）と書かれている。

慰安婦問題についての知識は朝鮮問題に関心をもつ私の頭の中に入ったのだが、それは過去の歴史の暗黒の一頁についての知識としてであった。

七〇年代の日韓連帯運動の中で

一九七〇年代には、韓国の民主化運動が起こり、それに応える連帯運動が日本ではじまった。発端は一九七三年八月八日の金大中《キムデジュン》拉致事件であった。一九七四年には青地晨が代表である日韓連帯連絡会議（日本の対韓政策をただし韓国民主化運動に連帯する日本連絡会議）が設立された。私が事務局長をつとめた。日韓間に発生していたさまざまな問題が押しよせてきたが、その中の一つがキーセン観光の問題であった。当時は年間五〇万人以上の日本からの韓国訪問客の八〇％が男性で、買春を目当てに行くと言われていた。だから日韓連帯連絡会議の結成宣言にも、私は「キーセン観光に出かけ、韓国女性をカネの力で凌辱する日本人は、日韓両国政府の共犯者である」と書き、「日本人観光客と観光業者は、恥ずべきキーセン観光、集団買春をやめろ」というスローガンを掲げたのであった（青地晨・和田春樹編

『日韓連帯の思想と行動』現代評論社、一九七七年)。

私たち以外では、婦人矯風会の高橋喜久江たちが韓国の教会女性連合会の訴えを受けて、すでに運動を開始していた。朝日新聞の記者であった松井やよりも全アジアの観点から記事を書きはじめた。韓国に行く男性観光客に羽田でビラを配る女性グループの行動がはじまったが、そのビラに戦争中の慰安婦のことが想起されていた。「かって日本は朝鮮を植民地とし、多くの娘たちを従軍慰安婦として狩り出した。その同じ地に、今日では金さえ持てば何をしてもよいとばかりに、集団をなして、隣国の女たちを辱めに行く。」これはこの年の一二月のビラの一節である。つまり日韓連帯の市民運動がはじまった最初から、運動参加者には慰安婦問題は現実の問題との関連で認識されるようになったのである。

日韓連帯の市民運動は、一九七四年春の民青学連事件で、詩人金芝河《キムジハ》が背後操縦者として死刑判決を受けると、「金芝河を殺すな」という気持ちから大変な盛り上がりをみせるようになった。このキャンペーンで在日朝鮮人の作家金達寿《キムダルス》、李恢成《イフェソン》、歴史家李進熙《イジンヒ》、それに鶴見俊輔氏らが数寄屋橋でハンストをした。私はこの人々を支えて働き、親しく交わるようになった。在日朝鮮人の知識人たちは、翌一九七五年の二月から雑誌『季刊三千里』を創刊し、私は創刊号に「『金芝河を助ける会』の意味」を寄稿した。『季刊三千里』は日本と朝鮮の間にある問題を系統的に取り上げて、日本人の目を開くのに大きな役割を演じた。しかし、この雑誌は一九八七年五月の第五〇号で廃刊するまで、慰安婦問題は一度も取り上げなかった。もちろん『玄海灘』の著者金達寿氏とすれば、忘れている問題ではあり得ない。しかし、おそらく、この問題はあまりに深刻な問題で、語るのもはばかられるという意識があったのであろう。

千田夏光と金一勉の本

だから、日本では、七〇年代には慰安婦についての書物が出るようになったのだが、それらの本はわれわれ運動する市民の世界には入ってこなかった。ルポライターの千田夏光は一九七三年に『従軍慰安婦――〃声なき女〃八万人の告発』（双葉社）を刊行し、翌年その続編を同じ出版社から出版した。この二著はのち一九七八年には三一新書におさめられ、一九八四年には講談社文庫におさめられるというふうに、このテーマでの代表的な文献となるのである。しかし、この著者のことも、この本のことも、私たちは長く注目しなかった。

千田夏光は毎日新聞の元記者で、この本を書くのに取材をよくした。ソウルを訪問したとき、『ソウル新聞』副編集局長であった鄭達善から「一九四三～四五年まで挺身隊の名のもとに若い朝鮮人約二〇万人が動員され、うち五～七万人が慰安婦にされた」、日本は「引っ張った挺身隊の記録を敗戦が決まると、全部焼き捨て正確な被害資料は残さなかった」と聞いた。千田は、軍「慰安婦」とは日中戦争の中で日本陸軍が必要としてつくりだした存在であるとし、その総数を八万から一〇万人と想定し、その大半は朝鮮人女性であるとした。彼女たちははじめは騙して連れ出されたが、一九三八年ぐらいからは「挺身隊」に行けということで大量に連れ出された、軍の命令を受けた朝鮮総督府が行政機構（警察など）を駆使して娘たちを強制連行したという認識を打ち出した。その裏付けとされたのは、京畿道の村の居酒屋の主人申河澈が自分の村のことではないが聞いた話だとして語ったという、次のような言葉である。「まず連れて行く三日前に〃お前は挺身隊だ〃という通知書」を警官ももってくる。「逃亡の気配があると見た者は逮捕し手錠をかけて留置場に放り込みました。」「一八歳以上の未婚の女性のすべてと言ってよかったと思います。」「江原道では空トラックに警官が乗り、娘狩りをしてまわったという話もある。」（千田夏光『従軍慰安婦』双葉社、一九七三年、一一〇頁）。千田は慰安所での慰安婦たちの悲惨な状況について、くわしく叙述しているが、「長い駐屯生活で同じ慰安婦と暮らしていると、女房みたいな気になってしまう」「兵隊たちは彼女らを大事にしていました」という元軍人の回想も限定的な状況だとしながら紹介している。総じて、千田は取材に基づいて、つとめて客観的に慰安婦の実相に迫ろうとしていたと言える。

千田につづいて、慰安婦問題で本を書いたのは在日朝鮮人のライター金一勉《キムイルミョン》であった。彼は一九七二年に『現代の眼』四月号に、自民党代議士荒舩清十郎がその年はじめに学生の火炎ビン闘争について述べた意見を取り上げて、「荒船発言は未見の『震災大虐殺』を呼んでいる」と批判する文章を書いたが、そのさい、荒舩が一九六五年一一月二〇日に秩父郡市軍恩連盟招待会でした講演の記録をも紹介して批判した。この後者の講演の記録は集会に出た人物によってメモされ、赤旗編集部の吉岡吉典にもちこまれたものである。吉岡はこのメモについて赤旗にのせるのをはばかったが、何がしかの真実がふくまれているかもしれないと考えて、金一勉に提供して書かせたのである。問題の部分は日韓会談についての次のくだりである。

「徴用工に戦争中連れて来て兵隊にして使ったが、この中で五七万六千人が死んでいる。それから朝鮮人の慰安婦が十四万三千人死んでいる。日本の軍人がやり殺してしまったのだ。合計九〇万人も犠牲になっているが、何とか恩給でも出してくれと言ってきた。最初これらの賠償として五〇億ドルと言ってきたが、だんだん負けさせて今では三億ドルで手を打とうと言ってきた。」

この発言は何の根拠もない放言であったが、四半世紀後に国際的に大きく取り上げられ、いわゆるマクドゥーガル報告の中で慰安婦、「性奴隷」の苦難を説明する資料として引用されることになる。

金一勉はこの荒舩発言に怒りを感じたことから、慰安婦問題を調べるようになった。一九七四年から雑誌に連載し、七六年一月になって三一書房から単行本『天皇の軍隊と朝鮮人慰安婦』を刊行した。この本の特徴は、千田の本を前提に自らの日本帝国主義批判を加え、慰安婦物語を文学的に叙述し、体系化したところにある。彼は、日中戦争に入って、総督府が朝鮮人の新たな民族的抵抗をおそれて、「朝鮮民族の全面的な骨抜き――民族解体のプラン」を立てた、その「朝鮮民族衰亡策」の柱が朝鮮人の満州移民、朝鮮人労働者の日本への強制動員、朝鮮の未婚女子の軍隊慰安婦化であったと主張する。これは想像から生まれた主張である。

具体的には、金一勉は「女子愛国奉仕隊」の募集が行われたとするが、このような名称も存在しない。金は京畿道永平郡の五人の娘が村の巡査によって「女子愛国奉仕隊」に志願させられ、京城で売春業者に渡され、中国の軍の慰安所に売り飛ばされたという物語を叙述しているが、これは彼の創作であろう。また後述する林鍾国《イムジョングク》の文章「ドキュメンタリー 女子挺身隊」から韓国人兵士の目撃証言を引用して、「このようにして連れ出された朝鮮の婦女子の数は、推定一七万～二〇万人とみている」としているが（七九頁）、この人数の推定の根拠は示されていない。

そして金一勉は太平洋戦争の時期になると、慰安婦の動員は「朝鮮半島における女狩り」の様相を呈したと書いた。「朝鮮における人狩りはメチャクチャになった。それは中世の『奴隷狩り』を思わせ、野犬狩りの風景を呈した。……朝鮮では片っ端から、女子の動員が強いられた。」「目ぼしをつけた娘に対しては、三日前に『挺身隊』を指名する通知を巡査が届けにいく。総督府の指示を受けた末端の輩は、いかなる手段を使っても、割りあてられた頭数をそろえる必要から、血眼になって駆けまわった。ある山村地域では割当て人員を達成しようとトラックで走りまわった。そして『挺身隊』を指名する通知を出し、もし逃亡する気配のある女は捕えて手錠をかけて留置場へ放りこんだ。捕らえた娘たちをトラックに乗せると、都会の大きな建物の中に監禁せしめ、港の船便を待つという具合であった。」(一八二頁)。

最後に金一勉は慰安婦総数の「その八割から九割までは一六歳から一九歳の朝鮮人の娘をだまして投げ込んだものである」と「あとがき」に書いている(二七七頁)。年齢の根拠はこれまた何一つ挙げられていない。

金一勉の本が出た翌年、一九七七年三月には、吉田清治『朝鮮人慰安婦と日本人——元下関労報動員部長の手記』(新人物往来社)が出た。この本は、著者自身の半生と中国での経験を描いた上で、郷里下関にもどって、副題にある職について行った仕事を回想している。その内容は一九四三年九月の下関大坪での朝鮮人土工五〇人の募集と慶尚南道永川郡に出かけて行った労働者一〇〇人の強制的徴集(「朝鮮人狩り」)、そして四四年四月に行った下関大坪での従軍慰安婦一〇〇人の募集(「慰安婦狩り」)である。この最後の募集については、「昭和十九年四月三日付けの山口県知事の命令」ではじめて「皇軍慰問・朝鮮人女子挺身隊百名」を集めることになって、下関市内の朝鮮人部落で朝鮮人女性を募集した。募集の仕方は相当に強引なものになり、病院雑役婦といつわって募集した、「慰安婦の動員命令だけは不満で腹だたしかった」と書いている。描かれている募集は「慰安婦狩り」というような暴力的なものではまったくなかった。

この本は非常に会話が多く、情景描写もきわめて細かく、回想記の域をこえていた。話の筋も脚色があると思えるところがある。吉田清治が満州での同僚の朝鮮人を自分の養子にする話が描かれるが、この朝鮮人青年の父は関東大震災で殺されたとされており、その父の命日に応召したこの青年は戦死したと書かれているのである。また上海の中華航空につとめていたとき、フランス領事館員の依頼で中国人を飛行機に乗せたところ、それが朝鮮の民族主義者金九《キムグ》であり、その責任を追及されて吉田は逮捕され、軍法会議にかけられ、日本の刑務所に二年間投獄されたと書いている。金九という有名人をからませて話を面白くしていると感じられる。自分の経歴をある程度は反映しているのだろうが、これは回想文学というジャンルの作品で、証言とみることはできないと思われる。

しかし、この本の「あとがき」に吉田は自分の立場を次のように書いた。「朝鮮民族に、私の非人間的な心と行為を恥じて、謹んで謝罪いたします。吉田清治。私はこの文を三十年前に書くべきだった。戦前、朝鮮民族に対して犯した人間としての罪を、私は卑怯にも三十年間隠蔽して語ろうとしなかった。」「戦前戦後を通じて、私は民族的悪徳をもって一生を送ってきたが、老境にいたって人類共存を願うようになり、人間のすべての『差別』に反対するようになった。日本人の青少年よ、願わくは、私のように老後になって、民族的慚愧の涙にむせぶなかれ。」（一九八、二〇〇頁）

吉田がそのような気持ちをもっていたことは事実なのであろう。そうした反省を告白する日本人は少なかった。その限りでは異色な作品であった。

千田夏光の本も、金一勉の本も、版を重ね、多くの人に読まれたようである。吉田の本がどれだけ売れたかはわからない。しかし、朝鮮問題に関心をもち、日韓連帯運動に加わっていた私はといえば、どの本も買って読むことはしなかった。金一勉の本を出した同じ編集者が金芝河についての私たちの本を半年後に出版してくれたのに（室謙二編『金芝河――私たちにとっての意味』三一新書、一九七六年九月）、なぜか私は金一勉の本を一冊ももっていない。

韓国での慰安婦論

この時期の韓国では、慰安婦問題は日本よりも論じられることがもっと少なかった。韓国では、「慰安婦」と言えば、まず朝鮮戦争当時の韓国軍の「慰安婦」、「慰安部隊」のことで、戦後は米軍基地のまわりに集まる「米軍慰安婦」のことが語られていた。例えば一九五七年には「慰安婦が嬰児誘拐」（京郷新聞、二月二一日）、「二米軍慰安婦身の上悲観自殺」（東亜日報、七月二一日）などの記事がある。一九八一年にも「基地村慰安婦、米軍相手に九億ウォン分のヒロポン」を密売という記事が出た（東亜日報、九月二六日）。朝鮮日報を「慰安婦」で検索すると出る記事は一九五七年から一九七六年までに八八件あるが、すべて米軍を相手とする売春婦の記事であった。

日本軍慰安婦をさす言葉としては「挺身隊」が使われることが多かった。「挺身隊」とは何か、ここで説明しておこう。大東亜戦争の危機段階で一九四三年九月一三日日本政府が決定した「女子勤労動員ノ促進ニ関スル件」に基づいて組織されたのが女子勤労挺身隊である。「一四歳以上の未婚者等の女子」を動員して、「女子勤労挺身隊」を結成させ、「航空機関係工場、政府作業庁」などに派遣したのであった。四四年二月までに日本全国では一六万人が編成されたと言われる。朝鮮では後れて募集がはじまったが、四四年四月には第一陣、慶尚南道隊一〇〇人が日本本土の沼津市の工場に派遣されている。しかし、朝鮮では未婚女子に対する募集に強い警戒心、反発が起こり、四四年四月には、挺身隊動員からのがれるために結婚をいそぐ風潮が現れた。『京城日報』四月二二日号は「街は早婚組の氾濫」と報じている。この動きは、挺身隊に行くと、慰安婦にされるという噂と結びついていた。総督府が閣議に提出した四四年六月の資料には、「未婚女子ノ徴用ハ必至ニシテ中ニハ此等ヲ慰安婦トナスガ如キ荒唐無稽ナル流言巷間ニ伝ハリ」とある。このようなパニックが広がる中で、当局が否定すればするほど、女子挺身隊と慰安婦は一体のものであるという考えが広まったのである（高崎宗司「『半島女子勤労挺身隊』について」、『「慰安婦」問題調査報告・1999』四四‐四七、五七頁）。その結果、挺身隊に動員された娘たちが慰安婦にさせられたという観念は検証されないまま、社会の伝説となって定着した。挺身隊行きをのがれるために学校を退学して結婚した人々は、自分たちだけが災難を免れたといううしろめたさを感じていた。それだけに日本軍慰安婦問題は語ることのできない問題となり、挺身隊伝説がますます信じられていったのである。

韓国にはこの問題についての研究はほとんど存在しなかった。名著『親日文学論』（高麗書林）で知られる市井の大学者林鍾国が書いたリポート「ドキュメンタリー　女子挺身隊」（『月刊中央』一九七三年一一月号、邦訳『アジア公論』一九七四年三月号）がほとんど最初の文章であった。林は朴慶植の本を誤読して、朝鮮人慰安婦の数は「十四～十五万人に及んでいる」と書いている。林は慰安所での慰安婦の苦しみを説明したあと、唐突に慰安婦を「女子挺身隊員」と言い換え、一九四三年から女子挺身隊の動員がはじまったとして、次のように説明している。「職を離れた芸者・酌婦などに徴用令状が下され、彼女ら、女子挺身隊に組織されて日本軍の捌口に成り下がってしまった。良家の娘までが、第一線将兵らの慰安のために、或いは当局の強制的な取り計らいによって、女子挺身隊または慰安隊という名の下に、軍用慰安婦となってしまったのである。」

この程度の貧弱な叙述しかないので、七三年に日本で千田夏光の本が出ると、ただちに翌年、翻訳出版されたのは当然であろう（『従軍慰安婦——声なき女八万人の告発』新現実社、一九七四年）。韓国のジャーナリストの文章として、次に出たのは、私の確認したところでは、廉基瑢《ヨンギヨン》「奪われた男女たち——ドキュメンタリー女子挺身隊と徴用」（『月刊朝鮮』一九八〇年八月号）である。これも「女子挺身隊」と「慰安婦」を一体のものととらえており、具体的な記述は千田夏光の本からの引用で組み立てられている。

この年には、吉田清治の七七年の本、『朝鮮人慰安婦と日本人』の翻訳が『挺身隊狩りする人』という題で、日月書閣という急進派の出版社から出た。『京郷新聞』八〇年七月二四日号には、吉田清治の名と本の題名がのり、「日帝末期韓国の女性たちを慰安婦に強制連行、南方の島に送った張本人として労務報国会動員部長であった著者が三〇年後に書いた告白手記」と紹介された。小さな紹介記事であった。

翌一九八一年、この出版社は「日月叢書」というシリーズの第一冊として、林鍾国編著『挺身隊実録』を出版した。三〇九頁の大著であるが、その内容は、サラ・ソーや木村幹が指摘したように、金一勉の『天皇の軍隊と朝鮮人慰安婦』の完全な翻訳である。金一勉の名はどこにも挙げられていない。林鍾国は編著者として後書きを付けている。「日本軍隊は二〇万を数える慰安婦をもっていたが、そのうち八割から九割が一六歳から一九歳の韓国人処女であった」（三〇三頁）。これは金一勉の出した想像の年齢であり、数字である。「この本に整理された資料は『天皇の軍隊』の蛮行と残虐を明らかにするのに、辛うじて氷山の一角にすぎないかも知れないが、全体の輪郭はわかると思う。考えれば考えるほど身の毛がよだつ資料である」と書いている（三〇四頁）。とにかく金一勉の本に圧倒されて翻訳することにしたのであろうが、同じ出版社が吉田清治の本は翻訳として出しながら、こちらは林鍾国の編著として出したのはあまりにいい加減な態度である。韓国での慰安婦問題研究はいまだ存在しないにひとしかった。*

＊　日月叢書一四として一九八三年に出たブルース・カミングス他著『分断前後の現代史』には、私の論文「ソ連の対北朝鮮政策　一九四五－一九四六」も収録されている。

植民地支配を反省謝罪せよの声と慰安婦認識

韓国の民主化運動は、過酷な条件の中で敬服すべき勇気と尽きることのない情熱をもって闘われた。しかし、挫折につぐ挫折であった。そして一九七九年朴正熙《パクチョンヒ》大統領が部下の中央情報部長金載圭《キムジェギュ》に殺害されたあとやってきた政治化の季節に、金大中、金泳三《キムヨンサム》、金鍾泌《キムジョンピル》三氏が登場した。生まれた希望は一九八〇年五月全斗煥《チョンドゥファン》将軍のクーデターでつぶされ、それに立ち向かった光州市民の「自由光州」の運動も残酷に弾圧された。だが、逮捕された金大中氏に軍法会議で死刑判決がくだされると、日本では「金大中氏を殺すな」の運動が起こり、国民運動の域に高まった。そして、一九八一年一月減刑が勝ちとられた。一九八二年には全斗煥将軍のクーデター政治も緩和局面に入らざるを得ず、韓国の中では市民の活動がふたたび起ころうとしていた。

一九八二年二月、在日韓国人の活動家が、かつて朝鮮総督府が皇国臣民化政策の成果を誇示するために出した宣伝冊子『新しき朝鮮』（朝鮮行政学会、昭和一九年）を風涛社から復刻しようとして、私に解題を書いてほしいと求めてきた。私は引き受けて、その中に次のように書いた。

「さらに、いま一つ、この世界が、内鮮一体をうたいながら、差別を決してなくすものではなかったということも指摘しなければならない。朝鮮人を大東亜戦争の戦士とするという方針の下で、朝鮮人女性を女子挺身隊の名のもと、慰安婦とした。南の戦場に送るということが実践された。『新しき朝鮮』の前に、朝鮮人慰安婦を立たせるとき、この世界のデマゴギー性が何よりもはっきりと見えるだろう。」

女性たちを挺身隊として動員して慰安婦にしたという伝説は韓国から入って、日本にも広まり、私もその影響を受けるにいたったということである。

七〇年代の韓国民主化闘争を見守ってきた日本の市民運動の中には、韓国人のこころを知って、日本の朝鮮植民地支配を反省謝罪することが必要だという考えが強まってきていた。八二年六月末から七月にかけて、歴史教科書に対する検定結果が報道されると、韓国の新聞が教科書の歪曲記述を批判する声をあげ、それが中国にも広がった。七月三〇日にはソウルの世宗文化会館で日本教科書の歪曲記述問題で公聴会が開かれ、日本から在日の歴史家李進熙氏が参加した。この席で、教科書に書かれていない歴史的事実として、創氏改名、「女子挺身隊」、供出制度の三点が指摘された。「女子挺身隊」については、「数万名の韓国の処女を日本軍慰安婦として強制徴発した日帝の政策はあまりに残酷であり……高等学校教科書はもとより大学の教材からも除外されている」と指摘された（京郷新聞、七月三〇日）。

このような対日批判の高まりに対して、ときの鈴木内閣の外相桜内義雄は、政府の方針に変化はない、

「日韓共同コミュニケ」と「日中共同声明」にもられた精神で対処すると、弁解した。日韓連帯運動を進めてきた青地晨、鶴見俊輔、日高六郎、倉塚平、清水知久、和田春樹らは、これに納得できないとして、八月一四日声明を発表した。たしかに一九七二年日中共同声明では、「戦争を通じて中国国民に重大な損害を与えた」「責任を痛感し、深く反省する」と表明されたが、日韓条約締結時の共同コミュニケには「過去の関係は遺憾であって、深く反省している」とあるだけではないか。「遺憾」とは残念だという意味にすぎない。だから日本政府は「朝鮮統治が過酷な帝国主義的支配であったことを認め、韓国・朝鮮人に対し深く謝罪しなければならない。」私たちはその趣旨の政府宣言を出すことが必要だと主張した。「われわれは、いま、三八度目の八・一五を迎えようとしている。あの太平洋戦争において、大日本帝国は『一億一心』と称して、韓国・朝鮮人二五〇〇万人に皇国臣民化を強要し、天皇の『赤子』だとして動員した。学徒兵として戦場で死亡した者、軍属として捕虜収容所要員をさせられ、のちに戦犯として処刑された者、女子挺身隊員の名のもと慰安婦として南方に送られ死亡した者、強制連行され重労働に使役され死亡した者、広島長崎で日本人と共に被爆死した者――二重の苦しみのもとに死んでいったこれらの人々のことに想いをいたそう。……自分たちの力では、罪の歴史を反省せぬ政府の姿勢を正すことができなかった日本国民にとって、今回の韓国・中国の人々からの批判は天の声である。」（戦後五〇年国会決議を求める会編、資料集、梨の木舎、一九九六年）

吉田清治の登場

この時点で済州島において自分は「慰安婦狩り」をしたという告白を公開の場でして、注目を受けたのが吉田清治であった。一九八二年六月一八日、大阪のピロティ・ホールで、在日朝鮮人知識人主催の講演会「いま朝鮮の統一と在日は――六・一八日本と朝鮮の戦前・戦後を考える文化の夕べ」が開かれた。私は招かれて出かけ、講演をした。私は一九八〇年から八一年の「金大中氏を殺すな」の運動の組織者の一人であったので、その経験から話してほしいということだったと思う。その会に発言者として呼ばれていたのが吉田清治だった。初対面のその人はおとなしそうな、身だしなみのいい紳士だった。だが、彼は一五分間演壇に立ち、済州島で暴虐な慰安婦狩りをやったと告白した。私は不思議な話だと思って聞き、何か信じがたいものを感じた。会が終わったあと、みなで食事をしたときの写真がのこっている。老人はほほえみ、四四歳の私は彼の横で笑っている。しかし、以後私はこの人の「証言」を信頼しうるものとして受け入れたことは一度もない。

吉田清治氏（右）と筆者（左）　1982 年 6 月

　吉田清治のこの発言は地元のミニコミ紙に掲載された。それが注目されて、二ヶ月半後の九月一日には浪速解放会館で開かれた「旧日本軍の侵略を考える市民集会」で、彼は五〇〇人もの聴衆を前にふたたび同じ話を、今度は一時間にわたり、くわしくした。出席した記者がその内容に強い印象を受け、九月二日大阪版の朝日新聞に取り上げた。それがこの人のことが一般新聞に出た最初である。吉田清治はこの年一一月には、高木健一弁護士が進めていたサハリン残留韓国人の訴訟に証人として出廷して宣誓証言を行ったが、朝鮮人労働者の「強制連行」の話に加えて、済州島の「慰安婦狩り」についても話している。

吉田は、八二年六月に最初にこの話をしたときに、すでに新しい本を書き上げていたと思われる。話の内容は最初の発言から本の記述までほとんど変わっていない。吉田の新しい話を展開した本、『私の戦争犯罪——朝鮮人強制連行』は、八三年七月、三一書房から出た。『朝鮮人強制連行の記録』の著者朴慶植がまえがきをよせている。吉田は自分の「まえがき」の中で、次のように気持ちを述べた。「『戦争犯罪人』の私が老後になって、いまさら気休めの懺悔をするためではない。戦後生まれの日本人青少年・少女たちへ、わたしたち日本人が朝鮮人を『ドレイ』にしていた歴史的な事実の一端を書き残して、日本人が『文明人』となるための反省の資料にしてもらいたいのである。」

本人にとって記念すべき最初の発言（八二年六月）も巻末に収録されている。だが、この二冊目の本は、五年前の第一作とは決定的に違っていた。まず自伝的な部分をカットしている。今度語られているのは、前作では語られていなかった一九四三年一一月の光州での労働者二〇〇人の「強制連行」と同年五月の済州島での「慰安婦狩り」の話である。第一作と第二作を比べると、労務者狩りの場所が永川から光州へ変わっている。さらに「慰安婦狩り」の方は四四年四月の下関の話から四三年五月の済州島の話へと日時が早まり、場所も変わっているのである。それよりも「慰安婦狩り」の話の内容は一変して、徹底的に暴力的な話、名実ともに人狩りの話になっている。作によって、話の内容がこれほど変わるという一事だけをみても、吉田氏の二つの手記なるものは、創作・文学作品のジャンルに属するものだということがわかるはずであった。しかし、誰もそのような検討はしなかった。

済州島での「慰安婦狩り」の話はきわめてリアルで生々しい。一九四三年、昭和一八年五月一五日、西部軍管区司令官からの命令書により、「皇軍慰問・朝鮮人女子挺身隊二百名」を動員せよとの命令を受けて、済州島へ一〇名の徴集隊を率いて隊長として赴き、村落や製造工場や漁村から暴力的に二〇五人の女性を狩り出したというのである。資料はすべて戦後に焼却したので、命令書は妻の日記に書き留められていたものを写したとのことだったが、会話は生き生きとして、暴力行為の叙述はきわめて細かく、臨場感あふれるものだった。

女子挺身隊は一九四三年九月の決定で設置されることになるものなのに、それに関する命令書を同年五月に受けたと書いているところに歴史考証のミスが出ている。しかもその命令書は、日本国内の西部軍管区が各県の労務報国会に朝鮮南部の各道を割り当て、二〇〇〇人の女子を慰安婦として動員してくるように命令したものだというが、信じがたい。

現在の研究では、米軍資料により、大東亜戦争開戦ののち、南方軍の要請を受けた朝鮮軍が業者を選定して、七〇〇〇人の女性を集めさせ、一九四二年五月にビルマへ送っていることが知られている。それが、最近になって、朝鮮からの第四次の送り出しであったということも明らかになっている。つまり七〇〇〇人が四回派遣されたのなら、二八〇〇〇人が大東亜戦争の戦場に送りこまれたということになる。すべて東南アジアに出動した日本軍部隊の将兵のために一九四二年のうちになされたことである。米軍の反攻がはじまった四三年になって、日本国内の労務報国会に命じて二〇〇〇人を朝鮮で集め、慰安婦として中支へ送るというのは事実からはずれた、つくり話とみえる。しかも、この山口県知事への命令書は第一作では、「昭和十九年四月三日付けの山口県知事の命令」として、引用されているものとほぼ同文であり、第一作では「皇軍慰問・朝鮮人女子挺身隊百名」を動員せよとなっていたところが、第二作は「二百名」動員せよとなっているだけの違いである。第一作では四四年四月に慰安婦動員の命令をはじめて受けて、いやいや実行したと書かれていたのに、こちらはその一一ヶ月前の話にして、平然と文字通りの「慰安婦狩り」を指揮したと書いている。第一作にはまだ本人の体験が反映していたかも知れないが、第二作は完全なフィクションであろうと考えられる。

関釜裁判を支援する会の花房俊雄氏は二〇一二年の報告で、吉田の八三年の本は「千田夏光や金一勉の『トラックで娘狩り』の話をもとにフィクションに仕立てたもの」と断じている。吉田は第一作を書いたあとに、金一勉の本を読んで強く刺激され、創作の筆を走らせたのかも知れない。

朝日新聞は二〇一四年の慰安婦報道の「誤り訂正」の中で、「吉田証言」は虚偽であったと確認し、吉田氏について一六回報道した記事をすべて取り消すことにしたが、朝日新聞はこの八三年の本の出版については報道していない。八三年末に朝日新聞が吉田清治について報道したのは、別の話である。八三年一二月二三日、吉田は韓国の天安市の望郷の丘に自分が費用を出して建設した強制動員労働者に対する謝罪の碑の前で跪いて謝罪するということをした。碑には、次のような碑文が日本語とハングルで彫りこまれた。「あなたは日本の侵略戦争のために徴用され強制連行されて、強制労働の屈辱と苦難の中で、家族を思い、望郷の念も空しく、貴い命を奪われました。私は強制連行を実行した日本人の一人として人道に反したその行為と精神を深く反省します。謹んであなたに謝罪いたします。老齢の私は死後もあなたの霊の前に拝跪してあなたの許しを乞いつづけます。合掌　一九八三年一二月一五日　元労務報国会徴用隊長吉田清治」。この碑の建設とその除幕式を助けたのは、在日大韓民国婦人会中央本部会長とサハリン残留韓国人の訴訟原告団が属する中蘇離散家族会の人々であった。

この話を最初に記事にしたのは韓国の朝鮮日報である。この年六月二三日、「『私は韓国民六千人を引っ張って行った』日本人徴用責任者三七年ぶりに贖罪の意明かす。女子九五〇名はサハリン、東南アジア挺身隊に」という見出しの記事が掲載された。この記事は吉田が六〇〇〇人中の九五〇人の女子の「大部分は日本軍の慰安婦（挺身隊）として」送ったと語ったと書き、婦人会裵順姫《ペスンヒ》会長と離散家族会李斗勲《イドゥフン》会長に吉田が謝罪碑建設の援助を求めた、前年にはサハリン裁判で証人として証言したとも書いている。しかし、済州島での「慰安婦狩り」についてはふれていない。

朝日新聞はこの件で予告の記事を出し（一〇月一九日）、「ひと」欄で紹介した上（一一月一〇日）、「たった一人の謝罪」という見出しと跪いて頭をさげる吉田の写真を付けて、当日の様子を報じた（一二月二四日）。この碑を建てることを吉田は第一作のあとに考え、進めてきて、ついに実現したのであろう。だから、この碑には朝鮮人労働者の強制連行に対する謝罪だけが述べられていて、「慰安婦狩り」への言及はなかったのである。吉田が朝鮮人労働者の動員にある程度関わった人物であったとすれば、この謝罪の碑には彼の心情がこめられていたと考えられる。この三回の記事はいわゆる「吉田証言」とは関係ないもので、朝日新聞がこれを取り消したのは必要のないことであった。読売新聞も日本での慰霊塔建設をめざす人物として吉田清治を「顔」の欄で好意的に報道している（一九八五年九月二七日）。

吉田清治のこのパフォーマンスは日本人が敗戦後韓国人に対して最初に示した謝罪のジェスチャーであった。だからその場に出た韓国人はひとしく感動したのである。吉田のこの謝罪を受け入れるとした上で、「でも日本政府は戦後三十八年何をしてくれたのですか」と口々に叫んだと言われる。このパフォーマンスは、吉田清治という人間が罪を悔いている良心的な日本人だと韓国人に受け入れられるのに貢献した。しかし、この時点では韓国の新聞からの注目はなかった。朝鮮日報もこのパフォーマンス自体は報じなかったのである。

他方で、朝鮮植民地支配に対する日本人の謝罪が必要だと考えてきた者としては、吉田清治が日本人を代表して、真っ先に謝罪を表明したことに複雑な思いをもったのは事実である。このパフォーマンスがどういう意味をもつのだろうか、自分たちがなさねばならない努力にとってそれはどういう関係をもつのだろうか、私は落ち着かない思いに駆られていた。

朝鮮植民地支配謝罪と反省を求めて

翌一九八四年九月、中曾根首相の招待による全斗煥大統領の訪日が実現することとなり、私たちが行動する機会が訪れた。国賓としての訪日であれば、宮中での招宴で天皇の「お言葉」が述べられる。そこでは、日韓の歴史に関する認識が示されなければならない。中曾根首相は日韓の軍事協力も視野に入れて、韓国人の心をつかむには過去に対する反省を表明しなければならないと考えていたと推測される。私は、批判勢力がオールタナティヴを出さなければならないときだと考えた。

七月四日、青地晨、和田春樹、中嶋正昭、カトリックの相馬信夫、深水正勝、大江健三郎、隅谷三喜男、鶴見俊輔、日高六郎らが発起人となって、一三六氏の署名で意見書「朝鮮問題と日本の責任」が発表された。この意見書は私が書いたのだが、「歴史が課している民族的責任を果たすことが、今日緊張緩和を求め、平和を保障する外交に直結する」という考えを押しだした。結論的に次のように提案した。「(一)「日本国民は、日韓併合が朝鮮民族の意志に反して強行されたものであると認め、日本が植民地統治時代を通じてこの民族に計り知れない苦痛を与えたことを反省し、深く謝罪する」との趣旨の国会決議を超党派で行う。(二)政府は、この決議を大韓民国政府に伝達し、日韓条約第二条の解釈を修正する。(三)政府は、この決議を伝達するために、朝鮮民主主義人民共和国政府との接触をもち、植民地関係清算のための交渉をはじめる。」(戦後五〇年国会決議を求める会編、資料集、一四-一六頁)

日韓条約第二条の解釈を修正するとは、併合条約は有効合法的なものであり、一九四八年大韓民国独立の時点で無効になったとする日本側の解釈をすて、力で押しつけられた条約は当初より無効だったとする韓国側の解釈を受け入れるということである。この提案は記者会見で発表されたが、新聞各紙では報じられなかった。さらに提案は国会各党党首に送られた。自民党、公明党、共産党は無回答であった。民社党は混乱を招くとして、反対だと回答した。賛成は社会党と社民連だけであった。しかし、賛成した石橋政嗣社会党委員長も、この決議は夢物語だと考えていた。私は提案の内容とこの経過を書いて、朝日新聞の論壇欄に投稿し、掲載された(八月一三日)。

このとき韓国では、八月二四日韓国キリスト教教会協議会女性委員会と韓国教会女性連合会が全斗煥大統領に書簡を送り、「女子挺身隊」に対する謝罪を求めるよう要求した。

「両国が友好関係を結ぼうとするなら、すみやかに妥結しなければならない問題として女子挺身隊の問題に対して日本は謝罪しなければならない。……日帝末期韓民族に加えられた収奪政策の一つが『挺身隊』問題である。『挺身隊』という名で強制的に女子たちを動員し、軍慰安所に送り、性の道具として悲惨に蹂躙した。……このまま黙過することはできない。ただちに謝過を受けなければならない。」

完全に挺身隊伝説に基いた主張であった。この書簡は挺身隊として動員された二〇万人のうち、五～七万人が軍の慰安婦とされたと指摘している。この数字はソウル新聞の記事によっている。この書簡のことは朝日新聞が八月二五日付で報道した。

韓国では、この年三月タイに永住して故国と断絶していた「挺身隊ハルモニ」盧寿福《ノスボク》さんがバンコクとソウルを結んだテレビで妹と対面し、五月には、ソウルに一時帰国して、話題になっていた。朝鮮日報も三月一〇、一三日に記事をのせ、中央日報は一七日から三一日まで一一回にわたり、「私は女子挺身隊――盧寿福ハルモニ恨の一代記」を連載した。

全斗煥大統領は九月六日東京に到着し、宮中晩餐会にのぞんだ。昭和天皇はその席で古代では日本は朝鮮より大きな文化的恩恵を浴したと指摘した上で、「このような間柄にもかかわらず、今世紀の一時期において両国の間に不幸な過去が存したことは誠に遺憾であり、再び繰り返されてはならないと思います」と述べた。これは一九六五年の日韓条約仮調印のさい、椎名外相が述べた言葉を繰り返しただけであった。

これでは不十分だと思った中曾根首相は、翌日の昼食会の演説で、「遺憾ながら今世紀の一時期、我が国が貴国及び貴国国民に対し多大な苦難をもたらしたという事実を否定できません。私は、政府及び我が国民がこのあやまちに対し、深い遺憾の念を覚えるとともに、将来を固く戒めようと決意していることを表明いたしたいと存じます」と一歩踏みこんだ。だが、日本が何をしたのかには言及されず、「遺憾」のレベルをこえることにはならなかった。

八〇年代後半の慰安婦報道

この間、日本で慰安婦問題について報道をつづけたのは、朝日新聞であった。八四年一一月二日には、松井やより特派員がバンコクに戻った盧寿福ハルモニのもとを訪ねて、その聞き取りを記事にした。「邦人巡査が強制連行」という見出しが付けられている。彼女の証言によれば、日本人巡査の足に水をかけて怒られ、殴られて、車に押しこめられ、そのままシンガポールへ送られたというのだから、連行が強制的であったことに間違いない。

さらに八五年には、朝日新聞は、日本人慰安婦についての記事をはじめてのせた。千葉県の「かにた婦人の村」に慰安婦たちのための「鎮魂の碑」を建てた、東京都練馬区大泉学園町の元売春女性の更正施設、ベテスダ奉仕女母の家の主宰者深津文雄を「天声人語」と「人」欄でとりあげたのである（八月一九日、二九日）。八月一五日この「鎮魂の碑」の前の小さな式に参加した「天声人語」の筆者は、そこに参加した日本人慰安婦・城田すず子（仮名）が深津に語った言葉、「私は女の地獄を見た」を書き留めている。「鎮魂の碑」は、城田すず子が深津に建立を頼んだものだった。

城田すず子は翌八六年一月一六日TBSラジオでインタビューに応じ、元慰安婦としてはじめて自分の経験を語ったのである。その後全国からよせられた募金で、新しい石碑が建てられた。そこには「噫《ああ》　従軍慰安婦」と彫りこまれた（C. Sarah Soh, *The Comfort Women*. University of Chicago Press, 2008, pp. 197-201）。

朝日新聞がこの城田すず子の存在を報じたことは慰安婦問題認識への大きな貢献であったと言える。

朝日の記事をみて、釜山に住む女性活動家金文淑《キムムンシク》が「かにた婦人の村」を訪ねた。盧寿福ハルモニのことと「かにた婦人の村」訪問が彼女が慰安婦問題に取り組むきっかけとなったという（金文淑『朝鮮人軍隊慰安婦』明石書店、一九九二年）。日本でも梨花女子大に留学する山下英愛《ヨンエ》が女性史研究者鈴木裕子に誘われて、「かにた婦人の村」を訪問した。彼女が韓国で慰安婦問題に取り組むことになる原点がこの訪問でつくられたのである（山下英愛『ナショナリズムの狭間から』明石書店、二〇〇八年）。

八六年七月九日の朝日新聞は、八月一五日に大阪で開かれる「アジア・太平洋地域の戦争犠牲者に思いを馳せ、心に刻む集会」で吉田清治が体験を語るということを報じた。関西の運動家たちはひきつづき吉田に注目していたのである。朝日新聞は集会の開催を報道したにすぎない。

韓国民主革命の勝利と日本の変化

一九八七年六月、全斗煥政権は巨大な民衆・市民の運動で退陣に追いこまれ、韓国民主革命が実現した。韓国民主化運動の主張に刺激を受けて、日本に生まれた朝鮮植民地支配への反省謝罪を求める動きがいっそう強まった。復活した大統領選挙で当選した盧泰愚《ノテウ》将軍は八八年夏のソウル・オリンピックを前に七・七宣言を出し、クロス承認を呼びかけ、韓国はソ連、中国との国交樹立を求め、米国と日本が北朝鮮と接触するのを歓迎する姿勢をみせた。八八年八月一五日社会党の土井たか子委員長が二つの朝鮮国家が生まれて四〇年ということで声明を出し、朝鮮植民地支配清算の国会決議を採択し、それに基づいて北朝鮮との政府間交渉を求めるべきだと提案した。市民運動家、知識人が提唱してきた方案が野党党首によって採択された瞬間であった。そして、八八年九月八日には、宇都宮徳馬、安江良介、和田春樹ら三九名の知識人・政治家が竹下登総理に「朝鮮政策の改善を求める要望書」を提出した。「過去の不当な植民地支配の反省の上に立って、その清算を行う」ことで北朝鮮との関係打開を追求することが提案された。このような動きが竹下登総理を動かした。八九年一月二〇日日本外務省は画期的な政府見解「我が国の朝鮮半島政策について」を発表し、日本が「近隣諸国の国民に多大の苦痛と損害を与えたことを深く自覚」するという姿勢は、「朝鮮半島の南北について何ら変わるところはない」と表明したのである（高崎宗司『検証 日朝交渉』平凡社新書、二〇〇四年、二四頁）。

このとき一九八九年一月七日、昭和天皇はこの世を去った。天皇はあの戦争に対する責任をとって退位することをついにせず、天皇在位のまま亡くなったのである。植民地支配反省の国会決議を求めてきた遠山茂樹、旗田巍、鶴見俊輔、高崎宗司、和田春樹ら一二名は「清算はなされないまま、昭和という時代の幕はおりた」、あらためていまこそ朝鮮植民地支配反省謝罪の国会決議を求めるという声明を一月三一日に発表した。これを受けて、三月一日には、国会決議を求める国民署名運動（呼びかけ人は内海愛子、梶村秀樹、田中宏、和田春樹ら一五名）が開始された。宣言「朝鮮植民地支配の謝罪、清算と新しい日朝関係を求めて」は次のように日本の植民地支配の罪業を明らかにした。

「日本国家はこの民族の土地と資源を奪っただけではない。言語を奪い、姓名を奪い、魂までも奪おうとした。『皇国臣民の誓詞』を強要し、『天皇陛下ニ忠義ヲ尽クシマス』と子供たちにまで誓わせたのである。男たちを軍属として南方へ送るとともに、労働者として日本から樺太にまで強制連行していき、娘たちは慰安婦として戦場へ送った。この結果は、日本人が原爆の火に焼かれて死んだとき、朝鮮人をも巻き添えにしたのであり、日本人が戦争犯罪人として処刑されるとき、朝鮮人をも巻き添えにするこ

となったのである。」(戦後五〇年国会決議を求める会、三八 - 三九頁)

私は国会決議を求める趣旨の一文を朝日新聞の論壇欄に投稿した。それが八九年四月一一日に「朝鮮支配反省の国会決議を」という題で掲載された。『世界』九月号にも「朝鮮民族の『難問』と私たち——未来のために」を書いた。

「朝鮮植民地支配反省の国会決議問題は新しい国会にふさわしい話題である。これが採択され、政府と国民がこれに肉付けしていく努力を開始するなら、われわれは隣国、アジア、世界の人々からこれまでにない敬意を受け取ることができるだろう。そして統一に向かって苦しみながら努力している朝鮮民族に間接的な支援を行うことができるだろう。」(『世界』九月号)

ついに一九九〇年九月金丸信元自民党副総裁と田辺誠社会党副委員長が訪朝し、平壌の地で植民地支配に対する謝罪を表明して、日朝国交交渉の開始をうたった三党共同声明を発するにいたった。そして、実際に九一年一月から日朝国交交渉がはじまったのである。

第2章　慰安婦問題の社会的登場

民主革命後の韓国における慰安婦問題の噴出

慰安婦問題は韓国では八〇年代半ばにはすでに語られはじめていたが、それはなお弱い関心であった。韓国は夜明け前の闇の中にいたからである。しかし、民主革命が起こり、軍事独裁政治がついに打ち倒されると、解放された社会の雰囲気の中で、女性の人権意識が高まり、女性運動がめざましく活発になった。一九八九年には女性団体は家族法の改正を求めてデモを行い、年末にはその要求を実現するまでやってのけた。その雰囲気の中で、女性たちは、慰安婦問題を公然と提起しはじめた。

そのとき、一九八九年八月五日、吉田清治の本『私の戦争犯罪』の翻訳が『私は朝鮮人をこのように捕まえて行った』という題目でソウルの清渓研究所から出版された。発行人は大物言論人孫世一《ソンセイル》である。ある強制動員労働者の手記が付録に付けられ、民族主義的な歴史家愼鏞廈《シンヨンハ》ソウル大教授が解説を書いて、次のように述べている。「これはこの本の著者が直接加担したことだけを書いたため全羅南道と済州島の一事例だけを書いたものだが、全く同じことが全国で引き起こされたことを銘記する必要がある。」巻頭題字の下に吉田が望郷の丘に建てた謝罪碑の写真がのせられており、「死後もあなたの霊の前に拝跪しておなたの許しを乞いつづけます」という碑文の結びが紹介されている。良心にめざめた元日本人官僚の内部告発だとして押し出されているのである。

だが、この本が韓国の世論にどのような波紋を呼んだかはわからない。朝鮮日報にも、記事はのっていない。はっきりしているのは、済州島の人々がこの本に不快の念を示したことであった。出版直後の一九八九年八月一七日、『済州新聞』に許栄善《ホヨンソン》記者が城山里で一五人を徴用したという吉田の記述について次のように書いた。見出しは「住民たち〝捏造〟、日本の破廉恥・商売作戦に憤慨」とある。

「城山里住民チョン・オクタン氏（八五歳）は『そんなことはない。二五〇余戸の家しかない村で一五人も徴用したとすれば、どれほど大事件であることか、……当時そんなことはなかった』と語った。郷土史家・金ボンオク氏は『日本人の残酷さと無良心的な一面をそのまま表している。とても恥ずかしくて口にも出せない言葉をそのまま書いて本という名をかぶせてもだめだ。八三年に原本が出たとき、数年間追跡した結果、事実無根である部分もあった。むしろ彼らの悪徳な面を表した道徳性が欠如した本で、うすっぺらな商売的な面も加味されたものとみる』と憤慨していた。」

しかし、やはり慰安婦問題を提起しようと考えていたソウルの女性たちは吉田の本を一つのきっかけとして重視したようにみえる。

「梨花女子大尹貞玉《ユンジョンオク》教授『挺身隊』怨魂ののこる足跡取材記」が翌年新年からハンギョレ新聞に連載された（一九九〇年一月四日、一二日、一九日、二四日）。尹教授は英文科の教授であるが、一九八八年二月韓国教会女性連合会の金恵媛《キムヘウォン》、金信実《キムシンシル》氏とともに福岡、沖縄、タイ、パプア・ニューギニアを訪れ、慰安婦について取材したことがあった。一九九〇年新年の連載はこの調査旅行の報告でもあった。*

まず第一回分の冒頭で、この取材を行った「私なりの理由」が説明されている。

「一九四四年一二月私が梨花女子専門学校一学年時、日帝が韓半島各地で結婚していない若い女性たちを手当たり次第挺身隊へ引っ張っていくという驚くべきことが起こっていた。このため多くの学生たちがあわてて結婚のため退学しはじめるや、うろたえた学校当局は、『学校として責任をもって言うが、あなた方には絶対そういうことはない』と公言した。だが、しばらくすると、われわれは国民総動員令に応ずる願書に拇印を押さなければならなかった。私は両親の勧めに従って学校を退学し、挺身隊をなんとか免れたが、そのころ私と同年配の多くの処女たちが日帝により引っ張られていったのである。二〇世紀に起こったこの驚くべきことが、ややもすれば、二一世紀にまでつづき、第二次世界大戦すら聞いたことがない世代にも伝わって行くのを思えば、おそろしさを禁じ得ない。私はこのことだけは忘れてしまってはならず、歴史的に整理しなければならない事実にわれわれすべてが目覚めなければならないと信じて、この仕事に取り組むようになった。」

ここでは挺身隊に引っ張られた女性が慰安婦にされたとは書かれていない。しかしその伝説があきらかに真実と信じられている。尹教授は、「挺身隊という名の慰安婦」が忘れさられている理由は何かと問いかけて、まず男性中心の社会で女子が疎外されてきたことを挙げ、ついで日本が資料を廃棄してしまい、「吉田清治をのぞいて挺身隊連行に関係した官吏が口を開かない」ということを指摘する。吉田証言が特別に重視されているのである。

＊ この尹貞玉の文章は、日本では山下英愛訳で『未来』二九六–二九九号、一九九一年五月号–八月号に掲載された。この他、従軍慰安婦問題を考える在日同胞女性の会のパンフレット『私たちは忘れない朝鮮人従軍慰安婦』一九九一年三月刊や『統一評論』三一〇–三一一号、一九九一年四月–五月にも、掲載された。

1990년 1월 4일 (목요일) [13]

집단투신한 절벽은 '자살의 명소'로

——이화여대 윤정옥교수 '정신대' 원혼 서린 발자취 취재기

1 홋카이도

삿포로 개척땐 조선요리집 1백여곳 흥청

한국여성 1910년대 이미 도일 매춘 강요당해

上の見出しに「集団身投げした絶壁は“自殺の名所”に」とあり、その下に「梨花女子大尹貞玉教授“挺身隊”怨魂ののこる足跡取材記」とある　ハンギョレ新聞、1990年1月4日

連載第一回は北海道編で、一九一〇年頃から「韓国の幼い娘」が北海道に渡って、「だまされて日本人労働者と韓国人労働者を相手に売春を強要されていた」ということが語られている。「札幌開拓時は朝鮮料理店百余店繁盛」「韓国女性一九一〇年代すでに売春強要される」と見出しが付けられている。写真ものせられ、そこに「日帝が強要した売春に堪えられなかった数多くの韓国女性が投身自殺した函館の立待岬の絶壁。この地の住民は波の音が『オモニ、オモニ』と聞こえるという」という説明が付されている。描かれている韓国女性の悲劇は「慰安婦」とは関係がないが、慰安婦もまた函館の岬で母を思って身を投げた韓国の娘たちと同じ運命にあったと連想させるのである。

第二回は沖縄編で、最初に名乗り出た慰安婦として知られる裵奉奇《ペボンギ》ハルモニを訪問した話が書かれている。冒頭に中国侵略が拡大するにつれて、兵士の間に性病の蔓延するのをおそれる日本は「韓国の一七－二〇歳の未婚女性を引っ張っていった」と書き、さらに金一勉＝林鍾国の本に基づいて、「民族を衰退させるために」、「民族の基盤である家庭」、「家庭の柱である女性を破壊する」ことを狙って、慰安婦にさせるという「民族衰亡策」がとられたと書いている。本文では、「砲撃に震えながら一日百人まで相手」と大見出しが付けられて、興南出身の裵奉奇氏が一九四三年、二九歳のとき、ある女性の紹介人について沖縄に来て、渡嘉敷島の慰安所に配置されたとして、慰安所での生活が説明されている。川田文子の『赤瓦の家』（一九八七年）や山谷哲夫『沖縄のハルモニ』（一九七九年）などが参考にされている。最後には、裵奉奇ハルモニがもう一人の女性と生き残ったあとの戦後の苦難が語られている。「日本敗戦後には米軍慰安婦に転落、故郷の地を踏まず」と見出しが付けられている。

第三回はタイ・ハッチャイ編である。日本が「大東亜戦争」を開始すると、拡大した戦線に慰安婦を配置するため、「陸軍省は『聖戦の為、大義親を滅する施策なり』と付記した極秘通牒を出し、朝鮮人女子を慰安婦に動員した」と書いているが、この文章自体が吉田清治の本の引用である。吉田の本から済州島での慰安婦狩りの話が長く紹介されている。そのあとにハッチャイに住む元慰安婦ユ・ユタ（中国名を名乗る）氏を訪問した話が書かれる。この人は一九八四年に韓国に一時帰国した盧寿福ハルモニなのだが、尹貞玉氏は彼女が韓国を訪問したあとのメディアへの反発のことを知るためか、そのことには何もふれず、松井やより記者の取材記事に基づいて彼女の境遇を書いている。一九四二年夏、釜山で日本人の巡査に水をかけたために捕まえられ、シンガポールに連れてこられ、昼は掃除洗濯、夜は慰安婦という生活をしていたことが紹介されている。「洗濯・弾薬運搬……夜になれば慰安婦『本業』」と見出しが付けられている。戦後は帰国せず、中国人の銀行マンと結婚して幸福であったが、子供が産めないので第二夫人を迎えさせ、同居している。韓国語も忘れたと書かれている。もとより吉田清治の証言とこのハルモニのケースはつながらない。

第四回はパプア・ニューギニア編である。「ヒロポン、握り飯食べて、『慰安』強要」という見出しが付いている。金一勉の本を参考にして、ラバウルの慰安所では、慰安婦たちは一日九〇人も相手にしなければならず、食事の時間もなく、握り飯を食べていたと書いている。注目されるのは、「このような『異常な生』の中で韓国慰安婦たちと出撃が死を意味する陸海軍の少年兵たちは完全にすべての仮面を脱ぎ捨てた人間と人間の出会いをもった模様である。次の日その少年が戻ってこないと、慰安婦はその死を悼んで泣いたという」と書いていることである。尹貞玉氏はこのような事実にも目を向けていた。

最後に「『非命に散った生』再照明を」として、まとめの言葉が書かれている。

「慰安婦や徴用夫を思えば、日本に対する怨恨が天にもいたるが、日本人の中にも過去を悔いる良心を持った人々が多くいることを私は知っている。彼らの助けで、これだけでも慰安婦たちの苦痛の痕跡をたどることができた。韓国侵略により民族的侮辱をうけたことを忘れてはならないが、感情的に日本を憎むだけでは問題は解決されない。どうしても日本の良心勢力と政府当局の協力を得て、この問題を明らかにし、整理することが非命に散った慰安婦たちに対するわれわれの責任であり、歴史を前に導くことになるのだ。このことに日本が協力するとき、日本も過去から、戦争犯罪から解放されるだろうと信じている。」

これは実に冷静で建設的な呼びかけであった。日本の良心勢力のみならず、日本の政府当局にも協力も求めていることがすこぶる重要であった。

尹貞玉氏の連載は、自分の取材の結果と入手した書物や情報を結びつけて書かれた、読む人の感情を強く刺激する文章だった。慰安所での慰安婦の悲惨な生活を描くことに加えて、挺身隊に動員されて慰安婦にされたという伝説、未婚の女性を慰安婦にして肉体を破壊する韓民族「衰亡策」がとられたという金一勉理論、それに人狩り同然の慰安婦徴発を行ったという吉田清治証言などが結合されていた。歴史認識としてみれば、混乱した認識を出ていなかった。しかし、この連載論文は慰安婦問題の深刻さに注意を向けさせ、何よりも慰安婦問題の真実を明らかにするよう、韓国人と日本人の双方に強く呼びかけたものであった。慰安婦問題の社会的提起はここからはじまったと言える。

挺身隊問題での対日公開書簡と挺身隊問題対策協議会の設立

尹氏の四回のハンギョレ連載は韓国社会でセンセーションを呼び起こし、挺身隊問題＝慰安婦問題を注目の的とした。韓国の女性運動団体は尹貞玉氏を中心にして、挺身隊問題を取り上げて運動を開始する方向に向かった。唯一の女性学科のある梨花女子大の教授と学生たちが運動のエンジンとなった。

一九九〇年五月二四日から盧泰愚大統領が日本を訪問することになったので、五月一八日、梨花女子大からの働きかけで、韓国教会女性連合会、韓国女性団体連合、ソウル地域女子大生代表者協議会らが共同で記者会見をして、声明を発表した。まず「日本の軍事、経済文化的侵奪意図と現政権の無原則、非自主的対日外交政策に反対する」と述べている。これらの運動団体は民主化運動に関与してきた人々からなっていた。この人々は一九八〇年のクーデターの中心人物の一人であった盧泰愚将軍が民主革命後に大統領選挙で勝利したことに強い反発を感じていた。日本の「侵奪意図」が露骨化する中で訪日を強行すれば、「日本政府の意図を貫徹させる契機となる」、だから「屈辱的な訪日」には反対だ、盧泰愚政権の日本政府との協力に反対するというのが声明の基本線であった。

たしかに盧泰愚氏は、ベトナム戦争参戦の将軍であり全斗煥氏のクーデターの同志であったが、大統領選挙で勝利して大統領になってからの外交政策は賢明なものであった。一九八八年の七・七宣言で朝米、朝日の関係正常化を歓迎するという画期的な態度を打ち出した。日本政府はこの盧泰愚宣言に助けられて、朝鮮植民地支配反省の姿勢で日朝交渉に向かおうとしていた。だから、女性四団体の五月一八日声明の情勢分析は悲観的にすぎるものであった。

声明は、日本に対しては、戦争に対する謝過、徴用と原爆被害者への賠償、在日同胞の法的地位問題などの解決を要求した。中でも「日本の過去の犯罪行為の中で特に隠されている挺身隊問題に対する日本当局の謝罪と賠償がかならずなされなければならない」と主張した。

「二〇万をこえる挺身隊は世界に類例をみない日本による残悪な犯罪行為であり、女性に対する残酷な性侵奪、人権蹂躙である。それでも日本当局はこれに対する謝罪、真相究明はもとよりせず、卑劣にも資料すら消滅させ、隠蔽に汲々としている。……われわれは、……くやしくも犠牲になった英霊の魂を慰労するために挺身隊の真相を究明しなければならない歴史的責任を負っている。」（『挺身隊資料集』Ⅰ、一九九一年、四八‐四九頁）

盧泰愚大統領は予定通り五月二四日、国賓として日本を訪問し、宮中晩餐会にのぞんだ。一九八九年に即位したばかりの明仁天皇は過去の両国関係について、「我が国によってもたらされたこの不幸な時期に、貴国の人々が味わわれた苦しみを思い、私は痛惜の念を禁じえません」と感情をこめた言葉を述べた。盧泰愚大統領は、韓国民は「いつまでも過去に束縛されて」はおれない、「両国は真正な歴史認識に基づいて過去の過ちを洗い流し」て、前進しなければならないとした上で、「日本の歴史と新しい日本を象徴する陛下がこの問題に深い関心を示されたことはきわめて意義深いことです」と答えた。二五日の国会演説では、盧泰愚大統領は、植民地時代の創氏改名と朝鮮語使用禁止についてふれた上で、国家を守れなかった自分の弱さを反省するだけで、誰かを「とがめたり、恨んだりしようとは思いません」と述べた。この演説で特に要望したのは、在日韓国人の問題だけであった。大統領の日本滞在中慰安婦問題が言及されることはなかった。日本人が自らこの問題を考えるようにうながすという態度であったのだろう。

盧泰愚大統領の訪日後、日本国会では野党議員が日韓間に存在する未解決の問題について質問を繰り返した。サハリン残留韓国人問題と被爆韓国人の問題については、政府が予算を支出して取り組むという方向が明らかになったが、強制動員労働者の問題はどのような方向で解決を図るか、答えはなかった。その中で、六月六日、日本社会党の本岡昭次議員がついでのように、「強制連行の中に従軍慰安婦という形で連行されたという事実もある」、その通りかと質問した。これが日本の国会で「慰安婦」という言葉が発された最初である。この質問に対して強制連行問題で答弁にあたっていた労働省の清水傳雄職業安定局長が答えた。

「従軍慰安婦なるものにつきましては、古い人の話等も綜合して聞きますと、やはり民間の業者がそうした方々を軍とともに連れて歩いているとか、そういうふうな状況のようでございまして、こうした実態について私どもとして調査して結果を出すことは、率直に申しましてできかねると思っております。」

このあまりに思慮に欠ける、準備不足の答弁が知られると、韓国の女性団体は怒りを燃やすことになった。七月、ソウル大学の若い社会学者鄭鎮星《チョンジンソン》が中心になって挺身隊研究班がスタートした。梨花女子大大学院に留学していた在日韓国人の山下英愛は尹貞玉教授を助け、運動を進めた。秋になると、九月二八日、自民党と日本社会党の金丸・田辺訪朝団は北朝鮮の金日成主席と三党共同声明を出し、「日本が三十六年間、朝鮮人民に与えた不幸と災難、戦後四十五年間、朝鮮人民が受けた損失について、朝鮮民主主義人民共和国に対して、十分に公式的な謝罪を行い、償うべきであると認める」と明らかにした。日本が植民地支配に対して反省謝罪するという自民党と社会党との最初の表明が平壌の地でなされた。このことも韓国の運動団体に大きな印象を与えただろう。

一〇月一七日、討論を積み重ねてきた韓国教会女性連合会、韓国女性団体連合、トゥレバン、大韓YWCA連合会、ソウル地域女子大生代表者協議会、アジア女性神学教育院、梨花女子大学校女性学研究会、挺身隊研究会など八団体が慰安婦問題で、海部首相と盧泰愚大統領の双方に公開書簡を出した。尹教授と山下英愛が原案を書いたものと言われる（山下英愛、二〇一四年九月一七日聞き取り）。内容は同じだが、文章はそれぞれ書き分けている。

海部首相あての書簡には、このように書かれていた。

「〝天皇〟直属の日本軍の要請で慰安婦用に『朝鮮人女子挺身隊』の動員を命ぜられ、済州島や下関の朝鮮人女性を徴用したという元労務報国会の動員責任者の証言もあります。この証言からも、従軍慰安婦を動員する業務が徴用の対象業務に含まれていたことは明らかです。また上の証言や元慰安婦たちの証言によれば、朝鮮人女性たちは『女子挺身隊』という名で、あるいは雑役婦の仕事だとだまされて、さらには田畑で働いているところを人狩りさながらに連れて行かれ、各戦場に設けられた軍隊慰安所の慰安婦にさせられたと言います。……さらに元軍医の証言によれば、慰安所規定を設け、性病検査をするなど、慰安所の管理そのものは軍が行ったと言います。そして何よりも、慰安所を利用したのは日本軍人たちであり、その罪は厳しく問われなければなりません。……

戦争中、日本は、多くの若い朝鮮人女性を欺いて、強制的に引っ張って行き、兵士たちの性欲処理の道具にするという反人間的な行いをなし、罪を犯したのです。そして敗戦後は、それまでの『内鮮一体』を翻して、朝鮮人従軍慰安婦を殺したり、置き去りにし、わずかな生存者に対しては今日までいかなる補償もしないという二重の罪を犯してきたのです。」（『挺身隊資料集』Ⅰ、五〇–五一頁。在日韓国民主女性会訳）

盧泰愚大統領あての韓国語の書簡では、言葉を補って、より内容を強めている。

「挺身隊は日本帝国主義のもっとも残忍な民族抹殺政策の一つとして、この地の女性たちを強制徴集・連行して、日本兵士の慰安物として利用した歴史上類例のない非人間的行為でした。挺身隊に引っ張られて行った韓国の若い女性たちは一日に数十名を相手にして、死んで行ったか、日本の敗戦で戦地に置き去りにされるか、証拠を隠蔽するために集団虐殺の目にあわなければならなかったのです。」（『挺身隊資料集』Ⅰ、五二–五三頁）

どちらの書簡も、挺身隊に動員されて慰安婦にされたという伝説に基づいており、吉田清治の二冊の本を証拠として注記している。盧泰愚大統領あて書簡の方は金一勉の「民族衰亡策」理論も援用している。その意味では、慰安婦問題の認識は半年が経過しても、尹貞玉連載の水準から進んでいなかった。

さらに、海部首相あて書簡には、盧泰愚大統領訪日時に天皇が述べた言葉は「不十分であれ反省の意を表明した」、政府は強制動員労働者の調査を約束した、それなのに「従軍慰安婦との関わりを否定し、調査を拒否するということは、もう一つの罪にほかならない」と六月六日の国会答弁を批判した。

重要なことは、この書簡の中で、いち早く日本政府に対する要求六項目を定式化したことである。

「そのような意味から、われわれは日本政府に次のように要求します。

1. 日本政府は朝鮮人女性を従軍慰安婦として強制連行した事実を認めること。
2. そのことについて公式的に謝罪（사죄）すること。
3. 蛮行のすべてを自ら明らかにすること。
4. 犠牲者たちのために慰霊碑を建てること。
5. 生存者と遺族たちに補償（보상）すること。
6. このような過ちを繰り返さないために、歴史教育の中でこの事実を教えること。

こうすることによってのみ、日本はこの罪から解放されて、真の道義ある民主主義国家になれるのです。」

出された謝罪、真実究明、慰霊碑建立、補償などの五項目は慰安婦問題について妥当な要求であったが、「従軍慰安婦として強制連行した事実を認めること」を求める第一項は、挺身隊伝説と吉田証言を認めよというのが内容であるから、問題であった。さらに、注意されるべき点は、これは慰安婦被害者の声を聞いて、その人々の要求をまとめたものではなく、現代の女性運動家・知識人団体が考えた要求項目であったということである。この時点で、運動家たちは韓国内に生きている慰安婦犠牲者とはいまだ接触がなかったのである。

この書簡を出した八団体は、一一月一六日韓国挺身隊問題対策協議会（略称挺対協）を結成した。共同代表は教会女性連合会の朴順金《パクスングム》、梨花女子大の社会学教授李効再《イヒョジェ》、それに尹貞玉の三人であった。韓国の慰安婦問題の中心的な運動団体となっていく挺対協のスタートであった。

慰安婦問題が従来女子挺身隊の問題だとされてきた不正確な伝説をそのまま固定して、名称にして運動体を立ち上げたのは、大きな制約であったと言わなければならない。尹貞玉氏は翌年五月二八日に最初の講演会で「挺身隊」伝説を説明しようとしたが、「名前通りの勤労挺身隊」もあったと述べることで、挺身隊として動員されて慰安婦にされた事実が普遍的であったと主張することはできなかった（『挺身隊問題資料集』I、六-七頁）。もちろん「挺身隊」という名称は、元慰安婦の人々が名乗り出るのを心理的にたやすくしたという面もあったことは事実であろう。

ともあれ、問題の核にはおそろしい悲劇、許されざる蛮行がひそんでいるという人々の感覚の正しさは動かなかった。それに取り組む韓国の中心的な運動体の発足はまさになるべくしてなったことであったのである。

年が明けて、一九九一年一月一〇日、日本と韓国の間では、外相間で「日韓法的地位協定に基づく協議の結果に関する覚書」が締結され、三世の永住権問題や指紋押捺制度の廃止など、在日韓国人の地位が改善されることになった。そして、日本と北朝鮮の間では、一月三〇日から日本と朝鮮民主主義人民共和国との間の国交交渉が開始された。まさにこのときから韓国から提起された慰安婦問題と日本の植民地支配の清算に関わる日朝交渉が、相乗効果で、日本政府と国民を揺り動かしていくのであった。

金学順ハルモニの登場

誕生した挺対協は、海部首相に送った六項目の要求に回答がないことに不満をつのらせていた。そこで九〇年一二月一九日に回答催促の手紙を出したのにつづけて、九一年三月二六日に二度目の催促状を送った。それを社会党議員本岡昭次にも送って、国会で質問させた。四月一日、参議院予算委員会で本岡の質問に答えて谷野作太郎アジア局長は、資料調査は進まず、「ご満足いただけるような回答はできない」が、とりあえずの回答はソウルの大使館からさせたいと述べた。本岡議員は「女子挺身隊という名前によって……従軍慰安婦として強制的に南方の方へ連行したということは、私は間違いない事実だ」、このことからは逃げておれないと迫っている。

このあと、日本政府は四月二四日にソウルの大使館で挺対協代表の尹貞玉代表と尹栄愛《ユンヨンエ》総務に対して求められていた回答を出した。小野参事官が口頭で伝えたのである。

「日本政府の調査結果によれば、日本政府が挺身隊を強制連行した事実がなく、すぐる一九六五年の韓日請求協定締結で国際法上両国間の補償の権利と義務は終わっている。」

この素っ気ない回答で、尹貞玉代表はあらためて憤激し、「三度にわたり日本海部首相に六項目の要求の履行をうながして、早い時日のうちに誠意ある回答をするように要請したのに、公式的な回答を書面でなく、口頭でするのか。公式的な回答書信を出してほしい」と要請した。だが、小野参事官は、文書はない、日本政府から受けた回答を口頭で伝えるだけだと答えた。尹代表は重ねて口頭で伝達された内容だけでも文書に作成してくれと要請したが、小野氏は拒絶し、「慰安婦動員に関する証拠がない。証拠があれば、そのときに考えてみる問題だ」と繰り返した。この場面は、『挺対協二〇年史』（ハヌル、二〇一四年、三九三頁）にくわしく叙述され、尹代表らの鬱憤を伝えている。挺対協の日本政府不信は決定的になった。

他方で、設立された段階では韓国に生き残っていた慰安婦被害者のハルモニの誰一人とも接触ができていなかった状況が、九一年には劇的に変わっていた。挺対協の設立が報じられると、挺身隊に動員された女性、慰安婦にされた女性たちがつぎつぎに連絡をとってくるようになったのである。その第一号が金学順《キムハクスン》氏だった。彼女は一九九一年八月一四日、挺身隊問題対策協議会で記者会見した。六七歳のハルモニは、「挺身隊慰安婦として苦痛を受けた私がこのように堂々と生きているのに、日本は従軍慰安婦を引っ張って行った事実がないと言い、わが国の政府は知らないというのでは、話になりますか」と言って、実名を名乗り、顔を隠さず、記者たちの前に現れて、身の上を語ったのである。

彼女は平壌でキーセン検番（学校）を終えたあと、一九四一年、一七歳のとき、養父に連れられて中国中部地方に行ったところ、日本軍に引き渡され、部隊の慰安所に強制的に入れられた。一日四、五名の兵士を相手にさせられたハルモニは三ヶ月で逃げ出し、朝鮮人商人に助けられ、中国で生き延び、解放後に帰国したのである。「挺身隊自体を認めない日本を相手に告訴もしたい気持ち」であり、「わが国の政府が一日も早く挺身隊問題を明らかにして、日本政府の公式謝過（사과）と反省を受けなければならない」と語った（東亜日報八月一五日）。

実は日本ではこれに先立って、朝日新聞大阪支社の記者植村隆がソウルに来て、挺対協から金学順氏の話を録音したテープの提供を受けて、同新聞大阪版に八月一一日（全国版では八月一二日）に、彼女のことを最初に報道した。大阪版では社会面のトップのかなり大きな記事となり、「思い出すと今も涙、元従軍慰安婦　戦後半世紀重い口開く」、「韓国の団体聞き取り」と見出しが付けられた。「『女子挺身隊』の名で戦場に連行され、日本軍人相手に売春行為を強いられた『朝鮮人従軍慰安婦』のうち一人がソウル市内に生存していることがわかり」、挺対協が聞き取りをはじめたという記事である。現在六八歳のこの女性は、一七歳のとき、「だまされて慰安婦にされた」と紹介している。全国版では「慰安婦の痛み、切々と」と見出しが付いた記事となったが、こちらはずっと小さな記事であった。スクープ報道とはいえ、金学順という名前も隠されており、顔写真も付いていない記事で、どちらの記事もそれほど注目を集めなかったと考えられる。

大阪版の記事について、西岡力が、キーセン検番に「売られていった」ということを隠し、挺身隊という名目で連行されたと虚偽を書いていると批判し、朝日新聞の意図的なキャンペーン報道だと言い出すのは、一九九二年のことである（西岡力「『慰安婦問題』とは何だったのか」『文藝春秋』四月号）。西岡は、植村記者の韓国人の妻の母親が太平洋戦争犠牲者遺族会の幹部だということを知ったとして、植村のスクープとこの義母との間に関係があるとにおわせている。このデマゴギーはそのときから繰り返し語られ、二〇一三、一四年の反韓キャンペーンの中では、「捏造記事を書いた『朝日新聞』記者の韓国人義母の『詐欺裁判』」、「『慰安婦問題』A級戦犯朝日新聞を断罪する」というような記事として拡大されるにいたるのである（週刊新潮、週刊文春二〇一四年三月一三日号）。

なぜデマゴギーであるかと言えば、挺身隊の名で連行され慰安婦にされたというのは、挺対協の説明をそのまま報道したもので、慰安婦の「強制連行」を朝日の記者が捏造したというのはあたらない。記事の中では「騙されて慰安婦にされた」と書いているのである。金学順ハルモニ本人が「自分は慰安婦にされた」と韓国で名乗り出て、顔をさらして日本政府を告発したという事実が日韓両国民に大きな衝撃を与えたのであって、朝日新聞の植村記者の記事のせいではない。朝日新聞には金学順ハルモニの名前も写真もその年の一二月六日までのっていないのである。植村記者はたしかに太平洋戦争犠牲者遺族会の幹部梁順任《ヤンスニム》氏の娘と結婚していた。しかし、この取材は挺対協から資料を提供されたのであり、遺族会の梁氏は関係していない（朝日新聞二〇一四年八月五日）。かりに梁氏が関係していても、いかなる問題もないだろう。慰安婦被害者の登場は報道すべき日韓関係史上の事件だったのである。慰安婦被害者本人がはじめてわれわれの面前に現れて告発し、生きている痛み、苦しみに対する謝罪と償いを求めたのである。慰安婦問題が歴史の中から飛び出してきて、まさに同時代的現実の問題となった瞬間であった。多くの人がその女性の途方もない勇気と激しい憤りに打たれたのである。私はのちに一九九五年に金学順ハルモニのお宅をお訪ねしたが、人間的にしっかりした方で、ある種の威厳を感じた。慰安婦であったとはじめて名乗り出て、告発するという歴史的な役割をみごとに果たされた方であったと思う。植村記者の記事はその歴史的な事件を正当に報道したものであった。であれば、西岡氏の朝日新聞報道攻撃の目的は、真実の報道に反対し、金学順ハルモニを辱め、その登場の意義をおとしめようとするものだと言わねばならない。

戦後補償問題、関心の高まり

一九九一年は、戦後補償を求める内外の運動体が結集して、日本政府に対して要求が噴出していた。八月三日、四日には東京でアジア太平洋地域戦後補償国際フォーラムが開催された。関西で太平洋・アジア地域の戦争犠牲者に思いを馳せ、心に刻む会という運動をつづけてきた上杉聰や、早くから大沼保昭らとともにサハリン残留韓国人の問題に取り組んできた弁護士の高木健一らが中心になって組織したものである。ここに韓国から中蘇離散家族会、韓国原爆被害者協会、韓国原爆被害三菱徴用者同志会、韓国太平洋戦争犠牲者遺族会（梁順任常務理事）、韓国・朝鮮人元BC級戦犯者同進会、台湾から台湾元日本兵及び遺族協会連合会、香港からは香港索償協会の代表が、その他に、中国、マレーシア、インドネシア、パラオからの代表が参加した。サハリン残留韓国人の帰国問題、在韓被爆者問題、強制動員労働者問題、韓国人BC級戦犯問題、慰安婦問題など、すべての問題が語られ、解決を求める意見が述べられた。

この会議に米国から参加した日系アメリカ人市民連盟会長クレッシー・ナカガワ氏の発言が特別の注目を集めた。ナカガワ氏は、第二次大戦中不当に収容所に入れられた日系米人の苦難に対する名誉回復、損害補償の運動について報告し、一九八一年から運動を開始し、八七年についに法案が議会を通過し、八八年八月一〇日レーガン大統領が署名して法律が成立したこと、大統領の謝罪の手紙と二万ドルの支払いがなされたことを明らかにした。この発表は参加者に大きな希望を与えた。

太平洋戦争犠牲者遺族会（金鍾大《キムジョンデ》会長）は慰安婦をふくめ、約二〇人の原告をそろえて、東京地裁に補償を求める提訴を行う方針を発表した。

一〇月二二日からは、大阪市浪速区のリバティおおさかで「朝鮮侵略と強制連行展」が二ヶ月間行われた。一一月九日には集会が開かれ、吉田清治が講演した。朝日新聞大阪版はこの年五月二二日にも「吉田清治証言」を紹介する大きな記事をのせたが、一〇月一〇日にはこの展示会を紹介する記事をのせ、そこでも「吉田証言」を大きく紹介した。慰安婦問題への関心が高まる中で「吉田証言」をくわしく報じたのである。

一一月二二日には、北海道新聞が吉田清治に直接取材して、「朝鮮人従軍慰安婦の強制連行『まるで奴隷狩りだった』――日本人元責任者が痛恨の告白――千葉在住の吉田さん」、「殴って、子引き離し」、「陸軍と警察行政一体で」という見出しを付けて、記事を掲載した。この記事が韓国で取り上げられた。東亜日報が一一月二六日に一面の左側に「挺身隊徴用は奴隷狩りだった」との大見出しで、北海道新聞の記事を転載紹介したのである。

研究者も積極的に発言しはじめた。日本女性運動史研究者の鈴木裕子のデビューは、一九九〇年二月一日、毎日新聞に「今こそ〝従軍慰安婦〟にこだわる」という一文を発表したのが最初であった。彼女は金一勉の本から基本的なイメージをえているが、結論として、「従軍慰安婦政策は、日本がおかした明白な国家犯罪というべきであろう。わたくしたち日本の女は、彼女たちの無念に思いを馳せ、せめて残り少ない人生を安穏に暮らしてもらえるよう、日本国家にその償いと責任を取るよう要求していくべきなのではないだろうか」と適切な呼びかけを行った。そうすることは「道義国家として新しく生きるために」必要ではないかというのである。九一年五月二八日には、鈴木は挺対協の最初の講演会に招かれて、「従軍慰安婦問題と日本女性」と題して講演を行った。このときは、「天皇・天皇制国家が犯した最大の罪であるのに、最高責任者天皇裕仁をはじめ、歴代自民党政府はいかなる謝罪と補償をしないまま、放置してきた」と述べ、主張を急進化させている（『挺身隊資料集』Ⅰ、一二頁）。彼女の天皇責任論は挺対協側にも印象を与えたように思われる。帰国した彼女は、雑誌『世界』の九一年九月号に「昭和史の最暗部――朝鮮人従軍慰安婦問題への接近」を書き、それをのばして、一二月には岩波ブックレットで『朝鮮人従軍慰安婦』を刊行した。これらは新しい状況での日本における最初の慰安婦問題叙述であった。鈴木裕子は挺身隊伝説からは自由であったが、金一勉の「民族抹殺策」論の影響を強く受け、吉田清治証言を重視していた。吉田の描く「すさまじいまでの〝慰安婦狩り〟をみますと、まさしく朝鮮人従軍慰安婦政策こそ、究極の民族抹殺策ではなかったか、の感を強くします」と述べている（ブックレット、四四頁）。認識の水準は深まっていなかったが、とるべき方策としては、『世界』論文では、この国家犯罪に対して、「日本政府は、その非をわび、謝罪と、せめてもの補償を彼女らに行うべきである」と提言している。これは妥当な呼びかけであった。

この年、野党の日本社会党では、金丸信元自民党副総裁とともに日朝国交交渉開始の道をつくった田辺誠が委員長に就任し、戦後補償問題への取り組みに力を入れていた。一二月八日、党主催のフォーラム「日本の戦後責任と新しいアジア関係」で、田辺委員長が満州事変から六〇年、太平洋戦争開戦から五〇年を記念して演説した。その演説の冒頭、田辺は沖縄の慰安婦・裵奉奇ハルモニを思い出すところから話しはじめ、日本の植民地支配と侵略戦争の犠牲者を読み上げる中に「女子挺身隊の名の下に戦地に送られ、兵士のなぐさみものにされた韓国・朝鮮、中国の女性たち」を挙げ、社会党委員長として、国会議員として、すべての犠牲者に謝罪した。国会が過去の侵略戦争謝罪の決議を行うことをめざすとし、謝罪には「償い」が伴う必要がある、「道義に基づいた補償」を求めると述べたのである。

日本社会党は五五年体制の下で日米安保条約と自衛隊に反対し、政権を担うことなき永久野党として政権の外から自民党政府を抑制して議席の三分の一を維持して憲法九条を守ってきた。自民党は満州事変からの戦争を反省する吉田（茂）派と戦争を一切反省しない岸（信介）派から生まれた。その結果、日本は平和国家として生きることはできたが、公的に確立された共通の戦争認識をもつことができず、侵略の犠牲者に対する補償はなされることがなかったのである。社会党は一九九一年には、自民党と協力して日朝国交交渉を開始することができた。だが、一九九一年末には、ペレストロイカの進展と冷戦の終わりの中でソ連共産党が崩壊し、ソ連が終焉し、ソ連共産主義の歴史が終焉するという世界史的な大転換が生じた。日本の五五年体制も終わりを迎え、日本社会党は転換を求められた。日本社会党が田辺委員長の新しい宣言をもって立つとしたら、自民党政府とどのように闘い、どのように交渉し、どのような合意を勝ちとらなければならないのか。自らも政権を担う立場に立つ新しい姿勢が必要だった。転換を迫られていたのは、社会党議員たちだけではない。社会党に投票してきた支持者たちもまた転換を迫られていたのである。

第3章　河野談話が出されるまで

資料調査へ

太平洋戦争犠牲者遺族会の東京地裁への提訴は一九九一年一二月六日になされた。金学順ハルモニが提訴直前にこれに加わることになり、慰安婦の原告は三人となった。金学順ハルモニ以外は実名を公表しなかったから、金ハルモニの参加が大きな意味をもった。慰安婦以外の被害者が三二人で、計三五人が原告となった。一人当たり二〇〇〇万円の支払いを求める裁判であった。訴訟代理人は高木健一弁護士、他に福島瑞穂ら六人の弁護士が訴訟を準備した。この訴訟は韓国人が被った多様な戦争被害を扱ったが、従軍慰安婦問題も訴状の重要な部分を占めていた。そこでは「従軍慰安婦」の動員については、吉田清治の「慰安婦狩り」についての証言が引用され、吉田が受けた四三年五月の命令書と四四年四月の命令書がそれぞれ八三年の本と七七年の本からまったく無批判に引用されている。

『朝日新聞』六日夕刊は涙を流す金学順ハルモニの写真を次のような見出しのもとに掲げた。「『恨』の半世紀決意の訴え」「『逃げたら死ぬぞ』そして翌朝から」、「金学順さん『胸痛い、でも話す』」。日本の社会に大きな印象を与えた瞬間であった。

このとき、日本の首相は一一月から宮澤喜一に代わっていた。官房長官は加藤紘一であった。宮澤は吉田茂から池田勇人につらなる保守本流であり、もっともリベラルな立場を代表していた人で、一九九一年一一月に、ついに七二歳で総理に上りつめたところであった。経済と対米外交が得意の分野であった彼は、いろいろな時期に韓国との間で深刻な問題にぶつかり、それを処理してきた人でもあった。一九七四年には田中首相の外務大臣として、金大中拉致事件の政治決着を推進したが、一九八〇年にその金大中氏が韓国で死刑判決を受ける事態となったときは、鈴木内閣の官房長官としてＮＨＫ論説委員長山室英男氏に手紙を託し、全斗煥大統領に死刑を思いとどまるよう要請したこともあった。さらに一九八二年には、中韓から歴史教科書歪曲の非難を受けて、「アジアの近隣諸国との友好、親善を進める上で、これらの批判に十分に耳を傾け、政府の責任において是正する」という宮澤官房長官談話を出している。日韓の経済関係の発展を推進した人だが、安定的な日韓体制が韓国の強権政治により支えられていることを認識し、その問題点についても注意をはらってきたのであった。だから、韓国で八七年に民主革命が成功したあとは、日韓関係に新たな風が吹くことを十分に理解していたのだろう。総理になって最初の外遊先として韓国を訪問することにしたのも、韓国との新しい関係をめざす気持ちからだった。選挙で大統領にえらばれた盧泰愚の外交政策は大きな転換をとげたので、盧泰愚政権と協力して問題の解決を図ることが、新しい日韓関係づくりのために役立つという考えが宮澤首相の頭にあったものと考えられる。

だからこそ、慰安婦問題が提起されたとき、宮澤首相と加藤紘一官房長官は韓国政府のうながしを受けると、異例の早さで、慰安婦問題の調査を開始したのであろう。

加藤紘一官房長官も党内リベラル派の代表であった。加藤官房長官も金学順さんらの提訴について、一二月六日の記者会見で質問を受け、慰安婦問題については、「心、感情の問題は十分承知しているが、まずどういう経過をたどったのか事実を調べないといけない。政府関係機関が関与したという資料はなかなか見つかっておらず、今のところ政府としてこの問題に対処するのは非常に困難であることを理解してほしい」と表明した（東京新聞、一二月六日）。

これが、韓国では、日本政府はまたしても慰安婦問題と無関係だと述べたと報道され、強い反発が起こった。朝鮮日報は七日号で「日本政府、〝挺身隊と無関係〟妄言」と報じ、加藤発言は、最近米スタンフォード大学で発見された米軍資料、吉田清治の証言、金学順ハルモニの状況説明などの証拠を無視するものと非難した。野党民主党は七日、日本政府非難の声明を出した。

一二月七日東京で開かれた韓日アジア局長会談で、韓国外務部金錫友《キムソクウ》アジア局長は日本側に慰安婦問題の徹底した真相究明とそれに基づく適切な措置を求めた（韓国政府『日帝下軍隊慰安婦実態調査中間報告書』一九九二年、四頁）。さらに一〇日には、ソウルに帰った金錫友アジア局長が川島裕公使を呼んで、六日の加藤発言を問題として、真相究明を求めるとあらためて要請した（朝日新聞、一二月一一日）。一一日には挺対協が大使館への抗議デモを行い、加藤長官の発言を非難する意見書を提出した。

ここにいたって、翌年年初の首相訪韓を前にした日本政府は、一二日、内閣官房主宰で関係省庁会議を開き、慰安婦問題の資料調査を指示した（韓国政府『中間報告書』四頁、また朝日新聞、一二月一二日）。これは画期的な決断であった。韓国側では、一三日に国会で、挺対協代表の参考人陳述、元慰安婦の証言が行われたし、またこのころ韓国政府は在外公館に資料調査を指示した。こうして、日韓両政府が同時に慰安婦問題の調査研究に着手したのである。

年が明けて、一九九二年一月七日には、日本政府の調査担当者は防衛庁防衛研究所で日本軍の関与を示す文書（岡野直三郎北支那方面軍参謀長の通牒など）を発見したことを報告している（「日本政府河野談話検証報告書」）。八日、ソウルの日本大使館前では慰安婦ハルモニも加わって、水曜デモがはじめられた。これは以後毎週水曜日の午後に行われ、以後二五年つづけられていくことになるのである。一月一一日、吉見義明中央大学教授が慰安婦問題への日本軍の関与を示す資料を防衛庁防衛研究所で発見したことが朝日新聞の一面トップで大きく報じられた。一九三八年三月四日に作成された陸軍大臣副官の通牒「軍慰安所従業婦等募集に関する件」、同年七月の岡野直三郎北支那方面軍参謀長の通牒、三九年の波集団軍司令部の資料「慰安所の状況」、以上三点の資料はいずれも、軍が慰安所をつくり、募集をふくめ統制、監督していたことを物語っていた。自分たちもこれらの資料を発見していた日本政府はただちに対応した。一月一三日、加藤官房長官の最初の談話が出された。

「1　関係者の方々のお話を聞くにつけ、朝鮮半島出身のいわゆる従軍慰安婦の方々が体験されたつらい苦しみを思うと、胸のつまる思いがする。

2　今回従軍慰安婦問題に旧日本軍が関与していたと思われることを示す資料が防衛庁で発見されたことを承知しており、この事実を厳粛に受け止めたい。

3　今回発見された資料や関係者の方々の証言やすでに報道されている米軍等の資料を見ると、従軍慰安婦の募集や慰安所の経営等に旧日本軍が何らかの形で関与していたことは否定できないと思う。

4　日本政府としては、累次の機会において、朝鮮半島の人々が、わが国の過去の行為によって耐えがたい苦しみと悲しみを体験されたことに対し深い反省と遺憾の意を表明してきたところであるが、この機会に改めて、いわゆる従軍慰安婦として筆舌に尽くし難い辛苦をなめられた方々に対し、衷心よりおわびと反省の気持ちを申し上げたい。日本政府としては、このような過ちを決して繰り返してはならないという深い反省と決意の上に立って、平和国家としての立場を堅持するとともに、未来に向けて新しい日韓関係を構築すべく努力していきたい。

5　また日本政府としては昨年末より、関係省庁において日本政府が朝鮮半島出身の従軍慰安婦問題に関与していたかについてさらなる調査を行っているところであるが、今後とも引き続き誠心誠意調査を行っていきたい。」（朝日新聞一月一四日、日本政府河野談話検証報告書）

文中「朝鮮半島出身」という表現を使ったことは、日朝交渉をつづけている中で、このお詫びと反省は北朝鮮の慰安婦被害者にもひとしく向けられるという含意があったためである。このことは政府首脳の言葉として確認されている（朝日新聞一月一七日）。

この間韓国では、慰安婦問題が国民的な関心事となった。一九九二年一月には、挺対協共同代表の尹貞玉氏は「挺身隊問題」を世論化した功績の故に東亜日報社から「女性東亜大賞」を与えられている。

宮澤首相訪韓

宮澤喜一首相は一九九二年一月一六日世論の沸き立つ韓国を訪問した。即日盧泰愚大統領との首脳会談がはじまった。翌一七日の第二回会談において、慰安婦問題が取り上げられた。盧泰愚大統領より、加藤官房長官談話を評価する、「真相究明に取り組み、しかるべき措置をお願いしたい」という要請が行われた。これに対して宮澤首相は、加藤官房長官談話の表現を繰り返し、日本軍の関与を認め、「筆舌に尽くし難い辛苦」に対し、謝罪を表明した。さらに「誠心誠意調査をしたい」と述べたが、補償問題などの具体的措置についてはふれなかった。同じ態度がこの日の記者会見でも示された。補償については、首相は「日本国内で個人の訴訟が進行中であり、その行方を見守っている」と述べるにとどめた（朝日新聞一月一七日夕刊）。またこの日宮澤首相は韓国国会で演説した。その中で「我が国と貴国との関係で忘れてはならないのは、数千年にわたる交流のなかで、歴史上の一時期に、我が国が加害者であり、貴国がその被害者だったという事実であります」と日本の加害責任をはじめて明言した。慰安婦問題については同じ表現で、謝罪した。韓国側は、一八日の記者会見で、李相玉《イサンオク》外相が、真相が明らかになれば、「補償等の問題を多角的に検討する」との考えを明らかにした（朝日新聞一月一八日）。これに対しては加藤官房長官が二〇日の記者会見で、「日本政府側ではこの問題は日韓基本条約ですでに処理された問題だと考える」と述べたが（朝鮮日報二一日）、一月二一日には、「補償でない別の具体的措置を検討する」ことを示唆した（同二三日）。この日韓国政府が慰安婦問題で補償を要求する方針を決めたと朝日新聞が報じたが、朝鮮日報は報じていない。両国政府間で相手の出方をうかがっている状態だとみえる。[*]日本政府は、これまで日韓間の請求権問題は日韓条約締結時に結ばれた経済協力および請求権協定で「完全に、かつ最終的に解決されることになったこと」が確認されているとしてきたのだが、

＊ 木村幹は一月二一日に「韓国政府がこれまでの姿勢を一変させ」、「適切な補償などの措置を取る」よう求めたとし、この「方針転換」が日本政府の外交の前提をこわしたと指摘している。木村幹『日韓歴史認識問題とは何か』ミネルヴァ書房、二〇一四年、一六四頁。私はこの点について確証できなかった。韓国外務部で日韓関係を担当した趙世暎の記述からもそのような方針転換があったとはうかがえない。趙世暎『韓日関係五〇年、葛藤と協力の軌跡』大韓民国歴史博物館、二〇一四年（ハングル）、一三四－一三五頁、邦訳『日韓外交史』平凡社新書、二〇一五年、一〇八－一一三頁をみよ。

提起された慰安婦問題はあまりに深刻な問題で、解決済みとするわけにはいかないと判断するにいたったとみえる。

韓国では、一九九二年一月二四日外務部アジア局長金錫友を班長とし、一七の関係省庁の課長からなる挺身隊問題実務対策班を設置し、慰安婦問題の調査を開始した（韓国政府『中間報告書』）。他方、挺対協は三月より慰安婦ハルモニの聞き取りを開始した。

慰安婦問題が重要な問題であるとして、日韓両国政府が真相の究明に着手するというようなかつてない新しい状況が生まれると、日本の中からこれに反対する人々の声があがった。三月、現代コリア研究所の西岡力が『文藝春秋』四月号に「『慰安婦問題』とは何だったのか」を書き、『正論』四月号に「慰安婦と挺身隊と――繰り返される日本の謝罪体質」を書いた。西岡は文春論文では「日韓条約締結時に提供した五億ドルで韓国人に対する戦争補償は解決したはず」なのに、「慰安婦問題が日韓双方に深刻な影響を及ぼしてしまった」ことを憂慮するという意識から出発する。そして、この「慰安婦問題に対する関心を著しく高めた」契機は「金学順という女性」の登場であったとして、この女性の存在をスクープとして報道したのが朝日新聞植村隆記者の記事であったと告発する。植村記者は金学順が「キーセンの検番に売られ」たという事実を隠すという「誤認」を犯した。彼の妻は「太平洋戦争犠牲者遺族会」の幹部の娘であり、だから彼自身が遺族の一員であるので、意図的に運動に都合のよい報道をしたと示唆している。正論論文では、慰安婦と挺身隊を同一視してはならない、慰安婦は徴用されたのではなく、民間業者によって集められたのだと主張する。補償はすでに日韓条約でなされ、「もはや補償問題は存在しない」のに、慰安婦問題をこんなに大問題にして「日韓双方に相当深刻な影響を及ぼしてしまった」。「日韓関係が心配でならない」——これが文春論文の結論であった。

つづいて、四月三〇日の産経新聞に「朝鮮人従軍慰安婦、強制連行に疑問／加害者側の〝告白〟、被害者側が否定」という見出しで、済州島現地調査によって吉田証言が否定されたという秦郁彦拓殖大教授の記事がのった。そして、五月一日発売の雑誌『正論』六月号に秦の「従軍慰安婦たちの春秋」という文章が発表された。その中で秦は、吉田清治の済州島での人狩り的な慰安婦集めの話は「本当にあったのだろうか」として、吉田に済州島での行動に同行した部下を紹介してほしいと頼んだが拒絶されたこと、済州島を訪問して、済州新聞の許栄善記者の記事を発見したこと、城山浦の老人クラブで話を聞いたところ、「吉田証言は虚構らしい」と確認したことを書いている。

つづけて六月と七月には、『諸君！』の七月号と八月号に板倉由明「検証『慰安婦狩り』懺悔者の真贋」と上杉千年「警察OB大いに怒る——吉田『慰安婦狩り証言』検証第二弾」がのった。板倉は吉田の第一作について履歴の記述についての疑問を五点あげ、うち二点については吉田に電話で問いただしたが、納得できる答えがなかったとしている。板倉の最大の批判点は、吉田が第一作で一九四四（昭和一九）年四月に慰安婦狩りを下関ではじめてしたと述べているが、「一年近く前の十八年五月に、済州島に部下と共に出張し」慰安狩りをした「男の吐くセリフであろうか」ということであった。板倉は、吉田証言はかくも「矛盾と疑問に満ちている」と指摘し、朝日新聞に対して、吉田の履歴について五点の疑問をただすことを求め、最後に「秦の調査に対抗して、証言が真実であることの証明はできるのか」と問いかけている。上杉千年は、下関現地に赴いて、吉田の周辺の人物に会い、吉田の著書の内容について「全否定」の答えを聞いたと報告する。その上で、吉田は「下関時代の体験・見聞を想像力で次第に膨らませていったのではないか」、「朝鮮総督府から徴用した労務者を引き取りに出張した経験があるのではないか。そうしたもろもろの体験をベースに想像力を加え、創作作品になったと想定するのが妥当だと私は思います」という秦の分析を紹介している。

この三本の文章は、筆者の政治的な立場は西岡に近いとみられたが、立論が慎重で、冷静な検証を与えていた。しかし、私はその時点では、これらの文章に注意を向けず、読むこともしなかった。

日本では、戦後補償運動の連絡センターをつくろうという動きが弁護士の高木健一を中心に起こり、内海愛子、田中宏に加えて国会決議運動の方から、私と高崎宗司が呼びかけられて参加した。このメンバーでこの年七月に岩波のブックレットで『朝鮮植民地支配と戦後補償』を出版した。「従軍慰安婦」の節は高木健一が執筆している。高木は「従軍慰安婦にさせられた形態はさまざまである。業者にだまされてかり出されるケースが最も多かった。……また無法な業者の横行が目立ち、任意に集められなくなった後、朝鮮総督府の行政組織を利用した割り当てや吉田清治氏……のように警察と軍隊を使った強制的なかり集めも実施された」と書いている。私は最終節「朝鮮植民地支配の謝罪と清算を」を書いた。植民地支配反省の国会決議採択、日朝条約締結、日韓条約第二条の解釈変更、新たな補償のための日韓補足協定の締結という道筋を提案している。私は吉田証言を自ら検証することもなく、先に発表された検証論文も無視したまま、高木の吉田証言引用をふくむ論文を受け入れて、自分の論文も加えて、ブックレットを出したのである。私自身が吉田証言を信じていなかったとしても、検証をゆるがせにした責任は感じざるを得ない。吉田清治はこの年夏も韓国を訪問し、金学順ハルモニを訪ねて、謝罪する等のパフォーマンスをつづけた（朝日新聞八月一三日）。

だが、吉田証言がフィクションであったとしても、慰安婦問題が消えるわけではない。日本政府が慰安婦問題に取り組んでいることに対する西岡の批判は不当なことであった。

日韓両政府の第一次調査結果発表

韓国で慰安婦問題のための強力な運動が起こり、韓国政府の要請により日本政府が慰安婦問題の調査を進めるという日本でかつて一度もみられなかった新状況が現れた結果、一九九二年には慰安婦問題に対する日本国民の関心も急速に高まった。新聞各紙の報道が質量ともに飛躍的に拡大したことから、そのことが知られる。朝日新聞の慰安婦記事は一九八九年から九一年まではわずか二〇件であったものが、この九二年には一年間で五九〇件に急増した。毎日新聞の場合も、八九-九一年が二〇件以下であったものが、九二年には六一八件と朝日新聞以上に急増した。保守的な読売新聞の報道さえ八九-九一年が三四件であるのに、九二年には二八七件に増えている。

その中で、一九九二年七月六日、日本政府の調査結果が発表され、あわせて、加藤紘一官房長官の談話が出された。発見された資料は一二七点であった。「調査結果」の要点は、「慰安所の設置、慰安婦の募集に当たる者の取締り、慰安施設の築造・増強、慰安所の経営・監督、慰安所・慰安婦の衛生管理、慰安所関係者への身分証明書等の発給等につき、政府の関与があったことが認められたということである」と述べられている。慰安婦被害者に対する「お詫びと反省」については、一月一三日談話をほぼ同一の表現で繰り返した。ただし、「国籍、出身地の如何を問わず」という表現が加えられ、対象は韓国・朝鮮人だけに限られないことを明らかにしている。そして、謝罪を表し、どのような措置をとるかについて、あらたな言及がなされた。

「このような辛酸をなめられた方々に対し、我々の気持ちをいかなる形で表すことができるのか、各方面の意見も聞きながら、誠意をもって検討していきたいと考えている。」

しかし、これでは資料調査も、慰安婦問題の認識も前進はあるが、なお不十分であることは否めない。

これに対して、韓国政府の挺身隊問題実務対策班はその月のうちに、一九九二年七月三一日に「日帝下軍隊慰安婦実態調査中間報告書」を発表した。この報告書のまえがきを対策班班長の外務部アジア局長金錫友が書いているが、実に印象的な文章である。日韓両国の首脳、すなわち盧泰愚大統領と宮澤首相は「最近の相互訪問を通じて、未来志向的な友好協力関係を構築していくことで合意」した。しかし、「不幸な過去史からくる感情的葛藤が韓日関係の発展の障害として作用している。」「暗い歴史を発展的に克服する」ために、「挺身隊問題」について日本政府に「徹底した真相究明とこれによる適切な措置を求めている。」日本政府も調査をし、結果を七月六日発表した。「今回の報告書は、このような韓日双方の調査結果を総合し、整理したもの」である。つまり日韓の協力によって、これまでわかった慰安婦問題の真実はこうだと出しているのである。まさに一九九〇年一月の尹貞玉連載論文が願った方向での提示である。

本文では、まず第一部「挺身隊問題の現況」で、日韓両政府の交渉と努力について述べている。吉田証言が大きく取り上げられているのが目を打つ。日本政府の七月六日調査発表は不十分なものだとして、さらなる調査を求めている。続く第二部で「実態調査結果」を述べている。はじめに『広辞苑』の定義を修正して、慰安婦とは「戦地の部隊に随行し、将兵を性的に慰安した女子」だと定義している。日本軍が慰安所を設置した理由として、「軍隊による強姦の予防、軍隊粗暴化の予防、性病の予防のため、本格的に軍隊慰安婦政策が採られるにいたった」と述べ、「軍隊のための売・買春に軍隊が直接、全面的に介入し、徹底して管理することができるように、歴史上類例の求めがたい軍隊専属の慰安婦集団を創設するにいたったのである」と認定している。

慰安婦の募集については、一九三二年上海事変のころは、日本の内地から「主に職業売春女性」を募集したが、南京大虐殺以後は、「過去に売春経験のある女性」は性病を伝染させるので適当でないとされ、「軍部と業者は、慰安婦を、当時日本の植民統治下にあった韓国で充員しようとしたものと推定される」としている。募集方法としては、一九三八年までは「人身売買の手法」がとられ、三八年以後は業者が、「軍の許可のもとに憲兵、警察、面長などの助けを得て、主に貧しい農村の農民の娘たちを特地看護婦、軍看護補助員募集などという名目で募集したものと見られる。」「事実上の動員方法」という項目では、総督府が「動員を図った」というところには公式資料の根拠があげられておらず、「吉田清治氏の証言」により、四三年ころから、「黒人奴隷狩りのような手法の人狩りで慰安婦を充員することもした」と述べられている。しかし、女子勤労挺身隊の動員については、「慰安婦調達とは性格が異なる」とし、こうして動員された女性が「慰安婦となった可能性はそれほど高くないと考えられる」、『女子勤労挺身隊』と『慰安婦』は、基本的に関係がない」と結論している。

慰安婦の「輸送方法」「配置」「慰安所の管理」「移動」「戦争末期の状況」については、資料に基づいて、妥当な説明がなされている。結論的には、「日本軍は、慰安婦政策の立案、慰安所の設置、慰安婦の募集、輸送、管理など、すべての面にわたり、全面的に介入した」とまとめられている。

この報告書は、慰安婦と女子挺身隊とをきっぱりと分け、挺身隊伝説からはなれて、慰安婦の実情を資料に基づいてはじめて明らかにしたものである。わからないところは「推定される」とか、「見られる」としている。信頼できる調査である。だが吉田清治証言に検証がないままに依拠しているところが大きな限界であった。中間報告書と銘打っている以上、今後の検討を拒まない開かれた姿勢が示されていた。この報告書が日本政府のさらなる調査に影響を与えたことは間違いない。

韓国のメディアはこの報告書を大きく報道し、好意的であった。『東亜日報』は八月二日号に金錫友アジア局長のインタビューを掲載した。金局長は「政府が報告書を発表しながら日本政府に対して徹底した真相究明の努力をふたたびうながしたのは、日本に国家としての道徳性を証明する機会を与えた」のだと述べ、宮澤内閣は「歴代政権の中で過去事解決に最も呼応的な政権」だとして、期待を表明している。

挺対協はハルモニと国連に目を向ける

挺対協がさきの日本政府の調査発表に不満であったことは間違いないが、この韓国政府の報告書についてもおそらく不満であったのだろう。挺身隊伝説が否定されたので、それを認めれば、自分たちの団体名を修正しなければならなくなるはずだった。いずれにしても、挺対協は日韓両政府が文書資料によって真相を究明するという方法に不満をもっていたのは間違いない。挺対協は、名乗り出た慰安婦ハルモニの聞き取りに全力をあげていた。犠牲者こそが真実を語りうるのであり、それに耳を傾けることが真相究明の中心作業でなければならないと考えていたのである。挺対協はソウル大学の安秉植《アンビョンシク》教授の参加をえて、慰安婦ハルモニの聞き取り調査を九二年六月から開始した。証言者の陳述がたびたび論理的な矛盾をおこすということなどに悩まされながら、一人から平均五、六回以上の聞き取りを行い、検証された一九人の証言を年末までにまとめることになるのである。その結果は、一九九三年一月に『強制的に引っ張られて行った朝鮮人軍慰安婦たち』第一集として刊行される（日本語訳、明石書店、一九九三年）。一九人中就職詐欺で連れて行かれた人が一三人、暴力、拉致で連れて行かれた人は四人、売買が一人、その他が一人であった。このその他の一人は、挺身隊に動員されてから、工場から逃げ出したあと、軍人に捕まって、慰安所に連れて行かれたという人であった。連行されたときの年齢は一一歳が一人、一四歳が一人、一五歳が二人、一六歳が五人、一七歳が四人であり、一七歳以下が一三人であった。一日に相手をした軍人の数は一定ではなく、少ない日で一〇人以内、多い日には五〇人以上、数えることができなかったほど多い日もあったという。重要なことは、この聞き取り調査の結果、吉田証言のような人狩り的な手法で強制連行された人はおらず、暴力拉致される形も少数で、挺身隊で動員されて、そのまま慰安婦にされた人はいなかったことが明らかになったことである。この聞き取りに基づいて、慰安婦問題の本質の論議をやり直すことが必要であったが、それはなされなかった。

だが、挺対協は固定観念に基づいて、運動の国際化を追求した。一九九二年八月一〇日－一一日、挺対協はソウルで第一回日本軍慰安婦問題アジア連帯会議を開催した。集まったのは、韓国、日本の他、ネリア・サンチョ、陳美齢ら、フィリピン、香港、タイ、台湾の女性たち六〇名ほどである。会議は韓国側の提案で「従軍慰安婦」という呼称を排除し、「強制軍隊慰安婦」と呼ぶことで合意した。慰安婦の事態は「国家権力による体系的で組織的な強制連行と輪姦、拷問、虐殺などが恣行された前代未聞の残虐な犯罪」だと規定された。

さらに、挺対協は慰安婦問題を国際機関に訴えて、そこでの普遍的な規準、正義の観念から韓日政府の妥協的な動きに対抗することを追求した。一九九二年八月早くも挺対協の代表李効再、申蕙秀、鄭鎭星と黄錦周ハルモニはジュネーヴの国連人権小委員会に参加し、世界教会協議会の名前で日本軍慰安婦問題についての最初の口頭発表を行った（『挺対協二〇年史』一六〇頁）。このとき、日本からはすでにこの年二月と五月に人権小委員会と現代型奴隷制実務者会議で戸塚悦朗弁護士がNGO国際教育開発の名で慰安婦問題について提起を行っていた。彼も日本政府の態度を批判し、国連の介入を求めていたのである。その後、戸塚弁護士と挺対協の協力が進んでいく。

このとき、日本の中では、野党の日本社会党が党内に戦後補償問題特別委員会を設置し、九二年八月に韓国に調査団を派遣するという動きを示した。この調査団の団長は五十嵐広三で、竹村泰子が副団長、大畠章宏、岡崎トミ子、清水澄子議員、多賀克己、叶俊寛ら書記、秘書らが同行した。このとき慰安婦のハルモニと会い、聞き取り調査も行った。調査団の報告書は八月二七日に中央執行委員会に提出された。

他方で、中央大学教授吉見義明は自分が集めた資料をいち早く『従軍慰安婦資料集』として、大月書店から一九九二年一一月に刊行した。一〇六点の資料が収録されている。吉見は解説に代えて、「従軍慰安婦と日本国家」なる文章を添えている。五三頁に及ぶこの論考は慰安婦問題についての歴史家による最初の研究成果として、重要な基本的な分析となったものである。のちの名高い彼の岩波新書『従軍慰安婦』（一九九五年四月刊）の原型がここにある。

吉見は「軍による慰安所業者の選定、慰安婦徴集・渡航への憲兵・警察・領事館の関与、慰安所業者への軍物資（おそらく資金も）の提供、軍による業者・慰安婦の輸送、管理規則・料金・利用時間の制定、慰安所の建設（沖縄）や施設の提供、業者・慰安婦の統制、定期的性病検査、サック支給、部隊副官・経理将校・日直士官による経営管理・監督・統制などが明らかになった」とまとめている。吉見は日本からの慰安婦の渡航については「内地で売春婦であり、満二一歳以上」の者という制限が付けられていたが、この制限は朝鮮・台湾からの渡航には付けられていなかったということを指摘した。朝鮮からの「徴集」については、吉見は、挺身隊伝説にとらわれることなく、吉田清治証言に依拠することもなかった。さらに総督府の直接関与も主張しなかった。この点では、韓国政府対策班の中間報告書には同調していない。この吉見の描いた慰安婦像が日本の中で慰安婦問題に関心をもつ人々に受け入れられ、吉田証言の影響を除去するのに働いたように思う。

吉見は、慰安婦の総数については、『正論』九二年六月号の秦論文にある計算法を利用して、一〇万から二〇万という一般に流布している数字に一定の根拠がある、その多くが朝鮮人であったことにも異論はないとしている。この人数についての議論は吉見の議論の中の脆弱な部分であり、問題をのこしたと言わざるをえない。また吉見は秦論文を読んでいるのだが、「吉田証言」に対する自分の評価をこの本では表明しなかった。ここにも問題がのこった。

金泳三政権の新方針

一九九三年二月韓国では金泳三大統領が就任した。新大統領は前任者と違った政策を打ち出すことを

願ったのだろう。金泳三大統領は三月一三日、慰安婦問題について徹底的な真相究明が重要であり、日本に「物質的な補償（보상）」は求めないと言い切った。政府予算で慰安婦ハルモニへの生活保護を行うとしたのである。

韓国政府はこの間慰安婦ハルモニの申告を受け付けていた。その数はこの年四月には二四九名に達していた。生存者は一四〇名、うち五名は海外在住であった。政府は四月下旬に召集された国会で特別立法を成立させ、元慰安婦に生活保護基本金五〇〇万ウォン（約二七万円）を一時金として支給し、さらに毎月生活保護援助金一五万ウォン（約八〇〇〇円）を生涯支払うことにした。医療費は無料化し、国営住宅に優先的に入居できるように配慮された（金在信韓国外務部東北アジア課長の談、ハッキリニュース一九号）。

この措置の背後にあった気分について、当時韓国外務部で慰安婦問題を担当していた外交官、趙世暎《チョセヨン》はのちに次のように説明している。

「日本との綱引きに疲れていた私は、これまでのいらいらがみな消えて、肩が急に楽になる感じだった。当時、韓国政府は『道徳的優位に立脚した自救措置』という表現を使ったが、実際に対日外交の現場で道徳的、外交的優越感を感じさせてくれた快挙だった。……外交には相手があり、一人で勝手にできるものではないだけに、韓国の自尊心を守りながらも、日本を窮地に追い込んでいく外交的に優位に立つ賢明な決断だった。当時の国内のマスコミも『政府が正面に出て争うことで民族の自尊心を生かし、人道的な配慮も並行しようという最初の試みという点から、小さくない意味を持つ。この措置は日本政府にかなりの心理的圧迫を与える外交的効果を狙っていたものでもある』と評価した（ハンギョレ新聞一九九八年三月三〇日）。」（趙世暎「実現可能な『次善』と実現不可能な『最善』の間で」、www.huffingtonpost.kr、二〇一四年三月一日）

一九九二年七月以来日本政府のさらなる調査、真相究明と一定の措置が求められていたところ、新政府が真相究明だけをしっかりやってもらいたいと要求して、日本政府に道義的な圧力をかけたということは明らかであった。

この政府の新政策に対して、挺対協は三月一四日に「我々の立場」声明を出して、金泳三大統領の補償を要求しないという発言を批判した。

「従軍慰安婦問題は重大な人権侵害の犯罪として国際法に基づき、被害者たちは日本政府に賠償（배상）を要求する権利がある。」（『挺身隊資料集』Ⅳ、一〇六頁）

進む慰安婦問題の国際化

韓国の運動体にとって、慰安婦問題の国際化を進めるもう一つの道は、北朝鮮との連帯を考えることだった。韓国と北朝鮮は一九九一年九月一七日に国連に同時加盟したあと、一二月一一日－一三日の第五次南北高位級会談で、南北間の和解と不可侵、および交流協力に関する合意書に調印するにいたっていた。北朝鮮と日本は、国交交渉を行っていたが、九二年一一月には核開発問題と拉致問題で打ち切りとなってしまった。北朝鮮は韓国と提携して日本を批判するという方向に向かい、慰安婦問題がその話題にえらばれた。九二年一二月九日、東京で日本の戦後補償に関する国際公聴会が開催されたが、それに韓国、北朝鮮の被害者がオランダ、フィリピン、中国の被害者とともに参加したのである。この会議にはオランダの法学者ファン・ボーヴェンも出席した。彼は国連人権小委員会の「重大な人権侵害の被害者に対する賠償」問題の特別報告者であった。彼は、一二月一一日–一二日には、挺対協に招かれて、ソウルで「国際人権規約と強制従軍慰安婦」というセミナーに出席した。ファン・ボーヴェンが強調したことは、重大な人権侵害については、「事実の調査、責任者の処罰、被害者の賠償」の三者に密接な関連があり、特に責任者の免責が行われるときには他の問題がおろそかになるということであった。

一九九三年一月は、前年からのボスニア内戦の中で、セルビア人部隊がムスリム女性五万人をレイプしたというセンセーショナルな暴露記事が『ニューズウィーク』(一月四日号)に載って、戦時性暴力の問題が国際的に大きな話題になったときであった。この記事自体は根拠のあやしい反セルビア・キャンペーンの一環であったが、内容が内容だけに世界の女性たちの心を揺り動かさずにはおかなかった。そしてセルビアが悪者として国際社会の糾弾をあびる中で、五月には、早くも国連安保理事会が旧ユーゴスラヴィア国際戦犯法廷(ICTY)の設置を決定するにいたるのである。

このとき、挺対協の代表申蕙秀《シンヘス》は、戸塚悦朗とともに、人権小委員会で、ファン・ボーヴェンを特別報告者として慰安婦問題について報告を出させようと活動した。一九九三年五月二二日–二九日の人権小委員会現代奴隷制部会で、国際友和会(戸塚悦朗)、朝鮮人強制連行調査団、国際法律家委員会(ICJ)、世界教会協議会、挺対協、朝鮮民主主義人民共和国太平洋戦争被害者補償対策委員会、フィリピン性奴隷制被害者調査団などが調査報告、被害者証言をおこない、特別報告者がこれらの情報を考慮に入れることを要請した。戸塚弁護士が五月一七日に人権委員会に提出した意見書をみると、一九九二年一一月の宮澤首相の韓国での謝罪は不適切であると批判して、「日本は性的奴隷状態が強制でつくられたものだという事実を認めないでいる。従軍慰安婦は日本軍人のための志願奉仕ではなく、日本皇軍と政府により組織的になされた、持続的な大規模強姦の醜悪な形態だった」と主張している（『挺身隊資料集』Ⅳ、一〇三―一〇五頁）。

六月一四日―二五日にはウィーンで国連世界人権会議が開かれた。各国の慰安婦被害者も訴え、関連団体も積極的に主張を展開した。六月一七日挺対協、太平洋戦争犠牲者遺族会、フィリピンと北朝鮮の委員会の四者はウィーン会議内のアジア女性フォーラムを開き、決議文を出した。国連に対して「軍隊による性奴隷犯罪を調査し、戦犯を起訴しうる効果的な機構（たとえば国際常設犯罪裁判所）」を開設することを求め、日本政府に対しては、国連の権限に挑戦せず、戦犯を処罰し、犠牲者に謝罪と賠償を行うように求めている。この問題で法的責任をとらなければ安保理常任理事国になる資格はない、としている（同上、一〇八頁）。そして、採択されたウィーン宣言と行動計画には、「とりわけ、特に殺人、組織的強姦、性的奴隷制及び強制妊娠など武力紛争の状況下における女性の権利のすべての侵害について、特に効果的に対応をすることが必要である」という一節がもりこまれた。

挺対協は六月二八日武藤嘉文外相の訪韓についての声明を出す中で、ついに、「日本政府は徹底した真相究明と謝罪、責任者処罰、精神的、物質的賠償を施行せよ」という要求を掲げるにいたった（同上、一〇九頁）。この「責任者処罰」が挺対協の六項目要求に付け加えられ、七項目要求になっていくのである。

ボスニアの事態がさらに大きく問題となる中で、国連差別小委員会は、九三年八月二五日「戦時下組織的強姦、性奴隷制およびそれと類似の慣行」という題目でリンダ・チャベスを特別報告官にして報告をさせることを求める決議を採択した。この決議はチャベスに旧ユーゴスラヴィアの状況に特別の関心を示すように勧告していた。リンダ・チャベスはメキシコ系アメリカ人で、レーガン大統領のホワイト・ハウス広報部長から国連人権委員会に出たので、法律専門家ではない。のちにブッシュの政権で労働長官の候補になる人である。彼女に対して、慰安婦問題をその特別報告で扱うように働きかけが行われていく。

フィリピン、台湾、インドネシア、日本、北朝鮮での動き

韓国より一年早く民主革命が実現したフィリピンでは、社会活動家ネリア・サンチョが九一年にアジア女性人権協議会の地域コーディネーターになり、ソウルを最初に訪問して金学順ハルモニのカミングアウトを知り、マニラの放送で日本軍の「性奴隷」にされた女性たちをさがしていると語った（オーラルヒストリー、ネリア・サンチョ）。ネリア・サンチョも七六年に逮捕され、二年間投獄されていた人であった。民主革命ののちに彼女たちの活動が許容される自由の空間が出現したのである。

ネリアの放送を聞いて、フィリピンの被害者第一号、マリア・ロサ・ヘンソンが連絡してきて、一九九二年九月一八日記者会見するにいたった。彼女は日本軍の占領当時フィリピン共産党の抗日ゲリラ、フクバラハップの一員で、日本軍に捕らえられ、日本軍の建物に他の六人の少女とともに監禁され、連日レイプされたのである。その生活が九ヶ月つづいた（ロサ・ヘンソン、岩波書店、一九九五年）。フィリピンではこの人が最初の「慰安婦」とされ、彼女を中心に被害者が集まりはじめた。

一九九三年四月二日ロサ・ヘンソン以下一七名のフィリピンの被害女性が東京地裁に一人二〇〇〇万

円の補償を要求する訴訟を提訴した。訴訟代理人は高木健一、弁護士は林陽子ら一五人である。原告全員が日本占領軍の兵士らに暴力的に連行拉致され、レイプされ、兵営近くの建物に監禁され、レイプされつづけた人々である。

訴状には次のような説明がある。「フィリピンの従軍慰安婦」の特徴として、「原告らはほとんど例外なく、日本兵にいきなり襲われ、暴力的に連行されて強姦され、その後引き続いて慰安婦にされている。連行の際、目の前で家族を殺された者も少なくない。このような暴力的な連行と強姦、それに続く囲込みという形態は、植民地であった朝鮮、台湾などの女性の場合とは異なり、占領地フィリピンにおける従軍慰安婦の特色といえる。その意味で、フィリピン従軍慰安婦は、日本軍の占領地女性に対する性的迫害、性の奴隷化の典型ともいうべきものである。」

ネリア・サンチョらは、九四年五月にリラ・ピリピーナという被害者団体を組織する。

八八年の二代目独裁者蔣経国の死後、民主化が進んだ台湾でも、九二年二月社会党議員伊東秀子が防衛研究所図書館で台湾の慰安婦に関する資料三点を発見したと発表したあと（毎日新聞、二月七日）台北市婦女救援基金会が二月二〇日に被害者届け受付を開始した。政府も三月一二日から受付の電話を設置した。七月末までに二六人の慰安婦の面接がなされた。その内容をまとめた「台湾人慰安婦問題対処委員会」調査報告書が作成された。

日本政府は中国の動向にも気をつかっており、けっして日本政府が韓国の慰安婦だけに注目しているのではないということを示すため、中国政府に対して、加藤紘一官房長官の慰安婦問題発表において、「国籍、出身地の如何を問わず」と表明したことに注意を喚起し、韓国に対してとられる方策は韓国以外の国・地域に及ぼされることを伝えるように指示していた（外務大臣から在香港中国臨時大使あて、一九九二年七月三日、小林資料）。

ところが、日本との関係が深い独裁者スハルトの支配がつづくインドネシアに対しては外務省の態度が異なっていた。朝日新聞が情報公開法に基づいて獲得した資料を使って報道したところによると、インドネシアでも九二年七月外務省政務総局長ウィルヨノ・サストロハンドヨが加藤官房長官の発表を批判する声明を出した。インドネシアでの「慰安婦」について「強制売春」とし、女性たちの尊厳は日本政府の措置では癒されない、旧日本軍兵士の処罰を求めるとした。この声明に対して、日本外務省の林景一南東アジア二課長は在京のインドネシア公使に対して七月一四日に申し入れをした。日本政府の声明が「信用できないと断定されたに等しく、残念」である、戦争賠償は終わっており、慰安婦への補償は「ありえない」、兵士の処罰などは韓国でも問題にしていない、「かかる発言は驚き」だと述べている（朝日新聞、二〇一三年一〇月一三日）。

さらに九三年七月二六日、毎日新聞がインドネシアの作家プラムディヤ・アナンタ・トゥール氏が戦時中多数の少女が日本軍によって騙されてバンダ海の離れ島、ブル島に連れて行かれ、そこを守る日本軍部隊の慰安婦にされた話を作品にまとめたと報じると、駐インドネシア公使高須幸雄は八月二〇日インドネシア側と懇談し、「かかる資料が『イ』で発行された場合に日・『イ』関係に与える反響を懸念している」と伝えたのである（朝日新聞、二〇一三年一〇月一四日）。トゥール氏の本を発行禁止にしてほしいと申し入れたにひとしい。この本は実際発行を禁止され、スハルト退陣後の二〇〇一年になって出版されるのである（日本語訳『日本軍に棄てられた少女たち』コモンズ、二〇〇四年）。なお、高須幸雄は二〇一二年に国連事務次長となっている。

日本では、一九九三年春歴史家と活動家が一緒になって、日本の戦争責任資料センターを発足させた。代表は荒井信一であり、事務局の中心は林博史である。ここでは、レベルの高い調査、分析が行われたが、国連、国際諸機関で進む議論と結びつこうとする志向は強かった。九三年七月二六日このセンターは「資料調査第一次発表」を行い、防衛庁防衛研究所図書館や米国立公文書館から獲得した六二点の資料を公開紹介した。秋九月からは季刊『戦争責任研究』を出しはじめる。「資料調査第一次発表」は創刊号に掲載された。

さらに九三年四月には宮城県在住の在日朝鮮人慰安婦被害者宋神道《ソンシンド》が東京地裁に総理の謝罪文を求めて訴訟を起こした。彼女は戦地に行けば食べられると言われて平壌に行き、そこから中国の慰安所に送られて慰安婦にされ、戦争が終わったあと、日本人と一緒に日本に引き揚げて、そのまま日本で生きてきたという人である。訴訟代理人は藍谷邦雄、金敬得他五人の弁護士がついていた。

北朝鮮では、一九九三年八月二日にいたって、日帝の朝鮮強占被害調査委員会が『「従軍慰安婦」犯罪事件に対する真相調査中間報告書』を発表した。このときまでに申告した被害女性は一三一名に上った。募集方法については、北朝鮮の被害者の中でもっとも多いのが拉致であったとし、吉田清治証言を「もっとも有力な証言として」挙げている。慰安婦の数については、吉見の計算方式の中でいわゆる「二九二」のパラメーターをとり、一〇万三四四八人となるが、交代係数を一・五ないし二とすると一五万から二〇万になるとしている。この報告書でとくに注目をひくのは、「われわれの見解と主張」として、「朝鮮民族抹殺政策の積極的推進——これこそ『従軍慰安婦』犯罪の隠された目的であるということができる」と主張していることである（『挺身隊資料集』Ⅵ、一五、二〇－二一、二五頁）。金一勉理論が大々的に展開されている。このことは、いまやボスニア内乱においてセルビア軍の「民族浄化」政策に基づく強制妊娠が行われているとの宣伝を意識して、強く主張されたのであろう。

河野官房長官談話へ

この間、日本政府は九二年七月の第一次調査結果の発表以後、さらなる慰安婦問題調査をつづけてきた。また政府部内では、慰安婦問題への対応方針の検討も行われていた。一九九二年一〇月下旬には、「強制性」については、「一部に強制性の要素があったことは否定できないだろう」というような一定の認識を打ち出すとしたが、「我々の気持ちを表すための措置」としては、日本赤十字内に基金をつくり、韓国赤十字と協力しつつ、「主に福祉面での措置」を考えるということを決めている（日本政府検証報告書）。

一九九二年一二月、官房長官が河野洋平に代わった。彼の指揮のもと、慰安婦問題調査は一九九三年八月までに終えられることになった。日本国内では、防衛庁、法務省、外務省、文部省、厚生省、労働省、国立公文書館、国立国会図書館、海外では米国国立文書館で、ほぼ二六〇件の資料を発見した。これらの資料はのちにアジア女性基金によって、五巻本の資料集として刊行される。日本政府は、吉見義明教授の資料集とその解題も検討した。さらに韓国政府対策班の中間報告書と挺対協の慰安婦ハルモニの証言集をも検討した。

日本の戦争責任資料センターは、すでに述べたように七月二六日に「資料調査第一次発表」を行った。

日本政府はこの発表も検討した。

さらに、政府の調査チームは、旧軍人、元朝鮮総督府関係者、元慰安所経営者、慰安所付近の居住者からの聞き取り調査を行ったことが知られている。その人数と顔ぶれは隠されたままであったが、産経新聞二〇一四年五月二〇日号はヒアリングの全容を明らかにする政府文書を入手したとして、次のように発表した。旧軍人一二人、元朝鮮総督府関係者五人、元慰安所経営者一人、元厚生省関係者二人、大学教授・研究者三人、書物執筆者三人、計二六人であった。大学教授、研究者としては秦郁彦と吉見義明の二人だけの名前が明らかにされ、書物執筆者では千田夏光、吉田清治、山田盟子の名前が挙げられている。山田盟子は一九九一年に『慰安婦たちの太平洋戦争——秘められた女たちの戦記』(光人社)を出した人である。

最後に元従軍慰安婦からも聞き取りを行った。一九九三年七月二六日から三日間、ソウルで韓国政府がえらんだ一六人から聞き取りを行ったものである。日本政府としては「元慰安婦に寄り添い、その気持ちを深く理解することに意図があった」と説明されている。聞き取りを行った段階では、すでに談話の原案が作成されていたとも言われている。では慰安婦被害者の証言は河野談話とは関係ないのかと言えば、そうではない。日本政府の検証報告書によれば、日本政府は挺対協に対してハルモニからの聞き取りに協力してほしいと要請したが、挺対協側が出した条件で折り合いがつかなかった、挺対協側が「挺対協がとりまとめていた証言集を参考にすることで十分である」と言うので、「同証言集をもって参考とすることになった」とのことである。一六人の聞き取りの前に、挺対協より出された一九人の慰安婦ハルモニの証言が精読され、河野談話の重要な根拠とされたのは明らかであろう。一六人の聞き取りはすでにえられていた心証を再確認したものであった。

すでに六月一八日には政治改革を進めないという理由で野党が出した宮澤内閣不信任決議案が羽田派の造反で、国会で可決されたため、宮澤首相は国会を解散し、七月一八日に総選挙が行われた。この選挙で、自民党は二二三議席しかとれず、敗北した。野党では、社会党は半減して七〇となったが、羽田派新党である新生党が五五、公明党が五一、日本新党が三五、民社党が一五、武村派の新党さきがけが一三、社民連が四議席、のこりは共産党一五議席となった。国会で自民党が三分の二、社会党が三分の一の議席を占め、自民党の永久政権がつづいてきた五五年体制は潰え、共産党をのぞき、社会党から社民連までの各党派が連立を組んで非自民の政権をつくる形勢となった。宮澤内閣は新しい国会が八月六日に開かれるまでの、事務処理内閣となってしまったのである。

そのような政府が慰安婦問題の調査結果をまとめることが許されるのかという疑問が当然政治家には生まれたであろう。しかし、宮澤首相は、戦後日本を担ってきた自民党政権として、新しい状況に応えていくための見直しの行為としての慰安婦問題調査は完結させねばならないという思いがあったのではなかろうか。それは日本国家の責任を自覚した、たぐいまれな正しい決断であった。

河野談話のとりまとめ

ソウルでの慰安婦被害者からの聞き取りによって被害者の気持ちを最終的に確認したことで、河野談話の案文は完成した。それから、韓国側に案文がみせられて、コメントを聞く過程がはじまった。このようなやりとりがあったことは、二〇一四年の日本政府検証報告書ではじめて明らかにされた。これでは、河野談話は「日韓合作」だったのかと消極的な評価もあるが（服部龍二『歴史認識』岩波新書、二〇一五年、二二八頁）、韓国政府から両国の協力で真相を究明しようという呼びかけを受けて、進められてきた作業であったのだから、まとまった認識を通知して意見を聞き、妥当な批判なら受け入れるのは、和解のために必要な手続きであったと言うことができる。

韓国とのやりとりがあった第一の点が「慰安所の設置についての軍の関与」ということであった。日本側の原案には「軍の意向」という言葉が使われていたところ、韓国側はそれでは弱いと、「軍の指示」とすべきだと主張してきたが、それは確認できないとして、「要望」としたいと主張したとのことである。そして、もう一度韓国側からの批判を受けて、「軍当局の要請により設置された」としたということであった。

慰安所にはいろいろな形があったが、基本的なものは軍が設置を決めた軍の施設である。その軍の施設に女性を集めること、慰安所を管理運営することが業者に委託されたのである。そのことを示す資料を政府はその後も多く発見している。河野談話のときには発見されていなかった資料としては、警察庁関係資料がある。さらに京都大学の永井和が発見した一九三七年九月二九日改正の「野戦酒保規程」がある。この改正規程に「必要ナル慰安施設ヲナスコトヲ得」という条項が追加されているのをみれば、軍が慰安所を設置することが公式的に承認されていることは明らかである。「意向」「要望」「要請」と言葉は変えられたが、実際からすれば、「決定」というのが正しいだろう。しかし、「決定」の文書が残っていないと言われれば、「要請」という表現を使っても問題はない。

第二に問題になったのは、「慰安婦募集のさいの軍の関与」という点だった。韓国側は「軍または軍の指示をうけた業者」が募集にあたったという文言を提案したのに、日本政府は、募集は「軍ではなく、軍の意向を受けた業者が主としてこれを行ったことであるので、『軍』を主体とすることは受け入れられない、業者に対する軍の『指示』は確認できない」と述べたとのことだ。これは韓国側の認識の方が正しいと思われる。大東亜戦争に入ると、南方軍からの要請が台湾軍、朝鮮軍に入って、現地軍の要請で、業者を通じて慰安婦が集められている。だから、軍が第一の主体であることは否定できないことである。政府がこのときまでに集めた資料の中にも、南方総軍から台湾軍司令官に、ボルネオ行き「慰安土人五〇名為シ得ル限リ派遣方」の要請があったという資料が存在する。日中戦争期でも軍や官憲が募集に関与していることを示す資料が、警察庁関係資料にふくまれている（和田、平凡社新書、第二章）。もちろん、軍が直接女性を集めることはしていないのだから、最終的に、募集は「軍の『要請』を受けた業者がこれに当たった」という表現に落ち着いたのは、妥当だと言えよう。

第三に問題になったのは、「慰安婦募集に際しての『強制性』」という点である。韓国側は「韓国国民に対して一部の慰安婦は自発的に慰安婦になったという印象を与えることはできない」と主張したとされている。河野談話は、募集については、「甘言、強圧による等本人の意思に反して集められた事例」の存在を指摘し、慰安所での生活が「強制的な状況の下」にあったことを強調して、その上で、植民地支配下の朝鮮では「総じて、本人のたちの意思に反しておこなわれた」という説明を付け加えている。

挺対協の刊行した元慰安婦からの聞き取り集をふまえた、バランスのよい正しい認識だと考えられる。

日韓のやりとりと討議は有益なものであったと言うことができる。河野談話が日韓協力の産物であることは積極的に評価すべきことである。

河野談話の内容

一九九三年八月四日、第二次調査結果とともに発表された河野官房長官談話の核心部分は次のような表現となった。

「慰安所は、当時の軍当局の要請により設営されたものであり、慰安所の設置、管理及び慰安婦の移送については、旧日本軍が直接あるいは間接にこれに関与した。慰安婦の募集については、軍の要請を受けた業者が主としてこれに当たったが、その場合も、甘言、強圧による等、本人たちの意思に反して集められた事例が数多くあり、更に、官憲等が直接これに加担したこともあったことが明らかになった。また、慰安所における生活は、強制的な状況の下での痛ましいものであった。」「当時の朝鮮半島はわが国の統治下にあり、その募集、移送、管理等も、甘言、強圧による等、総じて本人たちの意思に反して行われた。」

ここで打ち出された認識を韓国政府の対策班の中間報告書と比較すると、軍の要請による設営、設置・管理・移送への軍の関与については、両報告は完全に一致している。募集については、業者による甘言、強圧、本人の意思に反して集められた事例が数多くあったことも共通して確認されている。「官憲等が直接加担したこともあったことが明らかになった」という表現は、明らかに韓国側報告書が吉田清治本の記述に依拠して「人狩り」が行われたとするのを退け、慰安婦ハルモニの証言で多く語られている事例を代表的な事例として認知したものである。慎重で妥当なとりまとめとみることができる。吉田清治証言については、吉田証言を否定している秦郁彦の主張を聞き、それを採用していない吉見義明の主張も聞いた上で、吉田清治自身から聞き取りをして、これを採用しなかったものである。河野談話が、いわゆる「強制連行」は確証できないとしているというのは、そういう意味である。慰安所での痛ましい生活についての認識は韓国側報告書とも一致しており、妥当な判断である。この意味では、河野談話は慰安婦の存在そのものに即して、「強制性」を認めたのである。

談話は、この深められた認識を前提にして、すでに表明されたお詫びと反省を再確認した。

「いずれにしても、本件は、当時の軍の関与の下に、多数の女性の名誉と尊厳を深く傷つけた問題である。政府は、この機会に、改めて、その出身地のいかんを問わず、いわゆる従軍慰安婦として数多くの苦痛を経験され、心身にわたり癒しがたい傷を負われたすべての方々に対して心からお詫びと反省の気持ちを申し上げる。」

これは画期的な歴史認識を示した日本政府声明であった。それが画期的であるのは日本と韓国の政府が協力してつくりだした慰安婦認識であるためでもある。しかも、「その出身地のいかんを問わず」と書き、「すべての方々に対して」お詫びすると述べたのは、この認識、謝罪が韓国の被害者だけでなく、すべての国の被害者にも向けられているという意味であった。

なお談話を読み上げた河野官房長官は、つづく質疑応答において、強制連行の事実はあったという認識なのかと問われ、「そういう事実があったと。結構です」と述べたのだが、河野の念頭にあったのは、全体的な強制性であったと思われる。彼が「いずれにしても、ここに書きましたように、ご本人の意思に反して、連れられたという事例が数多くある」、「集められた後の生活についても、本人の意思が認められない状況があったということも……はっきりしておりますと述べているところに真意があるとみるべきであろう（日本政府検証報告書）。

この声明の発表に対して、日本国民はこれを平静に受けとめ、政府の行動を支持したとみることができる。自民党の内部には、この談話に反対する勢力がいたと考えられるが、当の河野洋平氏は、発表の五日前の自民党総裁選で勝利して党の新総裁になっていたので、誰も反対の声を挙げられなかったのであろう。思えば、稀有の条件が重なることによって、河野談話は誕生することができたと言うことができる。

直後の反応

河野談話が発表されると、韓国政府はその日のうちに兪炳宇《ユビョンウ》外務部アジア局長が談話を出し、「日本政府の努力を評価し、受け入れる」、「わが政府の立場を相当な水準まで反映したもの」である、「軍隊慰安婦問題は、今後、これ以上韓日間の外交懸案としては提起しないというのが政府の方針だ」と語った（『挺身隊資料集』Ⅳ、一一四頁、朝日新聞、八月五日）。

河野談話は国内メディアによっても好意的に受けとられた。読売新聞は八月五日、解説記事「『従軍慰安婦』問題で区切り、日韓新時代構築に不可欠」をのせ、「今回の報告書は日本政府が時間をかけ、自らの歴史認識の下に結論を出した。この意味で、韓国側が声高に日本を断罪し、日本側が『臭いものにふた』式に対応した従来の問題処理と異なるのは、評価できる」とした。『朝日新聞』は八月五日の一面トップに「慰安婦『強制』認め謝罪、『総じて意に反した』」の大見出しを掲げて、報じた。社説も、「『総じて本人の意思に反して行われた』と……談話は述べている。被害者の名誉回復への前進である」

と評価している。そして、さらなる事実調査と資料探索、特別部局の新設、反省と謝罪の宣言、「補償すべきは補償するという態度」の明示を新国会、新政府に要望した。例外的であったのは『産経新聞』である。八月五日に「すべてが〝強制〟だったのか」という見出しの記事をのせ、「改めて戦争が女性に強いた惨禍に胸が痛む」と書きながらも、「『強制連行』について何を証拠にこうした結論を導き出したのか必ずしもはっきりしない」としている。六日の「産経抄」も、政府調査報告書をみて驚いた、『強制連行』や『強制的な状況下での痛ましいもの』は資料には見当たらない。にもかかわらず、それを『歴史の真実』と断定する根拠は何か。そして政権最後の日に駆け込み発表したのはなぜか」と書いたのである。

だが、韓国の運動体は批判的だった。挺対協は「日本政府の強制従軍慰安婦問題第二次真相調査発表に対するわれわれの立場」なる発表をその日のうちに出して、厳しく批判した。まず冒頭「戦争犯罪という本質を回避した発表で、法的責任をとろうとする態度を見いだせない。巧妙にはずして、責任をとらない線で部分的に認めているにすぎない」と主張した。「最大の争点となった強制性については予想した線以下にも及ばないきわめて弱い部分的認定である」とし、「宮澤政権下であわてて真相調査報告を出したのは知っているが、この程度の内容では受け入れられない」と指摘した。

具体的認識としては、「慰安婦は、当時公娼制度下の日本売春女性と異なり、国家公権力により強制して、軍隊で性的慰安を強要された性奴隷である」と主張するところに大きな問題がある。慰安婦募集の強制性の認め方が「きわめて曖昧な部分的な認定」であり、募集の主体を業者としていると批判した。一九三九年以後は「積極的に軍、官が募集に姿を現し、一九四〇年以後からは国民総力朝鮮聯盟という機関を通じて、軍、官、民が共同で積極的に強制募集に出た明白な資料がある」と主張しているが、これは疑わしい主張である。しかし、挺対協もこの時点で吉田証言を引き合いに出すことはやめていることが注目される。

今後のことについては、宮澤政権が拙速にまとめてはならないと主張し、後継政府が法的責任を明確にすること、真相調査をさらに進めることを要求する、韓国政府も同じことを要求すべきだとしている。挺対協は、自分たちとしては、ジュネーヴの国連人権小委員会へ、「国際法に基づく真相調査と賠償、責任者処罰」を要求する、挺対協の真相調査特別委員会（姜万吉《カンマンギル》委員長）を発足させる、日本の検察に責任者処罰の告発状を出す、七大課題の達成をめざす、としている（『挺身隊資料集』Ⅳ、一一一–一一二頁）。

この声明は、挺対協が国連での議論、ファン・ボーヴェンの意見に強く期待して、責任者処罰論を強く唱えていることを示している。慰安婦問題認識としてかなりの説得性をもつ河野談話を退けて、抽象的な性奴隷制論、法的責任論を対置することに終わっている。

当然ながら、挺対協は外務部アジア局長談話に強く反発し、韓昇州《ハンスンジュ》外相の謝罪と兪炳宇局長の解任を要求した（『挺身隊資料集』Ⅳ、一一四–一一五頁）。そのためであろうか、韓国政府は八月二八日、挺対協へ書簡を送り、日本政府の調査結果に満足せず一層の真相究明を求めると約束し、挺対協の国連機関での努力を歓迎し、民間での訴訟活動、真相究明を支持する、とした（朝日新聞、八月二九日）。

韓国側の中心的な運動団体が河野談話を真相究明の一定の成果として認めることを拒否したことは、こののちの問題解決に大きな問題を投げかけたのであった。

なお河野談話が出された直後の九三年八月九日－一〇日に東京において挺対協と戦争責任資料センターとが慰安婦問題の合同研究会を開き、同年一二月一八日－一九日にソウルで第二回の合同研究会を開いている。歴史的な面については、日本側から吉見義明、西野瑠美子、川田文子が、韓国側から鄭鎮星、姜万吉、尹貞玉が報告した。参加者たちは、「慰安婦」の「徴集連行にあたって強制的な手段がとられた」ということで合意したと報告されたが、この点で挺身隊伝説と吉田証言を否定することで合意したのかどうかが定かでない。参加者たちは「慰安所においては継続的な暴力による強制的使役であった」ことで合意し、これが「性奴隷制」であったという点でも合意した。対立したのは、韓国側が慰安婦政策を「民族抹殺政策」の表れとみるのに対して、日本側参加者は一様にそのように規定することに反対した点である（林博史「日韓合同研究会の報告」『戦争責任研究』三号）。

第4章　細川内閣から村山内閣へ

細川首相の侵略戦争反省発言

　河野談話の二日後の八月六日、国会が召集されて細川護熙が首相に選出され、非自民諸党の連立内閣が成立する。首相特別補佐は田中秀征、官房長官は武村正義、副長官は鳩山由紀夫という顔ぶれであった。万年野党であった社会党も連立加盟最大党派として、政権に最多の七人の大臣（伊藤茂運輸、五十嵐広三建設、佐藤観樹自治、山花貞夫政治改革、上原康助北海道開発、久保田真苗経企庁、江田五月科技庁）を出した。このとき社会党は、細川と武村が中心となって推進した新政権の小選挙区制比例代表制実現の政治改革プログラムを受け入れた。そのことも社会党の運命にとっては重大な影響をもつ決断であったが、それ以上に重要であったのが、この入閣によって、社会党は日米安保条約と自衛隊を合憲と認める立場に実質的に転換したことである。しかし、社会党自体も社会党支持者たちもそのことの意味を曖昧にしたまま政権につくという、政党として致命的な誤りを犯した。本来社会党は安保と自衛隊の問題を考え抜いて自らの論理を立てて、自衛隊合憲論をつくりだし、万年野党という無責任状態から抜け出さなければならなかったのである。私はこの年一九九三年三月、最小限の防御力は合憲だとする「平和基本法」提案のグループ（高橋進、前田哲男、山口二郎、古関彰一ら）に加わっていた（『世界』一九九三年四月号）。社会党の転換をうながすための提案でもあったのだが、社会党は対応する余裕もなく、従来自民党政権が出してきた自衛隊合憲論を丸呑みして政権についたのである。このような傾向は戦後補償問題についての社会党の国家補償の方針にも影響せずにはいなかった。社会党の戦後補償委員会の中心人物五十嵐広三の入閣は大きな意味をもったと言わなければならない。

細川首相は就任直後、八月一〇日の記者会見で、先の大戦について「私自身は侵略戦争であった、間違った戦争であったと認識している」とはっきり認めた。選挙を通じて政権交代を実現し、自民党政権に代わる新しい政権のトップとなった首相は自分個人の責任で新しい歴史認識を打ち出した。このことは強い印象を与えた。戦後補償、慰安婦問題、国会決議に関心をもってきた知識人一〇人（荒井信一、鈴木裕子、高木健一、高崎宗司、田中宏、中原道子、新美隆、西川潤、吉見義明、和田春樹）は八月一三日に『新政権への要望書』を出した。新生党代表羽田孜が総選挙のさい戦争反省の国会決議を提案し、新政権の細川首相が侵略戦争であったことを明言したことを歓迎し、このさい植民地支配と侵略戦争について反省する国会決議を出すことに進むように提案した。その決議には河野談話をふまえて「従軍慰安婦」を犠牲者の象徴として明記すること、国会に戦後補償問題調査特別委員会を設置し、補償されるべき損害、苦痛を確定することを要求したのである（朝日新聞、八月一四日。戦後五〇年国会決議を求める会、七五－七六頁）。

八月一四日、毎日新聞は一面トップに「戦後処理1兆円基金構想」の大見出しで驚くべきニュースを報じた。「反省の意を具体化」、「首相、連立与党内で調整」とさらに見出しが付けられ、一三日までに、細川首相が「過去への人道的な反省を表す」方法として政府出資の基金を創設する方向で本格的検討に入った、与党内で非公式の調整に入っている、武村官房長官が月内に民間研究団体の大学教授たちから意見を聴取する予定であるというのが記事の内容であった。人的交流と生活支援のための全額政府出資の基金をつくる案であり、民間研究団体から意見の聴取に入ったとのことである（毎日新聞、八月一四日）。この報道は補償運動をしている人々に期待をいだかせたが（鈴木五十三、外国人戦後賠償基金法案説明文書）、ただちにこれは、政府をその方向に動かしたいと考える人のリークに基づく思いこみ報道だったことがわかった。

八月二三日、細川首相は通常国会冒頭の所信表明で、「まずはこの場をかりて、過去の我が国の侵略行為や植民地支配などが多くの人々に耐え難い苦しみと悲しみをもたらしたことに改めて深い反省とおわびの気持ちを申し述べる」と述べたが、翌二四日、他ならぬ河野洋平自民党総裁が所信表明に対する質問演説を行ったのに答えて、次のように述べたのである。

「私の発言は、いずれも、さきの戦争についての私の認識をお示ししたもので、いわゆる戦後補償問題を前提にした発言ではございません。ちなみに我が国は、いわゆる戦後処理の問題につきましては、サンフランシスコ平和条約等関連条約に従って誠実に処理してきているところで、このような法的立場について見直しを行うことは考えておりません。」

これは外務省が用意した資料に沿った答弁である。自民党政権を打倒して生まれた非自民連立政権の首相は、戦争と植民地支配に対する反省的な姿勢を自らの責任で打ち出すことに自らの使命を限定し、アジアの戦争被害者に対する補償を否定してきた自民党政権の立場を継承することを明らかにしたのである。

細川首相は宮澤内閣が取り組んできた慰安婦問題に対して措置をとるという努力を継承する方針ももたなかった。そして、それに対して、連立を組む社会党と入閣した社会党出身大臣たちは抵抗できなかった。社会党はにわかに沈黙することを余儀なくされた。わずかに民間人から文部大臣として入閣した赤松良子だけが、慰安婦問題について八月二四日閣議後の記者会見で、「国家間の補償がすんだ後で新しく出てきた問題だ。補償の対象になることは全く否定はできない」と述べることができたのである（朝日新聞、八月二四日夕刊）。

韓国では、細川首相の侵略戦争反省の発言をひとしく歓迎した。だから挺対協も細川内閣に一時は期待をもったかもしれないが、すぐに何の期待もかけられないと判断することになった。一〇月二二日埼玉県で開かれた第二回強制「従軍慰安婦」問題アジア連帯会議は次のような六項目を決議した。

一、慰安婦制度は「国家権力による組織的な犯罪」であると認めること。
二、アジア太平洋全域の実態調査と真相究明で、第三次報告書を公表すること。
三、被害者賠償の特別法を制定すること。
四、戦争犯罪と重大な人権侵害は時効がないとする「時効不適用条約」に加入すること。
五、責任者を処罰すること。
六、加害者としての自覚のもと、歴史教育を徹底させること。

責任者処罰の主張は、挺対協総務李美卿《イミギョン》から提起され、決議にもりこまれたものである（鈴木裕子編『資料集・日本軍「慰安婦」問題と「国民基金」』梨の木舎、二〇一三年、二二五頁）。この六項目は、要求水準を飛躍的に高めるものであり、細川政権とのずれは一層深刻であった。政治の空白の中で、官僚だけが河野談話の約束について検討していくことになったのである。

他方で、伝統的な保守派と新たに加わった反動派が、細川首相の発言に対して猛烈な反対キャンペーンを展開しはじめた。首相の謝罪発言につづいて謝罪のための国会決議もとりざたされている、このような「歴史への無知と誤解」を許すな、このような発言の「誤りを糾し」、国会決議へのすべての動きの撤回を求めるということが公然と語られた。九月九日には産経新聞に「日本は侵略国ではない国民委員会」の意見広告がのった。大原康男国学院大学教授、渡部昇一上智大学教授、加瀬英明、宇野精一東大名誉教授、黛敏郎、小堀桂一郎東大教授といった人々とともに、コリア研究所代表佐藤勝巳や歴史家秦郁彦なども代表世話人になり、広告に意見を出していた。日本朝鮮研究所の日韓条約反対運動の中で頭角を現した佐藤が、反省、謝罪を言えば、過去の戦争や植民地支配を「後始末した条約や協定」を否定することになる、謝罪すれば、かならず「補償」が伴うのだと発言したのは驚きであった。この広告で呼びかけられた「日本は侵略国ではない」細川内閣糾弾国民集会は九月一三日に開かれた。決議は、はっきり、明治以来の日本の戦争は、欧米列強の東洋進出の渦中で「国家の光栄ある独立の保全」と「東亜の安定を確立するため」のものであり、細川首相の発言は天皇陛下の「御詔勅」を否定し、明治以来の二五〇万の英霊を冒瀆したと述べ、細川内閣の「祖国叛逆の行為を糾弾し」、その撤回を求めるとしたのである。やがて、この動きは神社本庁、靖国神社と結びつき、全国的な署名運動が展開される。

細川首相はひるまず一一月六日、韓国を訪問し、慶州での首脳会談で、「植民地支配」を認め、創氏改名などに言及して、謝罪した。しかし、宮澤首相と異なり、慰安婦問題にはまったく言及しなかった。

私は二四人の知識人の名で一二月七日、声明「私たちは細川首相の慶州発言を支持し、隣国の人々、アジアの人々との関係を思い切って改めることを提案する」を発表し、謝罪をわれわれの努力で表すために、被害者に対する補償を行う必要があると主張した。中国には賠償を放棄させたのだし、韓国には日韓条約のさいの協定に請求権問題は「完全かつ最終的に解決された」と明記されたとはいえ、個人の請求権は消えていない、「日本国家に強制的に『軍隊慰安婦』にされた女性たちの苦しみ」に対しては、補償を考えなければならないと主張したのである（戦後五〇年国会決議を求める会、七九―八二頁）。

首相の韓国訪問後からは、外務省幹部の国会答弁が若干変化した。補償一般は「一応整理、決着がついている」とみるが、河野談話で約束した慰安婦問題に対する「お詫びと反省の気持ち」の表し方については、「何らかのことができないかということで、現在検討をしているところ」だと言うようになったのである。これは一一月一〇日の参議院の「国際問題に関する調査会」での柳井俊二外務省総合外交政策局長の答弁である。

しかし、結局のところ、細川政権の時期には、細川首相の一兆円構想なるものが報道されたり、官房副長官鳩山由紀夫が包括的な戦後補償について基金構想を語ったことが知られたりする程度で、まったく前進がなかったのである。官僚たちは被害者と運動団体から申し入れを受け、要求を突きつけられたが、結局は、国家補償はできないというのが変わらぬ回答だった。

そこで政府とはまったく無関係に、純粋な民間の運動として、元従軍慰安婦を支援する募金をはじめようという動きが起こった。その呼びかけ人には上野千鶴子、紀平悌子、樋口恵子、福島瑞穂といった名前がみえるが、細川内閣の環境大臣広中和歌子と社会党の参議院議員清水澄子も入っているのはどういうわけであろうか。政府に何かをさせることができないので、それに代わる措置として考えたということなのだろうか。募金して集まったお金をどのようにして被害者に分けるか、その方法も考えられている。しかし、実行団体としては赤十字社を考えているだけで、現実的なプランとはほど遠いと言わざるをえない（趣意書が鈴木裕子編の資料集、一三四―一三七頁にある）。上野千鶴子自身も「あまりに多くの困難と障害のためにこのアイディアはついに実現を見なかった」と書いている（上野『ナショナリズムとジェンダー』青土社、一九九八年、二二四頁）。

責任者処罰を求める運動

一九九三年一一月旧ユーゴスラヴィア国際戦犯法廷（ＩＣＴＹ）がハーグに開設された。この法廷は五月の安保理事会の決定で開設されたものだが、国連憲章には国際司法裁判所（ＩＣＪ）以外に刑事裁判所を設置する規定がない。だから、ＩＣＴＹは安保理事会の下部に属する政治機関であるということになる。その運営も安保理事会の中心を占める先進強国、とりわけ米国の思惑に沿ったものとなり、政治的な告発断罪が行われたのは当然だという見方がある。また予算の裏付けはないので、法廷を設置、維持する費用は投資家ジョージ・ソーロスら米国のファンドが負担し、したがってスタッフも米国人が多くを占めることになった。ハーグ法廷の初代所長はガブリエル・カーク・マクドナルドで、法律顧問がパトリシア・セラーズであった。そうした事情からこの法廷は普遍的な国際法に基づく公正な裁判を実現できなかったという批判がある。アメリカの元司法長官ラムゼー・クラークは、法廷は最初、「クロアチアあるいはボスニアにおけるいかなる犯罪の申し立てもせず、もっぱら……コソボにおけるセルビア人勢力による行為を扱っている」、ＩＣＴＹ検察当局は「圧倒的にセルビア人に対抗している」と国連事務総長あての書簡で批判している。国際法を普遍的に実現することが主張されても、国際社会で法的責任をとらせ、犯罪者を処罰することを公正に実現することはさらに難しいことであったようである。しかし、そのようなものであったにせよ、ハーグ法廷の出現は慰安婦問題に対する国際的な裁判を望む人々には希望を与えたのである。

一九九四年二月七日、挺対協は東京地裁に責任者処罰公訴告発状を提出した。告訴人は、「日本帝国の官僚や軍人、または彼らの嘱託をうけた民間人によって、拉致、詐欺、強制によりいわゆる挺身隊として動員され、日本軍人たちの性奴隷となった者」として、姜徳景ほか二七人のハルモニの名が記載されている。被告訴人として挙げられているのは、慰安婦制度を企画、立案し、執行するよう指示、命令した重要な軍人、彼女たちを募集することに大きな役割を果たした指揮者と民間人業者たち、その慰安所を管理、運営した部隊の責任者たちである。その氏名は特定されていない（鈴木裕子編、資料集、九四－九九頁）。日本の検察はすでに時効がすぎていること、被告訴人と被告発事実が不特定であること、犯罪事実を適用する国内法がないことを理由に、この告発を受理しなかった（朝日新聞、二月八日、九日）。挺対協は、受理はされなかったが、このような告発をしたということが「日本の市民社会を変化させる大きな原動力となった」と自己評価している（『挺対協二〇年史』一八七頁）が、実際には影響はほとんどなかったと言ってよい。

慰安婦事態を犯罪としてとらえるなら、基本的には強姦とみるということであろう。そのさい集団的、継続的強姦をつくりだした組織者の責任は重いと言えるが、強姦を実行した人間も罪、責任を免れない。つまり慰安所に行った日本軍将兵の罪を問わない限り、慰安所をつくった司令官、部隊長の罪を問うことはできない。だから、慰安婦問題で法的処罰を求めることは限りなく難しいのである。

九四年三月三一日には、日本の戦争責任資料センターが「従軍慰安婦」問題に関する第一次報告書を発表した。四〇〇字詰め原稿用紙二〇〇枚の大部のものであるが、ほぼ吉見資料集解題の延長線上にあった。

羽田内閣と野党社会党

九四年二月細川首相は小沢一郎と組んで、福祉税構想の実現を強行しようとした。その結果、連立は分裂し、佐川急便の献金疑惑が加わり、四月細川首相は辞職した。後継首班は羽田孜であった。社会党と新党さきがけは連立を離脱し、ふたたび野党となった。野党にもどった政治家は戦後補償の主張をふたたび唱えることができるようになった。一九九四年六月六‐七日、東京で弁護士の高木健一らが中心となって組織した「戦後補償問題全国交流集会」が開催され、韓国、フィリピン、それに在日の元慰安婦が参加した。この集会に野党になった社会党の村山富市委員長、さきがけの鳩山由紀夫代表も出席し、挨拶した。挺対協はこのとき村山委員長が戦後補償の必要性について語ったことを記憶にとどめている。翌日から韓国の慰安婦ハルモニたちは国会前で座り込みを開始した。六月二二日には参議院外務委員会で社会党の清水澄子議員が羽田内閣の慰安婦問題に対する政府の態度を質問した。田中耕太郎内閣外政審議室審議官は河野談話の姿勢は現内閣でも変わっていないと述べた。丹波實外務省条約局長も、政府として「おわびと反省の気持ちをどのようにあらわすか」という検討をいそいで進めていると述べ、柳井俊二総合外交政策局長も「具体的な措置について申し上げる段階にいたっておりません」、「調整がつき次第、発表いたしたい」と述べた。柿澤弘治外相はまず「政府が関与した形での補償というのはなかなか言うはやすく難しいのではないかというふうに考えておりますので、……民間の皆さんの善意による御努力というのが行われることが望ましいと思っております」と述べた。そして最後に「法的な枠組みといたしましては、戦後処理の問題については我が国は、サンフランシスコ平和条約、そして二国間の平和条約、またその他の関連の条約等に従いまして誠実に履行をしてきているところでございます。……私どもとしては個人補償というのはなかなか法的な枠組みとしてはとりにくいのではないかということをぜひご理解を賜り」たいと答弁した。

この日の質疑により、政府官僚の考えている方向は明確になったということができる。この直後の六月二五日、羽田内閣は総辞職した。

村山内閣の発足

羽田内閣が総辞職すると、思いがけない展開を喜んだ野党自民党は、社会党と新党さきがけに連立を申し込み、政権与党にもどる道を策した。自民党は社会党と新党さきがけの共同政権構想を丸呑みした。それには、戦後五〇年を契機に戦争を反省して、平和への決意を示す国会決議の採択などに取り組む機関を国会および政府に設置し、平和のための国際貢献に役立つ戦後五〇年記念事業を行うという項目がふくまれていた。自民党はそれを丸呑みしたのである。

かくして社会党七〇議席、さきがけ一三議席に、自民党二二三議席が加わって、衆議院の多数派が形成された。六月二九日、社会党の委員長村山富市は決選投票で二六一票をえて、二一四票の海部俊樹を抑えて、総理大臣に選出された。翌三〇日自社さきがけ三党連立政権が誕生したのである。官房長官には社会党の五十嵐広三が任命された。官房副長官はさきがけの園田博之と留任の石原信雄であった。自民党の総裁河野洋平は外務大臣、さきがけの代表武村正義は大蔵大臣、自民党の実力者橋本龍太郎は通産大臣、高村正彦は経済企画庁長官、亀井静香は運輸大臣、野中広務は国家公安委員長となった。社会党からは野坂浩賢が建設大臣となった。戦後五〇年の事業、日本政府の慰安婦問題に対する対応はこの村山自社さ連立内閣に委ねられることになった。

官房長官五十嵐広三は一九四六年に日本社会党に入党し、旭川市長から衆議院議員になった。一九八七年から大沼保昭東大教授、高木弁護士らの要請で生まれたサハリン残留韓国・朝鮮人問題議員懇談会の事務局長に就任した。会長は自民党の原文兵衛である。この運動はソ連ではじまったペレストロイカの中で残留韓国人の帰国の実現に大きな役割を演じた。五十嵐は旭川市長時代、サハリンを何度も訪問し、この問題に特別の思いをもっていた。九〇年代に入ると、社会党内の戦後補償問題取り組みの中心になり、韓国を何度も訪問した。細川内閣では建設大臣として入閣し、政権の中での官僚と仕事をする経験を積んだのであった。

もとより社会党は選挙で勝利し、第一党になって政権を掌握したのではなく、首相も官房長官も自民党閣僚の上にかつがれた看板であった。しかし、戦後五〇年にしてはじめて成立した自社連立の村山内閣は、五五年体制ではつくりえなかった戦後日本平和国家にふさわしい共通の歴史認識を確立し、果たされなかった日本の戦争と侵略による他国の犠牲者たちに対する償いを国民的合意によって実施する資格と使命をもって出現したのである。

村山首相は就任後ただちに国旗に敬礼し、日米安保条約と自衛隊を認めた。このことに反発し、動揺する者が社会党支持者の中に多く現れた。細川内閣に参加したことについて深刻な思想変革をしなかったつけがここに現れたのである。

平和友好交流事業計画と慰安婦問題

七月一日、村山首相は最初の記者会見で、補償問題について訊かれて、「国と国との戦後補償は片付いている」と発言した（朝日新聞一七日）。新任の首相は外務省の答弁資料に基づいて、そのまま答えたものと思われる。七月六日、外務省幹部は慰安婦問題について、「補償に代わる措置」は今月中に結論を出すと語った（同上、七日）。七月七日、NHKは「アジア交流センター」設置構想を報じた。慰安婦に対する補償に代わる措置として考えられたという報道であった。

村山内閣が成立したときには、すでに外務省が戦後五〇年問題への対処のために「平和友好交流事業」案を固めており、その案の受け入れが新内閣に求められた。柳井俊二総合外交政策局長、川島裕アジア局長らがとりまとめたもので、慰安婦問題などの問題には対応せず、交流事業を中心に一〇年間一〇〇〇億円を使う計画であった。次年度予算の概算要求にのせるには八月までに政府決定を出すことが不可欠だったのであろう。これが七月一七日の朝日新聞一面トップにリークされた。「従軍慰安婦問題、5年で1000億円の事業、女性自立センターなど創設、青年交流を拡大」、「個人補償はしない方向」。外務省は「おわびと反省の具体策」として、過去直視、新関係発展をめざし、戦後五〇年を期して実施すると説明されていた。

この記事の与えた印象は最悪だった。一七日の記事に、太平洋戦争遺族会などがただちに反応して、東京で記者会見を行い、政府決着案撤回を要求した（朝日新聞、一七日夕刊）。

この時点で新しい考えをまとめて、村山政権の周辺で動いていたのは、社会党参議院議員清水澄子であった。前年に純粋な民間基金構想にコミットした彼女は、その構想と手を切って、七月一一日に「戦後五〇年基金の構想・清水私案」を作成して、政府・外務省・外政審議室、社会党内に配った。その中心は戦後補償基本基金である。基金財団を設置法によって設置する。ここに国からの「出資金」、民間団体・企業の寄付、個人献金を集める。国民からの献金は国民的な謝罪を表し、戦争責任・戦後責任を理解させる「教育的効果」を期待するからである。基金運営委員会は、官僚、民間有識者、ＮＧＯ、国会議員、被害者団体関係者などによって構成され、第三セクター方式で運営される。事務局は総理府内に置く。基金は慰安婦、サハリン残留韓国人、強制連行者などにそれぞれ個人補償を行う。補償の支払いは、基本資金を外債購入により運用し、運用益から補償を支払うことにするとしているが、このようなアイデアを何人かが提供したものと思われる。

構想としては、メインの戦後補償基金の他に、アジア諸国の女性人権擁護と性的搾取の根絶のための「アジア女性交流センター基金」と日本のアジア諸国との関係史の糾明を行う「歴史究明等基金」を併設することがふくまれている。この清水私案は外務省内で進められていた戦後五〇年交流事業の対案として構想されたものと思われる。政府の資金を中心にして、国民からの献金も合わせるということになっている。

この六頁の意見書にもりこまれた案について、清水澄子はのちに一九九八年に「政府は『戦後補償』

という名称は困ると言うのです。そこで『アジアとの和解基金』ではどうかと提案を重ねました」と語り、さらに「ＯＤＡ予算でアジア女性たちの自立支援のプランを実施してほしい」と提案もしたと述べている（大沼保昭・下村満子・和田春樹編『「慰安婦」問題とアジア女性基金』東信堂、一九九八年、二六頁）。

このような案をもっていた人は他にもいた。サハリン残留韓国人問題に取り組んでいて、五十嵐官房長官ととくに近かった国際法学者大沼保昭は、のちに一〇月に出る『諸君！』一一月号に「戦後補償と国家の品格」という論文を出すが、「政治的には超党派で、しかも財界、労働界、マスコミ界などすべてを含んだ国民的な事業として、戦後五十周年の節目には戦争と植民地支配への補償のための基金を成立させ」ることを考えていた。大沼の前提には韓国の金泳三政府が慰安婦問題での個人補償に反対しているということもあった。国民が納得する人々が中心になって民間基金をつくる。政府の部局が事務局を担い、「政府も国庫から一部の醵金としてその基金に拠出する。あらゆる市民のレベルから醵金が集められ、それが日本国民全体の気持ちの表れとして外国の戦争犠牲者に提供される。」大沼はこの案を五十嵐官房長官に示して、働きかけていた。

だが、官房長官になった五十嵐広三の立場が最初ははっきりみえなかった。清水澄子の案が出ると、行政当局の中では、谷野外政審議室長が清水案は無理だとして、政府は基金の事務経費を出すのが精一杯だと言い出したようである。五十嵐官房長官は何を考えていたのか。七月一八日五十嵐は記者に慰安婦に対する補償を訊かれて、補償「しないのは政府の一貫した方針」だと明言したと報じられた（朝日新聞一八日）。村山内閣に対しても、第二次大戦に関わる賠償請求権の問題はすでに国家間で解決済みであるという外務省の不動の原則、および国家補償を個人に支給することはできないという日本政府のタテマエが最初から立ちはだかったのである。

村山首相の施政方針と訪韓

七月一八日、村山首相は、国会で施政方針演説をし、次のように述べた。「戦後五十周年を目前に控え、私は、我が国の侵略行為や植民地支配などがこの地域の多くの人々に耐えがたい苦しみと悲しみをもたらしたことへの認識を新たにし、深い反省の上に立って、不戦の決意のもと、世界平和の創造に力をつくしてまいります。このような見地から、アジア近隣諸国等との歴史を直視するとともに、次代を担う人々の交流や、歴史研究の分野も含む各種交流を拡充するなど、相互理解を一層深める施策を推進すべく、今後その具体化を急いでまいります。」

前半は村山首相の新しい立場を表明したものだが、後半は外務省が準備した文章のままで、外務省が用意している政策を述べたにすぎなかった。これでは戦後補償を求める運動には応えるところがなかった。

村山首相は最初の外遊として、韓国訪問を行うことを考えた。そのことが発表されると、挺対協は早速に七月二〇日声明を発表して、「アジア交流センター」設置の方針を白紙撤回せよ、日本政府は慰安婦問題について常設仲裁裁判所での審判に応じよ、韓国政府は「非主体的態度」をすて、日本政府に真相究明と法的責任の履行を要求せよと求めた（鈴木裕子編、資料集、一五六－一五七頁。朝日新聞、七月二〇日夕刊）。

七月二三日、村山首相は河野外相とともに訪韓し、金泳三大統領と会談した。この会談での第一の話題は北朝鮮問題であった。会談後の記者会見で、村山首相は日朝交渉について、今後とも韓国など「関係国と緊密に連携していくこと」を約束した。これによって当分のあいだ、日朝交渉の再開は困難になった。村山首相は、朝鮮植民地支配については、「戦後五〇周年を迎えるが、日本の植民地支配が朝鮮半島の多くの人々に耐え難い苦しみと悲しみをもたらしたという認識を、この機会に日本国民はいま一度新たにする必要がある」と述べた。これは細川首相の表明をさらに明確にしたものであった。だが慰安婦問題については、「お詫びと反省の気持ちをどう表すか、いま検討している、早急に結論を得るように努める」と述べただけであった。おそらく、首脳会談では村山首相は金泳三大統領から補償は要求しないという考えをあらためて聞いたのであろう。そこで村山首相としては、サハリン残留韓国人の永住帰国問題については、より積極的に支援策をとると表明した（朝日、毎日、七月二四日）。

村山首相一行が国立墓地での献花を終えてホテルに帰ると、世宗文化会館前で慰安婦ハルモニや被爆者たちが三五〇人ほど集まって、集会をしていた。そこでも「アジア交流センター」では解決にならない、慰安婦被害者全員に真の謝罪と補償をせよと要求する決議がなされた。しかし、首相がその人々と接触することはなかった。

韓国からもどった首相は、七月二九日に在京の韓国人記者団と会見し、「元慰安婦の個々人に対する補償は考えていない」と語ったと報道された（朝日、七月三〇日）。金泳三大統領との会談でそのように言ってもいいと考えたのであろうか。いずれにしても、村山内閣としてはどうするのか、いまだ決まっていなかったのである。

朝日新聞の「見舞金」リーク報道

八月二日、与党三党は与党戦後五〇年問題プロジェクトを設置して、のこされた戦後処理問題を検討することを決めた。八月四日になって、ようやく五十嵐官房長官は、慰安婦問題は「月内決着」を先送りして、内容ある検討を誠心誠意つづけると述べた。外務省案は「評価すべきアイデア」であるが、「これでいいかどうか議論があるところだ」、個人補償は難しいが検討している、と語ったのである（朝日新聞八月五日）。「〝慰安婦問題〟決着先送り、『戦後処理』に現実の壁、期待も重く、悩む首相ら」（同日二面）とも伝えられた。

実は、このとき、政府部内では、五十嵐官房長官は官僚たちと熾烈な闘いを行っていたのである。まず、外務省の平和友好交流計画案に対して五十嵐官房長官は強く抵抗して、慰安婦問題に対して何もしないということは許されないと主張したようである。しかし、それはたちまちはねかえされてしまった。「そこでかねがねアイデアのひとつである基金構想が具体化されました。当初政府と民間が二分の一ずつ出し合うという案を出し、官邸内で連日、テーブルをたたくようにして議論を交わしましたが、同意はいただけませんでした。」五十嵐官房長官はのちにこのように回想している（大沼・下村・和田編、二二頁）。政策論争は国民参加の基金をどのようにつくるかというところに集中していたのである。

だが五十嵐官房長官が何をどう努力しているのかは外からみている者にはまるでわからず、平和交流計画で終わりになってしまうのかというやりきれない思いがしていた。

八月一三日、朝日新聞の一面トップに「戦後補償、10年で1000億円、平和交流事業、首相が意向固める、慰安婦、基金通じ支援」という見出しの記事が出た。記事はまず八月一一日、首相、河野外相、武村蔵相の三者会談で、戦後補償問題に関して合意したと伝えた。「慰安婦問題では、これまで個人補償は行わないとしてきたが、民間団体の基金を通じて元慰安婦を支援する措置を講ずることで、補償に近い形での解決を目指すのが特徴だ。」総理の手紙も検討中と報じられた。ついで一二日首相は「平和交流事業」具体化を決断したと側近が明らかにしたという。つまり慰安婦に対する基金による措置と平和交流事業の二本立てが決まったというのがこのわかりにくい記事の内容である。八月一三日の毎日新聞の夕刊も、「戦後補償10年で１０００億円規模に、政府、平和事業具体化」。「従軍慰安婦問題の補償に代わる措置では、民間団体による第三者機関を作って基金を創設、政府が資金援助する」と報じた。

ここで五十嵐官房長官がめざす方向を憂慮した保守派が動いた。おそらく外務省、大蔵省、内閣府の中の心配性の官僚たち、あるいは自民党内の保守派が策したのではないか。八月一九日朝日新聞の一面トップに「元慰安婦に『見舞金』、民間募金で基金構想、政府は事務費のみ、実質的『償い』、直接補償避ける」という大見出しのもとに記事がのった。それは、一八日に「村山政権が検討を進めている……慰安婦に対する『償い』のための措置の骨格が、明らかとなった」として、次のように伝えた。①基金をつくる、②企業、組合、個人から募金を集める、③元慰安婦に「見舞金」といった名目で「一時金」を贈る、④政府が事務経費を負担する。政府の支出は募金規模の二、三割に限定し、募金は「慰安婦」以外にも使える。「従来の方針を崩さずに、間接的、実質的に元慰安婦個人への『償い』を実現できる。「民間募金によって実質的に『補償』が行われることになっても、政府が本来とるべき責任を回避したという批判は残るとみられ」る。

この記事が何人のリークによって書かれたのか明らかになっていない。ここで「償い」という言葉と

朝日新聞

元慰安婦に「見舞金」

民間募金で基金構想

政府は事務費のみ

実質的「償い」直接補償避ける

独摘発の密輸事件

押収核物質はロシア製

独の機関分析し断定 管理態勢が問題に

核物質の売却図る ロシアで3人逮捕

点火後H2打ち上げ中止

補助ロケット着火せず

住宅金融公庫

ゆとりローン廃止検討

建設省 「特別加算」見直しも

天声人語

第1部 アジア発にっぽん

「神々の島」バリに嫁ぐ

『朝日新聞』1994年8月19日朝刊第1面

「見舞金」という言葉がはじめて使われた。二つは同義であるかのような印象を与えたのは致命的であり、村山政府の検討努力の全体を無に帰さしめかねないことになるのである。「見舞金」という言葉は一般的な私人間でも用いられるが、官僚が使う場合には、この言葉は政府が個人に支払いうる金の一種をさす。近くは一九八八年九月一〇日に成立した「台湾住民である戦没者の遺族等に対する弔慰金等に関する法律」で、戦没者遺族には「弔慰金」を、戦傷病者で重度の障害の状態にある者には「見舞金」を政府が支払うと規定している。ともに政府が支給する。その言葉を国民からの募金から出す「一時金」にかぶせたのは二重に作為的である。「見舞金」という言葉自体のもつ「慈善」「同情」というニュアンスは、「謝罪」「お詫び」とは無縁である。基金構想をめぐる政権内部の論議が決着していない、三党で検討する体制もまだスタートしていないこの段階で、このような極度にネガティヴな色合いの「措置の骨子」を決定のリークとして流したのは、政府のやろうとすることは一〇〇パーセント補償とは無関係だと強調する悪意を感じさせる。社会党首相、官房長官の努力を冷笑するこの記事がつくり出した傷は挽回できないほど深いものとなった。五十嵐官房長官ものちに「ある大新聞がスクープしたときは、『慰労金』という見出し、その次は『見舞金』。『償い金』という表現にしてもらうのに半年かかりました」と述べている。この記事が出たとき、五十嵐官房長官はただちに記者会見を開いて「見舞金」など考えていないと否定すべきであったのだ。しかし、それはなされなかった。そのレッテルは肉付きの面となっていった。「見舞金」という言葉が他の新聞にも広まって使われるようになるのである。

ところで、同じ一九日の同じ新聞の二七面には識者・関係者の反応が報じられている。私も社会部記者に談話をとられていた。私は基本的には国会決議実現をめざして運動していた。それでも戦後補償問題に高木弁護士に誘われて参加していた。八月一三日－一四日には、新宿のスペースゼロで行われた戦後補償国際フォーラム'94に参加して、第二部「なぜ戦後補償は放置されてきたのか」の司会コーディネーターをつとめたところであった。古関彰一、ノーマ・フィールドなどが報告した。その私が記者からこの民間募金構想を聞かされて、次のように答えている。

「この問題の解決が平和交流事業だけで終わるとすれば、あまりにも不人情だと思っていた。官僚の厚い壁に何とか穴を開けたといえるのではないか。国民が少しでもお金を出し合うことが、この局面では重要だ。」

私は平和交流事業とは別に基金をつくるという方向がはっきり出たと考え、ほっとしているのである。見舞金という言葉が使われていることは聞いていたのかもしれないが、明らかにそのときは注意を向けなかった。

他には黒田清氏が「具体的な戦後処理の一つとして、一歩踏み出すことは大変評価できる」、常石敬一氏が「何らかの償いが必要だとの認識に至った結果だろう。」「政府は……個人補償を進めなければ責任を果たすことにならない」と前向きに受け取っているが、在日朝鮮人の慰安婦であった宋神道さんは「民間募金に頼る形式そのものが納得できない。『見舞金』だなんて、これでは、周囲から白い目で見られるだけではないのか」と明解な反発を示している。そして運動家の西野瑠美子氏は「国会で謝罪決議をした上で、政府の責任においてお金を出すのでなければ本当の謝罪にならない」と拒否的である。

だが、その新聞の紙面をみた人々には「民間基金で見舞金」という言葉が政府案の内容として頭に入り、消えざる反発をつくりだした。韓国語には「見舞金」にあたる言葉はない。だからこの言葉は「慰《ウィ》

労金《ログム》 위로금」と訳される。関釜裁判の法廷に立つために来日中のハルモニ李順徳《イスンドク》さんはその日の朝、朝日新聞のこの記事の説明を聞くうち、「途中から顔を真っ赤にして、おこって、『オレは乞食じゃない。あちこちから集めた同情金はいらない』と言った。「それを聞いて、ご飯をたべていたはしが止まってしまいました」と「関釜裁判支援の会」の花房恵美子は語っている。彼女は夫の俊雄とともに、政府を止めよう、「いまだったら被害者が反対しているの」だから「止められる」として、八月二〇日には福岡で記者会見をしたのである（志水紀代子、山下英愛編『シンポジウム記録「慰安婦」問題の解決に向けて』白澤社、二〇一二年、三九頁）。

八月二二日、東京でも「民間募金で元慰安婦に『見舞金』を出すという政府構想」の撤回と個人補償を求める声明を内外二八団体と一一人の個人が出した（朝日新聞夕刊）。

八月二三日には、ソウルで挺対協が声明「民間募金による見舞金支給は……法的責任を回避しようとする欺瞞だ」を発表した（朝日新聞二四日）。八月二八日には東京で「見舞金構想」反対の集会が開かれた（朝日新聞二九日）。ここで採択された要請文は、「平和交流事業」に加え、首相の謝罪文交付と「民間募金による見舞金」の構想を考えていることは、「これまで、被害者各個人への措置がまったく考慮されてこなかったことに比べ、政府がようやく、個人を対象にした措置の必要性を認めた点で、評価します」と述べた。その上で「民間募金による見舞金」構想を取り下げ、「国の責任において、被害者個人に直接謝罪と補償を行うこと」を要求した。

他方で、八月二二日に高木健一弁護士、和田春樹、臼杵敬子（ハッキリ会代表）、それに竹村、清水の両議員の連名で、五十嵐官房長官に文書が出された。表題が「元従軍慰安婦に『民間基金』で『見舞金』という案に対する考え」となっている。おずおずとした文章で、「『見舞金』という表現は『施しをする』というような反発もありますので、『償い』などの表現は使えないでしょうか」と切り出した上で、「政府の拠出金」は「償い（見舞金）」にも使えるようにしてほしい、総理の謝罪文を被害者個々に渡してほしいなどと要望している。主張は妥当だとしても、こんな弱々しい表現は運動している人間が政府に要求を出すものではない。記憶が定かでないが、社会党の事務局の多賀氏が急いでまとめて、私たちは署名を求められたものであろうか。この文書は運動グループの間に流れているのだから、私も責任を感じる。もっと強く「見舞金」という言葉に反対し、それと明確に区別して「償い」という観念を押し出すべきであったのである。

村山首相の八月三一日談話

韓国挺対協は八月末には国際常設仲裁裁判所（ＰＣＡ）に提訴することを決め、池銀姫《チウニ》を委員長とするＰＣＡ準備委員会を発足させた。このための韓日弁護人団も組織された。

こうした中、八月三一日、村山首相は戦後五〇周年を前にして、「総理の談話」を出した。五十嵐官房長官が発表した。「私は、我が国の侵略行為や植民地支配などが多くの人々に耐え難い苦しみと悲しみをもたらしたことに対し、深い反省の気持ちに立って、不戦の決意の下、政界平和の創造に向かって力を尽くしていくことが、これからの日本の歩むべき進路であると考えます。」このように述べて、戦後五〇周年の一九九五年から、歴史研究支援、知的交流・青少年交流の二本柱からなる「平和友好交流計画」を発足させ、その中でアジア歴史資料センターの設立も検討していく、一〇年間で一〇〇〇億円の事業とすることを発表した。あわせて慰安婦問題については歴史を直視する必要を強調し、「交流計画」とあいまって、政府の「気持ちを国民の皆様にも分かち合っていただくため、幅広い国民参加の道をともに探求していきたい」と述べたのである。さらに女性の地位向上、女性福祉の分野での国際協力を進め、在サハリン韓国人の永住帰国問題と台湾住民の確定債務問題の解決に取り組むと発表した。

「総理の談話」は閣議決定に基づく「総理談話」と違い、一段と低いレベルの表明であった。しかし、当時は誰もそんなことは思わなかった。戦後五〇年を前にした日本政府の検討の結論の表明だと受けとったのである。実際は、慰安婦問題についての「国民参加の道」の中身はまだ何も決定していない、これからの検討だと知らせたものだったのである。しかし、一般には、「民間募金で見舞金を贈る構想」を首相が確認したものと受けとられていく。五十嵐官房長官の当日の記者会見は、個人補償は行わないというのが「国としての方針」だと言いながら、「お詫びの気持ちを表す方法」はこれから「探求」するのだと繰り返すというふうに、まことに曖昧な表明でしかなかった(「五十嵐内閣官房長官記者会見より」)。

九月一日、朝日新聞は一面トップで「総理の談話」を報じ、「元慰安婦『国民参加』で解決、民間募金を念頭に」、「五十嵐官房長官らが、民間募金を原資として『見舞金』などの名目で一時金を贈る構想を検討している」と問題報道を上塗りした。それでいて、九月二日の社説では、「民間募金による『見舞金』」で「国家としての『謝罪』」になるのかと批判した。毎日新聞の九月一日号は、「償いは『言葉』だけ、元慰安婦『情けない』」、個人補償求める声」という見出しで反応を報じた。毎日新聞の社説も、談話は、償いとして「『幅広い国民参加の道』に言及、民間基金による見舞金構想をにじませている」が、「百歩譲って民間基金に頼るとしても、国家としての償いの精神は、はっきり示さなければならない」と批判した。読売新聞だけは、社説で、法的には決着済みだから、政府部内に民間基金をつくり「見舞金を出す民間基金構想」がある、「民間基金構想が実れば、政府が側面から協力する道も開けるだろう」と好意的であった。賛成反対の違いはあっても、「民間募金で見舞金」というイメージが完全に確立した。

八月一九日のリークの線上で、民間基金財団を構想する動きも進められていたのは事実であった。八月三一日付けで「民間基金財団（法案）」なるものが起案されていたと荒井信一が二〇〇六年の本に書いている。「国民は、「過去の侵略戦争の加害者として」の責務を理解して、寄付金を出す。政府は事務経費だけ出す。被害回復のための「償い金」は民間募金のみによる（荒井信一『歴史和解は可能か』岩波書店、二〇〇六年、六五－六六頁）。この言葉づかいは官僚的なものではない。清水澄子提案が官僚的に修正されていったものであろうか。これはよくわからない。ともあれ「償い金」という言葉はこの文書ではじめて使われている。

九月一二日には、オランダ人元捕虜の補償裁判に関わってきた弁護士の鈴木五十三が戦後補償を考える弁護士連絡協議会で、外国人戦後補償基金法案を提案した。翌日のNHKが報道した。政府の出資でつくった基金に、企業からの出資も受け入れ「政府主導民間協力」で個人被害者に賠償金を出すという案である。

九月二日に国連NGOの国際法律家委員会（ICJ）が慰安婦問題に関する対日勧告の骨子を発表したのも、村山首相の八月三一日談話に対する反響だと言えるかもしれない。勧告の全文と理由をもりこんだ最終報告書は一一月に日本政府に渡されるはずが、勧告の骨子が繰り上げて、記者発表されたのである。内容は、1、情報を全面開示し、被害女性の請求を聴取して、六ヶ月で処理しうる行政機関を設置すること。2、被害者に対して、名誉回復、医療費負担、住宅などの更正措置をとること。3、日本政府が2の措置を拒否するなら、法廷または国際常設仲裁裁判所が設置されるべきであること。4、中間措置として日本政府は被害者女性のため四万ドルを支払うこと。5、日本政府が最後まで拒否するなら、国際司法裁判所の勧告的意見を求めること、である。四万ドル、約四〇〇万円という金額がはじめて提示された。

三党プロジェクトはじまる

九月八日、与党戦後五〇年問題三党プロジェクトが初会合を行った。自民党からは虎島和夫（共同座長）、衛藤晟一、鈴木俊一、住博司、荒井広幸、古賀誠、社会党からは上原康助（共同座長）、早川勝、田口健二、穐山篤、さきがけからは荒井聰、田中甲といった顔ぶれである。

この検討に向けては、戦後補償運動の側から高木弁護士はAERA九月一九日号で、戦争犠牲者に対する個人補償が必要だ、「政府と民間が協力して、ぜひポーランド型の基金をつくるべきだと思う」と提案した。ポーランド型の基金とは、のちに高木の説明するところでは、「ドイツ・ポーランド和解基金のことで、民間の寄付もうけつけているが、ドイツ政府の四〇〇億円が基本としてあり、民間の寄付がかりにすくなくとも政府拠出分だけでも償いに足る基金である」とのことである（高木の一一月三〇日メモ）。

この段階で、私は、九月一二日の『ハンギョレ』のコラムに、「混乱に陥った日本革新派」という文章を発表した。革新派は永続野党の立場に安住して、自分の歴史認識で国民の多数派の支持をえることも、戦後補償案を実現することもできないできた。村山内閣が生まれた現実を一つのチャンスととらえて、「過去の清算問題と戦後補償問題」で突破を図るべきときなのに、革新派が悩んでいてはどうにもならない。村山内閣が「とくに従軍慰安婦問題では民間の参加の道をさぐるとした点が論議を呼んでいる。」この問題での謝罪と個人補償を国家に求めて運動してきた日本の諸団体の中でこれは政府が責任を回避するものとして反発が強く、評価は分裂している。私はこの状態は問題だと指摘し、次のように要望した。

「革新派は変化した現実の中に着地して、現実と関係を結ぶ中で新しい力を組織して、現実を確実に改革していく方向に進むことができる。とくに、放置されてきた過去の清算と補償問題では、政府と官庁と国民の状況を十分に考え抜いて、現実の中に開かれている可能性を理想の方向に開いていく智恵が望まれる。」

私のこの意見は韓国の挺対協を憂慮させた。直後に日本を訪れた尹貞玉、池銀姫の両代表が慰安婦ハルモニ姜徳景《カンドッキョン》さんとともに私に話し合いを求められた。九月一六日、私は矯風会館の会議室ではじめて尹貞玉先生とお目にかかった。もとより慰安婦ハルモニにお会いするのもはじめてである。尹貞玉先生は論文の真意は何かと訊かれた。私は、この五年間でようやく少しずつ日本の社会も変革がみられるようになったが、日本を動かしているのは官僚で、「戦前と精神的に変わっていない」彼らのモットーは「従来通り」であると述べた。慰安婦問題では「補償してはならない」と強く固まっているので、「政府と民間共同の募金構想」が浮上した。原則的な批判、圧力も必要だが、「すきまができたら、そこから入って壁を破っていくことも必要だ」。私は、首相が一人一人の被害者に謝罪文を出し、国民に呼びかけて、国民に「償いのお金」を出してもらう、国民が「意識して」出せば、教育的効果がある、「苦し紛れながらよい案と思う」と言った。これに対して、池銀姫氏は、「先生が苦悩しながら案を出されていることが良くわかった」と言いながら、自分たち社会運動する者は、「原則的な立場に立ち、対案を用意していくことだ」、慰安婦問題では、国家が責任をとることが大事だ、加害者がなさねばならないのは、「責任者の処罰、真相究明、謝罪」、賠償を行うことだと明解な話をされた。姜徳景ハルモニは、「個人補償はできない」と言うことを聞きたくない、自分たちは次々に死んでいくが、二世、三世が引き継いでくれるだろう、日本政府はきれいに解決してほしい、国家の謝罪文がほしいのだと言われた。私が筋の通った解決ができないことを「申し訳ない」と詫びて、過去はとても償えないものだと思うと言うと、姜ハルモニは、「償うからと言って、日本国土全体をもらっても足りない。真相究明と謝罪が大事だ」と重ねて言われた。日本の国家が真実の心で謝罪してほしいと願っておられることがわかった。池銀姫氏は戦争犯罪だから政府が賠償すべきだと言われ、尹貞玉先生は日本国民は被害者なのに、「その末裔の方たちからの募金でやるのは国家として卑怯だ」と言われた（『いま』第二号、九四年一〇月三一日）。

貴重な話し合いであった。このときはまだ私の努力に期待するという気持ちものこしていただいていることを感じた。

ところで、この時点での挺対協の基本的な立場は、九月一六日付けの、日本軍「慰安婦」に対する

「政府の関与する民間見舞金案」に反対するという声明で述べられていた。声明は反対の理由として、日本政府は「自らの犯罪の事実」を「貧しく気の毒な慰安婦被害者たちを助けてやるという式の『積善』、同情心」で美化、正当化しようとしている、民間人が募金に応じれば、政府に「免罪符」を与えることになる、ハルモニが貧しいからといって、見舞金を受けとれば、「永遠に慰安婦という不名誉な名を免れること」はない、慰安婦が受けとらねばならないのは「法的賠償」である、民間見舞金案は問題を「金」の問題に歪小化するという諸点を挙げている。そして、日本政府は、平和交流基金案と民間見舞金案を撤回し、九月二日に出たＩＣＪの勧告をただちに受け入れるべきだと要求している。

九月一七日には東京で挺対協代表と韓国人弁護士が参加して、日本の弁護士たちとＰＣＡ提訴のための集会を開いた。

五十嵐官房長官の決断

五十嵐官房長官はひきつづき、慰安婦問題について、民間の資金を集めるとともに、政府の資金も入れて、あわせて国民的な償いの事業を行うということをめざしていたが、河野外相・自民党総裁、武村蔵相・さきがけ代表と協議して三人が合意しても、役所に帰ると強く反対され、議論が振り出しにもどるということが繰り返されていたと言われる。

一〇月はじめ『諸君』一一月号に先にみた大沼保昭論文「戦後補償と国家の品格」が出た。大沼は、戦後五〇周年の事業として、「戦争と植民地支配への補償のための基金」をつくることを提案したものだが、すでにそのような総合的な基金案はとうに非現実的なものとされていた。大沼は自身の回想の中でも、五十嵐長官に対する聞き取りの中でも、一九九四年一〇月三日に五十嵐官房長官、谷野外政審議室長、世界人権会議日本政府代表有馬真喜子氏と自分の四人で会談したさいに、全体として戦後補償基金をつくるのは無理であり、慰安婦問題だけを扱う基金とすることで合意したと書いている（大沼・下村・和田、二五頁、大沼、中公新書、一〇－一一頁）。つまりこのとき、大沼も五十嵐官房長官案に同調することになったということである。

一〇月一五日には、私が属する「国会決議を求める会」は討論会「戦後五〇年と国会決議――村山首相談話を考える」を開催した。内海愛子が司会で、鈴木裕子、新美隆と私が発言者であった。私は、村山首相の八月三一日談話の「可能性拡大を考えるべきではないか」、国会決議にして「従軍慰安婦問題」を明文化することが必要だ、「平和交流計画」は「戦争の反省に結びつけた内容」にすべきだ、慰安婦問題は「国民参加の道を研究することは評価していい」と述べて、次のようなメモを示して提案した。「一人一人に国会決議と首相謝罪文、償いの証として三万ドル、金額は象徴的意味。その基金を政府と国民が出す。首相はじめ全国会議員が一人〇〇《ママ》円ずつ。対象人数二〇〇〇人。六〇億円［必要］」。

鈴木裕子、新美隆は、村山首相の八月一日談話を評価できない、慰安婦問題には国家補償がなされねばならないということを一致して主張した。私は運動の中でつくってきた合意をよりどころに反対勢力を抑えることを訴えたが、意見の対立はうまらなかった。

一〇月から一一月のはじめにかけては、五十嵐官房長官が、政府と民間が半分ずつ金を出し合って慰安婦基金をつくるという構想を断念するように追いこまれていく状況であったと考えられる。五十嵐官房長官はそのような構想をもって政府部内でもみ合っていたということを外部にはまったく知らせなかった。世論の支持を味方にしないでは、行政の壁をやぶれなかったのも当然である。

一〇月二九日、五十嵐官房長官は原文兵衛サハリン残留韓国・朝鮮人問題議員懇談会会長・参議院議長とともに韓国を訪問した。二人は金泳三大統領と会談した。このときも大きな話題は対北朝鮮政策であり、金大統領は日本の与党が訪朝団を出す計画に関連して、日朝交渉が行われるのかと警戒心をあらわにした。五十嵐長官はまず慰安婦問題について政府の考えている基金案について説明したようである。朝日新聞によると、五十嵐長官は「国民の間に何らかの気持ちを表す動きがある。政府としてどうするか検討している」と表明したという。これに対して、金大統領は「日本で考えられている処置について深く考えたことはないが、金銭的なことは韓国がやっている。日本に希望したいのは過去の歴史を正しく認識すること。そのうえで未来を重視してやっていきたい」と答えたと紹介された（朝日新聞、一〇月三〇日）。金泳三大統領はこの時点でもなお補償は求めないという態度を堅持していたのである。五十嵐長官と原議長が金大統領と具体的な話をしえたのは、サハリン残留韓国人問題で、永住帰国後の老人ホームづくりを日韓で協力して進めることで合意した。三〇日、五十嵐長官は太平洋犠牲者遺族会の梁順任《ヤンスニム》共同代表と会ったが、その席で梁代表が民間募金構想に賛成したとの印象をもったようである。そのような報道が日本で流れたため、遺族会は一一月三日に記者会見して、何も言っていないと否定した。それは「日本国民の反省の姿勢として、選択可能な表現方法だと思ったので、異議をはさまなかっただけだ」と梁代表は述べた（北海道新聞、一一月四日）。

八月三一日の「総理大臣の談話」で打ち出された平和友好交流計画の一九九五年度（平成七年度）分の外務省概算要求はこのころ青少年交流、歴史研究者交流、ジャーナリスト会議開催などの内容で二九億九八〇〇万円とまとめられた。談話で打ち出された「アジア歴史資料センター」については、その設立のための有識者会議を開催することを官房長官は一一月九日に発表した。石井米雄、石川忠雄、細谷千博らの長老とともに、内海愛子、大沼保昭、倉沢愛子、山影進らの第一線のアジア専門家も呼び集められ、新しい印象を与えたのは、救いであった。

五十嵐官房長官が政府資金と国民募金の両方から償い金を用意するという構想をひとまず断念したのがどの時点かは、不明である。三党プロジェクトに慰安婦小委員会ができたときにはもう官房長官はあきらめていたのかもしれない。

ただし、はっきりしていることは、五十嵐官房長官としては、そのように決断したさいに、こだわりをもって、政府閣僚のあいだで確認をとったことがあったということである。それは、募金だけで資金が足らなくなったら政府が責任をもつ、ということである。五十嵐氏が大沼氏に向かって述べたことがある。「それでは実際に集めた金額が補償の支払いをする時に足りなかったときはどうするんだという問題があり、これに関してはそれは政府が責任をもつより仕様がないとされました。」（大沼・下村・和田編、二二一－二二三頁）五十嵐氏は別の機会にも大沼と和田に「私のときは最終的に、民間基金が募金しても足りない部分が出てきたときには政府が責任を持ちますということは、はっきりさせたんです」と語っている。

慰安婦小委員会第一次報告へ

慰安婦問題についての検討が三党共同で進められていた。戦後五〇周年三党プロジェクトに設けられた従軍慰安婦問題小委員会はすでに一〇月二一日に初会合を開いていた。小委員会の委員長には武部勤、委員は自民党が住博司、遺族会出身の狩野安、社会党は早川勝と竹村泰子、さきがけは田中甲という顔ぶれだった。

一一月八日には小委員会でヒアリングが行われ、上坂冬子、田中宏、上杉聰、和田春樹が呼ばれた。上坂冬子は、政府間で決着済みだから、あくまで民間基金であること、対象者は日本人、韓国人の元慰安婦であるべきことを主張した。田中氏がどういう意見を述べたかは記録がなくてわからない。私は、メモを用意して意見を述べた。核心部分は次の通りである。

「国家政府としての正式の謝罪の道としては、戦争にかんする反省の国会決議をおこなうことと従軍慰安婦であった人一人一人に対して首相の謝罪文を出すことである。」

「このような国家政府の謝罪を国民総体の反省としてかたちに表す為には、政府と国民がともに参加する事業運動が展開されなければならない。」

「国民参加による基金を創設することには、国会決議及び首相の謝罪と結びつくものとして賛成する。名称は戦後五〇年基金とするのがよい。平和基金というと、軽い感じがして、深い反省となじまない。基金は特別立法で設立され、政府資金と国民拠金より構成される。基金は関係官庁の職員と特に募集され、採用された人々によって運営される。基金はまず従軍慰安婦問題についての真実を明らかにし、責任の所在を明確にする為に、政府が収集した資料を公刊する。基金は、戦争の過去にかんする国会決議と従軍慰安婦問題についての首相の謝罪の趣旨を宣伝する。基金はこの趣旨に賛同する人々からの拠金を受け取る。首相と全閣僚、国会両院議長と全国会議員は率先して自己の一ヶ月分の収入の一定比率の部分を拠出し、国民に範を示さなければならない。基金には企業の拠金も受け入れる。企業の協賛の広告は歓迎される。基金は、政府職員が調査した対象者に国会決議と首相の謝罪文を届けるのに職員を同行させ、償い金を届ける。」

私のこのような案は五十嵐官房長官がめざしていたところに近いものであったはずである。特別立法で基金をつくるという意見は聞き入れられえないものであったろうが、基金が政府資金と国民拠金より構成されるという基本骨格が実現されなかったことはかえすがえすも残念なことであった。

「アジア・太平洋地域の戦争犠牲者に思いを馳せ、心に刻む会」事務局長の上杉氏は、慰安婦被害者へのお金の渡し方は慎重にすべきだ、民間募金では名誉回復にならない、早期解決が可能な国際常設仲裁裁判所の利用が最良の解決策だと主張した（戦後補償ニュース、一五号）。

ヒアリングは一一月一〇日にも行われ、臼杵敬子、元ＮＨＫの饗庭孝典、有馬真喜子、自治労国際局長中嶋滋の各氏が陳述を行った。日本の戦後責任をハッキリさせる会の代表臼杵敬子は、重大な人権侵害に国家責任に基づく個人補償がなぜできないのかと問い、首相の謝罪文を被害者個人に渡すこと、被害に基づく「補償」を講ずることを主張した。中嶋滋は国家責任を明確に果たし、その上で国民参加を求めるなら是認するとして、実質的には国家補償を要求した。有馬真喜子も国家責任による補償を求めてきたが、それができないのなら「国民参加の基金」による個人補償も選択肢となる、政府も半額程度は拠出すべきだ、総理のお詫びの手紙が必要であると主張した。有馬と和田の意見は近かった。

このヒアリングについて、関釜裁判を支援する会の花房俊雄代表は「肝心の元『従軍慰安婦』や、韓国・フィリピンの被害者当事国支援団体は招かれませんでした」と指摘し、「決定にあたって被害者達の声が全く無視されたことに対して激しい怒りを覚えます」と彼の運動の機関誌に書いている（関釜裁判ニュース、第八号）。その批判はもっともであった。

一一月末日、花房たちの努力が結実して、毎日新聞に半面大の広告「日本軍がおかした罪は、日本政府につぐなってほしいのです。――わたしたちは『民間基金』による『見舞金』ではなく、日本政府の直接謝罪と補償を求めています」が出た（北海道版、二八日、関東版、二九日、西日本版、三〇日）。八月一九日の朝日新聞の一面トップ記事に憤激して声明を出した関釜裁判を支援する会が、進んでいく三党プロジェクトの動きに憂慮を深め、一一月一五日に六〇〇万円を借金しても全国紙に意見広告を打とうと決断したところからはじまった努力の成果だった（関釜裁判ニュース、第八号）。広告は、まず金学順、李順徳、宋神道ハルモニ、フィリピンのレイエスさんらの「民間基金」「見舞金」反対の声をのせ、李効再、井上ひさし、内海愛子、姜尚中ら内外の二九人の呼びかけ人と一〇団体（挺対協、太平洋遺族会、リラ・ピリピーナなど）が署名したアピールをのせていた。「日本軍の犯した罪と責任は、日本政府が負うべきです。『民間基金による見舞金』という発想は、日本の国家責任を曖昧にするものです」と述べ、個人への補償問題は未解決であり、すべての戦争被害者に誠実な謝罪と個人補償をすることが必要だと主張した。日本の運動団体の一致した反対意見のもっとも強い表明であった。この広告に対しても五十嵐官房長官は沈黙を守った。「見舞金」という非難に対して弁明すべきだったのに、である。

国連NGOの中でとくに影響力の大きい国際法律家委員会（ICJ）の最終報告書は一一月二二日に発表された。五十嵐官房長官はこの日の記者会見で記者からこの最終報告書をどう考えるかとの質問が出たのに、「ICJの報告書が出ることは報道を通じて知っているが、詳細は政府として承知していない」と発言した。これをめぐって報告書を政府に提出しなかった外務省の作為ということが批判されているが（戸塚悦朗『日本が知らない戦争責任』現代人文社、一九九九年、七〇-七四頁）、三党プロジェクトの検討がＩＣＪの勧告を無視して進められたのは、たしかである。ＩＣＪの最終報告書が出たということで、挺対協は一層、国際常設仲裁裁判所（ＰＣＡ）への提訴に力を入れ、一一月二八日、日韓弁護人団とともに、シンポジウム「日本軍『慰安婦』問題の国際法的解決のために」をソウルで開催した。

慰安婦問題等小委員会では、ついに一二月二日、武部委員長が報告の武部試案を出した。そこには、まず河野談話の認識が確認され、「お詫びと反省の気持ち」を表し、「道義を重んじる国としての責任を果たす」ことが述べられている。ついで「国民参加の道を求める」理由として、次のように述べられていた。「いわゆる従軍慰安婦問題を含め、先の大戦にかかわる賠償、財産・請求権の問題については、日本政府としては、サンフランシスコ平和条約、二国間の平和条約及びその他の関連する条約等に従って、誠実に対応してきている。例えば、韓国との関係でいえば、一九六五年の協定によると、日韓両国及び、その国民の間の請求権に関する問題が、完全かつ最終的に解決されたことが確認されている。したがって、国際法上も外交上もこの問題に関し日本政府による国家間の賠償はできない。」

そこで、「我が国としては、道義的立場から、その責任を果たす」ために、「国民的な償いをあらわす」ために、国民参加のもとでの「基金」をつくり、「基金」が元慰安婦に対する措置を行うとされていた。被害者に渡される部分は政府拠出によらず民間資金による、と書かれていた。政府は基金に「最大限の協力」をすると言うが、ＮＧＯ支援など関連事業への拠出に限定されることになっていた。

一二月五日、社会党からの二人の委員はこの試案に反対する意見書を出し、「『国の道義的責任に基づく償いとして、被害者・遺族の納得が得られるよう、個人的な給付を行うよう努力する』と集約できるような整理の仕方を工夫する」ことを求めた。私は竹村泰子委員から武部試案と意見書案をみせられ、意見をもとめられた。私は武部試案文中の傍線を引いた部分を削除することが必要だと考えた。私はその旨を書いたメモを送った。中国には賠償の請求を放棄させた。日韓条約調印のさいには請求権問題の解決が宣言されたことはたしかである。しかし、慰安婦問題は「最近になって責任を認めた問題」であったので、新しく措置することが必要になったのである。中国では、賠償を放棄した共産党政府がなくなったあとに国民から賠償要求が出てきたら、拒否し通せない。慰安婦被害者と強制連行者と七三一部隊の犠牲者には償いをすると決定するのが賢明なやり方だ。だから、こんなことを書きこむべきでない。「従軍慰安婦には国家賠償はできないと明示的に書くことをどうしても回避していただきたいと思います。」つまり、いまは限定的なかたちでスタートするとしても、将来の拡大、変化の可能性を封殺することをやめさせなければならないと考えたのである。

一二月七日、小委員会第一〇回会合では、社会党の委員のがんばりで、傍線を引いた文章は削除することで一致した。しかし、「被害者・遺族の納得が得られるよう、個人的な給付を行う」という社会党案は採用されなかった。もみ合いのまま、三党プロジェクトになだれこんだ。

プロジェクトの本会議は午前一一時から一二時まで開かれたが、まとまらず、中断した。午後一時から三座長会となり、午後四時に再開した。そこで、次のメモが出た。「政府が個人補償を行うことができないことは、小委員会で確認されている。また、政府の拠出の中からは、慰安婦個人への給付は不可能である。」社会党議員はとくにこの後段に反対した。午後五時四〇分、またもや会議は中断して、三座長は官房長官室へ向かった。そこで、五十嵐官房長官もふくめて、妥協がなったのであろう。文書が出たのか、口頭合意であったのか、不明だが、最後の了解はこうなった。

「基金については、深い反省の上に立って誠意を表すという考え方で政府と民間が力を合わせる。慰安婦の方へ個人給付をするが、現在考えられる限りにおいては、政府が拠出するのは困難である。今後の情勢の変化もあり、そのさいは、充分な対応をする。」

おそらく、この了解により、小委員会報告は「いわゆる従軍慰安婦問題についての第一次報告」と題されることになったのであろう（以上は、竹村泰子文書『一二・七ドキュメント』）。

報告書には、政府は「道義的立場からその責任を果たす」、「お詫びと反省の気持ちから国民的償いをあらわす」、国民参加のもとで基金を設置する、政府は「拠出をふくめ、可能な限り協力する」、「国としての深いお詫びと反省の気持ち」を表す方法を検討するということが述べられた。「お詫びと反省の気持ちから国民的償いをあらわす」ということを決定したことは決定的に重要であった。「償い」という観念が正式に採用されたのであり、「見舞金」の幻影は退けられた。基金の活動については、「公益性の高い既存の組織に協力を求めるなど早急にその具体化を図る」と定められた。

一二月七日この小委員会第一次報告が本委員会で承認され、記者発表がなされた。運動団体はこれを強く非難し、撤回を要求した。挺対協は一二月九日、韓国大統領に書簡を送り、「賠償ではなく、民間基金によって解決しようとして」いる日本政府の案に反対してほしいと申し入れた。東京の運動団体一五が構成する日本軍「慰安婦」問題行動ネットワークは一二月二〇日に村山首相に案の白紙撤回を求め、「政府による真相究明に基づいた個人に対する謝罪と補償が行われる」ことを望むとした（鈴木裕子編、資料集、一七一－一七三頁）。関釜裁判を支援する会の機関誌（関釜裁判ニュース、八号、一二月一七日）でも、花房俊雄代表は、「第二の日韓条約にさせないために」と報告書を批判したが、その批判は、修正前の武部私案に基づいて行われている。「あらためて民間基金の白紙撤回を求めます」として、資料の全面公開、慰安婦と研究者が参加する国会公聴会の開催、謝罪の国会決議、謝罪賠償法の制定、被害者個人への謝罪と補償を要求している。

第5章　アジア女性基金の設立

反動の逆風

三党プロジェクトが慰安婦問題解決のために国民参加の基金をつくると決め、それに対して内外の運動団体がこぞって白紙撤回を要求していたまさにその時、一九九五年の政治状況に深刻な影響を及ぼしかねない保守反対派の戦後五〇年国会決議反対運動がはじまっていた。一九九四年一二月一日、日本の前途を憂える知識人の会の主催、産経新聞後援で、「戦争謝罪不戦の国会決議に反対する講演会」が九段会館で開かれ、一二〇〇人が参加した。「今や戦争謝罪病は政界全体に蔓延しつつあり」、国会が謝罪決議を行えば、「殉国の英霊を冒瀆し、後世の国民に犯罪者の子孫という烙印を押すことになる」というのが集会案内のチラシの言葉である。講師は長谷川三千子埼玉大教授ら四人であった（産経新聞、一二月二日）。

重要なのは、同じ日、院内で自民党内の保守派議員が終戦五〇周年国会議員連盟を結成したことである。会長は奥野誠亮、幹事長は村上正邦、事務局長は板垣正であったが、事務局長代理には当選一年生の安倍晋三が抜擢された。この議連の会員は発足時五七人であったが、年が明けて一月三一日の最初の総会のときには、一四三人に増えていた。自民党所属国会議員二九六人のほぼ半数である。結成趣意書は「昭和の国難に直面し、日本の自存自衛とアジアの平和を願って」死んだ戦没者に感謝する立場から、先の大戦について、「後世に歴史的禍根をのこすような国会決議」を許さないとうたっていた。「過去の戦争処理」は平和条約等で「解決されて」いる問題だとし、「戦争謝罪決議」に反対するというのである。この議連に村山内閣の閣僚から、日本遺族会会長である橋本龍太郎通産大臣が顧問となり、玉澤徳一郎防衛庁長官が会員となっていた。それ以上に問題なのは、三党連立に配慮すべき党三役のうち、森喜朗幹事長、武藤嘉文総務会長の二人がすでに会員となっていたことである。議連に入っていないのは加藤紘一政調会長だけという状態であった（戦後五〇年国会決議を求める会、九一－九三頁）。

この人々は慰安婦問題については完全に沈黙を守っていた。しかし、国会が過去の侵略戦争、植民地支配について謝罪も反省もしてはならないという主張は村山内閣の進めるところに対しての完全なる反動であった。

私たちは、このような動きに敏感に反応しながら、村山内閣の公約である戦後五〇年の国会決議の実現を求めて、雑誌『世界』三月号（二月八日発売）に提言「戦争・植民地支配反省の国会決議を」を発表した。私が原案を書いて、内海愛子、高木健一、田中宏、新美隆、宮田節子氏らが共同執筆者となってくれた。国会決議はたてまえ上全党一致、全会一致でなされるものである。だからどのような内容にできるかを考え抜かなければならなかった。ふくめられるべき内容は、（1）かくも反省が遅れたことに対する遺憾の意、（2）朝鮮植民地支配の反省、（3）中国への侵略的戦争の反省、（4）太平洋戦争への反省（殺害、略奪、破壊、朝鮮人・台湾人動員のもたらした苦痛、従軍慰安婦とされた女性たちの尊厳の侵害に対する反省）、（5）日本国家の責任の確認と謝罪、（6）継続調査とアジアの人々との間にのこされた問題への取り組み、(7)歴史教育と共生への決意、(8)内外の死者の追悼、(9)反省と憲法の精神に立つ国際貢献の決意とした。決定的なことは、補償ということをぼかしたことである。全会一致と言っても、自民党の奥野議連の中心幹部たちの賛成を得ることは考えていなかった(この人々は欠席させる他はないと考えていた)が、村山内閣の閣僚、とりわけ橋本龍太郎氏には賛成してもらえるものにしなければならないと考えたからである。この論文は補償という要求を落としたとして運動団体からは反発を招いた。

二月二一日には今度は野党新進党の中に「正しい歴史を伝える国会議員連盟」が生まれた。会長は小沢辰男、幹事長は永野茂門、事務局長は西村眞悟、事務局次長は高市早苗である。こちらは会員二四人であった。翌日、不戦・謝罪決議反対の国会議員を激励する国民集会が千代田公会堂で開かれた。奥野誠亮は叫んだ。「我々は東亜安定のため国運を賭して日清、日露を戦った。朝鮮半島も我々が行かねば、ロシアの植民地になっていただろう。……満州は五族協和が旗印だった。不幸にも敗れたが、アジアは独立し、アフリカにも波及した。先人を罪人扱いするような決議に断固反対する。」(戦後五〇年国会決議を求める会、一〇八―一〇九頁)。

基金構想の最初の修正

このような反動の逆風が起こる中で、一二月七日の三党プロジェクト決定を受、基金を設置するための準備作業が五十嵐官房長官のもとで進んでいた。まず取り組まれたのは、基金の実務を日本赤十字に引き受けてもらうための交渉だった。石原官房副長官が九五年二月に退職したあと、後任の官房副長官になった元厚生次官の古川貞二郎が受け継いで、日赤と交渉した。しかし、日赤はついに固辞した。全国の支部で協力していただいている方々が慰安婦基金には反発をもっている、引き受ければ日赤の本務に支障が出るという理由であった（オーラルヒストリー、古川貞二郎、一〇五頁）。

そこで、はじめてまったく新しい団体をつくるという方針が採用されることになった。この面では、前年八月、ジュネーヴのＩＬＯや国際人権委員会に関連する機関に出向していたところからもどり、内閣外政審議室の審議官になった東良信が重要な役割を演じた。東は、ジュネーヴでの経験から、「カナダや北欧式のＮＧＯで、政府と協調しながらやっていく新しい団体」をつくらないとだめだと考えていた。これと五十嵐官房長官に近い大沼保昭の「国民の信頼をうける人が中心になって基金をつくる」という考えが結びつき、完全に新しい財団法人として基金をつくる方向が九五年の早春には確定をみたのである（オーラルヒストリー、東良信、九三―九四頁）。

いま一つの問題は、基金の本体事業に政府資金を入れるための仕組みの追加である。五十嵐官房長官は政府資金を入れるために、第二ラウンドの努力をつづけていた。これには清水澄子、竹村泰子ら、社会党議員からの強い働きかけもあった。大沼保昭も五十嵐に何度か電話をしたと述べている。私自身もそのような工作の集まりに出た記憶がある。おそらくこの点でもっとも大きな影響をもったのは自治労からの申し入れであったと考えられる。自治労は、慰安婦問題については組織を挙げて取り組み、国家補償を実現することをめざしてきた。自治労出身の村山首相が実現されたので、自分たちの要求を実現したいという気持ちと本来の政策を実現できない首相をも支えていかなければならないという立場の間で悩んでいた。政府が慰安婦問題での基金設置を決めたら、これを支持する方向に動かなければならない。しかし、政府が事務経費だけを出すというような基金では到底自治労として支持はできない。そこで基金の本体事業に政府資金を入れてもらわなければならないという強い申し入れがなされることになったのである。

五十嵐長官自身もこのままではだめだという気持ちであった。新任の官房副長官古川貞二郎は、五十嵐から「再三にわたって、国の金を償い金に入れられないか是非検討して欲しい」と言われたと記憶している。古川が、三党プロジェクトの報告の線で準備をしているのである、どうしてその段階で主張されなかったのかと訊くと、五十嵐は、何度も主張した、しかし「負けただわ」と答えたという。古川は厚生省の出身の者として、医療福祉支援という原則、現物給付の形なら政府資金を加えることは可能だと思うと提案した。おそらくこれが自治労などからの要望とも結びついて、この段階で基金の構想に「償い金」の他に、「医療福祉支援」が追加されることになったのである（オーラルヒストリー、古川貞二郎、一〇六頁）。これは、慰安婦被害者のために医療福祉支援を行う団体に対して政府が基金を通じて助成する事業とされた。急遽財政当局と交渉が行われ、四月には、九五年度予算から四億一千万円を支出することが決定された。

アジア女性平和友好基金の設立へ

九五年三月八日国連人権委員会・女性に対する暴力特別報告者ラディカ・クマラスワミ女史の「女性に対する暴力――その原因と結果」予備報告書が採用された。クマラスワミ女史はスリランカ人の法学者で、アメリカのコロンビア、ハーヴァード大学で学位をとった人である。彼女は九四年三月に人権委員会の決議で女性に対する暴力についての特別報告者に任命された。この予備報告は九四年一一月二二日に提出されたものである。これは女性に対するあらゆる暴力を総合的に扱った報告であるが、「武力紛争状況での女性への暴力」の節では、レイプを最大の問題として取り上げ、旧ユーゴスラヴィアでのケースが大きく扱われている。その中で、最近韓国人女性被害者が沈黙をやぶって語りはじめた日本軍の慰安婦問題があると言及しているところが注目を集めた。「日本軍がいわゆる『軍慰安所』と呼ばれる売春宿で兵士たちの性奴隷として奉仕させるために強制的にリクルートした朝鮮人を中心とするアジア人女性は二〇万人に上ると推定される」と書いている。植民地、占領地の女性を「軍隊の性奴隷として使用するため、強制・口実を設けて、ないしは誘拐により、組織的に動員」した。犠牲者の多くは「一一歳から二〇歳の若い少女」であった。彼女たちは、「軍慰安所」で連日複数回のレイプにたえなければならなかった。そのように指摘して、生存者は記録の開示、公式謝罪、賠償、加害者の処罰を求めている、日本政府は「補償」を行わなければならないと主張している。叙述はきわめて短く、断定的で、根拠は一切示されなかった。慰安婦二〇万人説はここからはじまった。

この予備報告書の採用と関連して、クマラスワミ女史は七月には北朝鮮、韓国、日本を訪問し、「性奴隷制度」問題についての調査を行う考えをもっていることが明らかになった。

四月七日には「韓国人慰安婦」被害者四九人が実名で、村山首相に要請書を出した。「日本政府は、私どもに心から、公式に、謝罪もしないまま、そしてまた、犯罪に対してまともに責任を負わねばならないという法的な義務は回避したまま、国民から募金をして、私どもに見舞金を支給する方針であるといいます。」「私どもは、民間募金によって与えられる見舞金を受け取ることは、絶対にできません。私どもは、日本政府は日本軍『慰安婦』制度の非人道的犯罪性を認め、賠償すべきであると考えます。」

他方で、この春はますます不穏な雰囲気が日本の国の上を厚く覆った。戦争謝罪の決議に反対する奥野・板垣の自民党議連は三月一日には参加会員数が一七四人となり、自民党所属議員の三分の二に達するという驚くべき状況となった。共産党の議員が現職大臣がこのような議連に入っていていいのかと衆議院予算委員会で質問した。玉澤防衛庁長官も、橋本通産大臣も、閣僚である間は、議連の活動はしないと答弁した。三月一一日には、ソウルで金泳三大統領が「国会決議に反対する人々」に対する憂慮を表明するまでにいたった（朝日新聞、一二日）。これに対して『産経新聞』が一三日の社説で、朝鮮統治は「当時の国際社会が承認した日韓併合条約に依拠した」ものだと主張すると、在日韓国大使館の尹公使が一五日、産経新聞社に抗議することになった。さらに一六日、終戦五〇周年国民委員会（加瀬俊一会長）が自民党、新進党の議連と共催で、国会決議阻止の集会を開いた。韓国紙は一斉に「日本は逆行する」（朝鮮日報）、「日本指導層はどうしてこうなのか」（京郷新聞）などと批判した。

そのような空気の中で四月七日、五十嵐官房長官が記者会見して、ついに「女性のためのアジア平和友好基金」（仮称）設立の方針とその準備状況を発表した。「国民の参加で行われる募金活動と、その後これを基に元慰安婦の方々への対応を含め、女性の名誉と尊厳に関わる諸事業を一体として行う」という説明がなされた。日本赤十字社や全国社会福祉協議会とは無関係に「国民手作りの団体」をつくるということが明らかにされた（外政審議室資料、記者会見発言概略）。朝日新聞は、「来月中に新団体、『見舞金』年内目指す」という見出しのもと、この日の発表を伝え、新団体は国民、企業から募金し、「それを原資として元慰安婦に『見舞金』を年内中に支払う」、「政府は同基金の事務費、広報費を……支出」すると報道した（朝日新聞、四月八日）。

たしかに五十嵐官房長官はこの三月の参議院予算委員会で「今の基金による見舞金等を骨子とする現在の私どもの考え方」と全経過の中で一度だけ「見舞金」という言葉を自ら口にしたことがある（三月一三日）。しかし、四月七日の記者会見での発言概略という資料をみる限り、「見舞金」という言葉を使っていなかったのだから、先の報道は朝日新聞の記者の思いこみによる勝手な報道である。

四月下旬吉見義明氏の研究が岩波新書『従軍慰安婦』として公刊された。これは内外の資料に基づく画期的な研究であった。こののち慰安婦についての日本人の認識はこの吉見の本で形づくられた。アジア女性基金の事業も、河野談話に加えて吉見の本を基礎にしていると言っていい。

呼びかけ人と基金のスタート

日本では、基金をつくる方向の準備が急ピッチで進められていた。基金は何よりも国民に対して慰安婦被害者に償い金を差し出すための醵金を求める組織であった。そのためには、国民に募金を呼びかける人をそろえることが必要だとされた。呼びかけ人の人選には大沼保昭の意見が大きく採用されたのではないかと考えられる。内閣外政審議室が確定した候補者のリストで、折衝が行なわれた。

私にも話がきた。私が五月の半ばソウルから帰ると、谷野外政審議室長が連絡してきて、五月一七日ホテル・ニュー・オータニで会った。呼びかけ人になってほしいという依頼であった。話した末に、私は二つの条件を出した。まず第一は、基金のスタートのさい全国紙に全面広告を出し、この事業をやり抜く決意を表明すること、第二は、基金の専務理事には外務省のキャリアー組の女性を任命し、その人が時には涙も流しながら償いの事業を進めることである。私の言いたいことは、政府が途中で後退したり逃げ出したりしない保証を与える必要があるということであった。私の話を聞いた谷野室長は即座に第二条件は難しいが、第一条件は実行可能だと答えた。私は、考えてお返事をすると言って、帰ってきた。

私は国会決議の運動をしてきた。運動の仲間がいる。その人々と相談しないで呼びかけ人にはなれない。相談をすると、賛成する人は少なかった。家では妻が賛成しなかった。

当時は、呼びかけ人として、交渉中だと名前が出ると、呼びかけ人を引き受けない、辞退してほしいという働きかけが基金に反対する運動グループから行われた。それはとくに女性たちに対して厳しかった。

保守居直り派と反省派のもみ合いは国会決議の決着をめぐって、五月にはますます高まった。保守派のデモのきわめつけは、五月二九日にアジア一二ヶ国の代表も招いた「追悼・感謝・友好・アジア共生の祭典」が武道館で開かれたことであった。大東亜戦争によってアジアは独立をえた、戦没者に感謝しようという国会決議反対のイベントである。

私は、侵略戦争・植民地支配謝罪の国会決議の案づくりを必死に進めていた。五月一日に声明を出した仲間と議論をして、私の案に支持をもらい、それを社会党の上原康助氏にもちこんだ。決議案には、補償に関わる文言をもりこめなかった。反省と謝罪がぎりぎりの線だった。私たちの決議案は次のようにはじまっていた。

「戦後五十年という記念すべき年を迎え、本院は日本国民の名において、次のように表明する。

一、二十世紀前半のわが国の行為は近隣アジア諸国民をはじめ多くの国々の人々に多大な被害と苦痛をもたらした。とりわけ朝鮮に対して民族の意志に反して植民地支配を強要したことと中国に対して長期にわたり侵略的戦争を行ったことは消えざる事実である。そしてそのような時代の最後に日本は米英その他の国々と戦争を行うにいたった。このわが国の戦争によって、アジア太平洋各地で、多数の人々が生命を失い、莫大な破壊がなされた。強制的な労役にかり出された人々、従軍慰安婦とされた女性たちは肉体的のみならず、精神的にも堪えがたい苦痛を味わわされた。

二、われわれはこのようなわが国の過去の行為について責任を痛感し深く反省する。われわれはこのような行為を二度と繰り返さないことを誓うものである。」

社会党が五月三一日三党協議にもち出した決議案はほぼ私たちの案を採用しており、慰安婦についても言及している。しかし、自民党案は侵略にも植民地支配にもふれていなかった。折り合いはつかず、慰安婦にも言及した社会党案はあっという間に退けられてしまった。六月二日には三党がそれぞれ第二次案を出した。社会党は、「過去の一時期、植民地支配や侵略行為を行い、多くの国、とりわけアジアの諸国民に対し、筆舌に尽くしがたい苦悩と悲しみを与えた」と簡略化した案を出した。自民党は「列強が他国への侵略的行為や植民地支配を競い合った一時期、わが国もその渦中にあって、自国の安寧を考え、ついには多くの国々と戦火を交えた」と、みながやったので日本もやったという論理で、ようやく侵略と植民地支配にふれるという案を出した（戦後五〇年国会決議を求める会、一二一―一三六頁）。

対立は深刻であった。自民党では加藤紘一政調会長が動いて、保利耕輔政調副会長が自民党案をさらに書き直して、なんとか社会党が受け入れるところにもってきた。六日に最終的に合意された案は次のようなものとなった。

「本院は、戦後五十年にあたり、全世界の戦没者及び戦争等による犠牲者に対し、追悼の誠を捧げる。また世界の近代史上における数々の植民地支配や侵略的行為に思いをいたし、我が国が過去に行ったこうした行為や他国民とくにアジアの諸国民に与えた苦痛を認識し、深い反省の念を表明する。」

六月九日、この決議案は衆議院に上程された。この低調な文面の決議でさえ、自民党議員一四六人、社会党五八人、さきがけ一六人、計二三〇人が賛成しただけで可決されたにすぎない。そのとき議場にいたのは賛成議員以外は反対投票を投じた共産党一四人だけだった。新進党一七一人は自分たちが出した修正が受け入れられないとして欠席、自民党では奥野議連メンバー四〇人が抗議の欠席をした。のこる自民党の一五人と社会党・さきがけの一八人の欠席は政治的意味はなかったであろう。ともあれ欠席者総数は二四九人以上に上り、決議賛成者を凌駕するという国会決議の歴史の中で前代未聞の醜態が現出したのである。そして参議院では、奥野議連の幹事長村上正邦が参議院自民党のドンとして強力に反対し、決議は上程すらされなかった。

それでも、この決議は日本が「植民地支配と侵略的行為」を行ったことを認め、それがアジアの諸国民に苦痛を与えたことに対して「深い反省」を表した。それが辛うじてわれわれが勝ちえた成果だと私は考えた。「惨敗」という言葉があるが、これは「惨勝」と呼ぶべき勝利だ。私はそのように評価する文章を書いて、『世界』にのせてもらおうとしたが、編集部に断られてしまった。

失望の気分が全面に流れる中で、アジア女性基金のスタートがくるのである。私が呼びかけ人になると谷野外政審議室長に返事をしたのも、この国会決議採択のあとだった。逆流を止めなければならないという気持ちが私の中に動いていた。

情けない国会決議採択から五日後の一九九五年六月一四日、五十嵐官房長官は記者会見を開き、「女性のためのアジア平和友好基金」のスタートを発表し、呼びかけ人の顔ぶれを明らかにした。

まず、呼びかけ人は一三人が同意した。尊敬されている女性たちから五人、三木睦子元総理夫人、赤松良子元文部大臣、大鷹淑子（山口淑子）元参議院議員、弁護士野中邦子、女優宮城まり子が引き受けた。大学教授としては衛藤瀋吉東京大学名誉教授と大沼保昭、和田春樹の現職教授の三人、村山第一次内閣の閣僚で大和総研理事長の宮崎勇、元外交官は須之部量三元韓国大使と岡本行夫の二人、元ＮＨＫアナウンサー鈴木健二、それに連合会長芦田甚之助である。

基金の事業の内容は次のように説明された。

「元従軍慰安婦の方々のため国民、政府協力のもとに次のことを行う。

（一）元従軍慰安婦の方々への国民的な償いを行うための資金を民間から基金が募金し、支給する。

（二）元従軍慰安婦の方々に対する医療、福祉などお役に立つような事業を行うものに対し、政府の資金等により基金が支給する。

（三）この事業を実施する折、政府は元従軍慰安婦の方々に、国としての率直な反省とお詫びの気持ちを表明する。

（四）また、政府は、過去の従軍慰安婦の歴史資料を整えて、歴史の教訓とする。」

あわせて、この基金は、女性に対する暴力など今日的な問題に対応する事業にも支援を行うということが付け加えられていた。

第二項の「元従軍慰安婦の方々に対する……お役に立つような事業」という説明に強い違和感、反発を感じたのをおぼえている。「国民、政府協力」と国民を前にしたのも官僚的な臆病さの表れであり、まさに政府が消極的な姿勢であることを示していると受けとられた。

第一項で、「国民的な償いを行うための資金を民間から基金が募金し、支給する」としたことは、三党プロジェクトの第一次報告がのこしていた可能性の幅を完全に整理して、民間の募金だけで償いを行うことを強調したにひとしかった。しかし、国家は金を出さない、国民の募金だけで償いの支給をするという説明は、少なくとも韓国と台湾の被害者の感情を最初から傷つけ、基金の活動を最後までしばることになったと言わねばならない。どうして、政府、国民の協力で国民的な償い事業を行うということを第一項で表明しなかったのか。国民から募金を集めるということは次の項に置けばよかったのだ。謝罪と償いの事業を開始するにあたって、被害者に向けて財源をくどくど説明する必要がどうしてあるのか。

韓国政府の反応と運動団体の反対

この発表に対して、一四日の韓国政府外務部の論調が日本政府に伝えられた。それは驚くほど好意的な評価であった。「一部事業に対する政府予算の支援という公的性格が加味されており、今後の事業実施時に当事者に対する国家としての率直な反省及び謝罪を表明し、過去に対する真相究明を行い、歴史の教訓とするという意志が明確に含まれているという点で、評価できる。」「この間の当事者たちの要求がある程度反映された誠意ある措置」と考える。「日本が正しい歴史認識を土台にした近隣各国と未来志向的な善隣友好関係に発展させていくことを期待」する（政府検証報告書。朝日新聞、一五日）。フィリピンのラモス大統領も一五日に、第二次大戦に対する日本国民の反省の具体的表明として歓迎する、微妙な問題を最終的に解決するための前向きの一歩、未来への良い兆しであると声明を出した。

だが、挺対協をはじめとする韓国の二二団体は六月一四日に共同声明を出した。この人々はあらたに付け加えられた医療福祉支援計画にとくに反発し、「被害者と被害国の国民を愚弄し、名誉を踏みにじるやり方」だと非難した。「加害国の政府として犯罪を認めもせず、国家としての謝罪でも賠償でもなく、単純に被害者に対する医療・福祉の事業を支援するというのは、貧しいアジアの被害者たちを金で愚弄するものであり、被害国政府を無視するやり方である。」結論的に、「平和友好基金計画を撤回し、被害者たちに国会決議による謝罪と法的賠償を実施せよ」と要求した。六月九日の国会決議のあとで、このように要求することはまさに実現不可能なことを承知の上で求めることであった。

雑誌『世界』八月号（七月八日発売）に掲載された坂本義和、安江良介ら一〇五名の声明「戦後補償の早急な実行を政府に要望する」も同じような主張を展開していた。

「政府が国家補償を率先して行う姿勢を明示するならば、私たちも国民として、民間の拠金などの形で協力するのにやぶさかではありません。しかし、今回政府が発表した……『基金』のように、本来国家が行うべき補償を民間募金に肩代わりさせるといった、筋を違えた方式では、問題の解決にはなりません。」

もとより、このように主張する立場にも一定の正しさがあることは認められる。「これまで責任を曖昧にしてきた政府や国会の態度については、これを深く恥じる思いを禁じえないのです」と言うのも、当然理解できる。しかし、結論として、この声明が「日本国民が、『国際社会において名誉ある地位を占める』ことができるように、政府が率直に謝罪して、その償いを具体的な補償という行動で示すことを強く要望します」と表明したのは、この時点で不可能であることが明らかになったことをただ願うという、無責任な態度だと言わざるを得ない。

挺対協の人々は日本の現実を理解できなかったのかもしれない。しかし、日本の知識人なら日本の現実はわかりすぎるほどわかっていたはずである。日本政府が長い検討の結果謝罪と償いの事業を実施すると決め、一つの方式を打ち出したとすれば、それを原則的に否定し、撤回せよ、再検討せよと言うだけでは、もはや批判勢力は先には進めない。政府の打ち出した方式を批判して改善を求める、矛盾を指摘して修正を迫るということが望まれた。日本に生きる者であれば、日本政府の行動には責任があるのである。

安江良介氏とはこののちこの問題では話をすることはできなくなった。坂本義和先生とはしばらくあとに一度話す機会があった。私が「日本政府が国家補償をすると思いますか」と尋ねると、先生は「それはないだろう」と言われた。「そのことがはっきりしたら、どうするのですか」と重ねて訊くと、先生は、そうなれば募金をして、被害者のために差し出すことになるだろうと言われた。私は一礼して、別れた。

呼びかけ人の心情

この『世界』声明の発起人の中には基金の呼びかけ人となった三木睦子氏と宮崎勇氏の二人もふくま

れていたのだから、事態はよけい複雑であった。三木夫人は声明がのった『世界』の同じ号（八月号、七月八日発売）に「私はなぜ『民間基金』の呼びかけ人を引き受けたか」という談話を出している。三木氏は「結局、私の志す道は政府を動かしたいということなんです」、「空しくても努力はしなくちゃいけないし、もしそこで光明を少しでも見出すことができれば」と言い、「ご協力頂きたいなと思っております」と毅然とした態度であった。

私も七月七日付けで「呼びかけ人となった理由」という長い文章を書いて、友人知人に配った。私は「『従軍慰安婦』問題は、戦時になされた国家の犯罪であると考えますが」、現在の「日本国家に、戦争犯罪を裁くことをのぞむことはできません。当面求めるのは、過去を反省し、その責任を認め、被害者に謝罪することです」と前提した。さらに「『基金』は国民の拠金を促し、受け入れ、かつ政府から資金を受け入れる。『基金』は『国民的な償い』を支払い、医療福祉事業を支援する」として、政府と国民の協力事業だという線を立てようとしていた。慰安婦だけでなく、強制連行された人々に対しても、「国家国民の謝罪と補償」が必要であることも訴えていた。だが、基金のスタートという時点にあって、私は、「国家補償とは、本質的に国民の補償、『国民的償い』だということです」と言い切り、税金からの支出も国民からの拠金も変わりがない、という論理を押し出している。基金の基本コンセプトを弁護する論理であった。私は最後に次のように書いた。

「戦後五〇年のこの国のあり方には、誰でもない、私たち国民が責任をもっているのだということを強く感じております。戦後五〇年国会決議の水準はまぎれもなく私たちの水準です。だからこそこの国のあり方をいま少しでも変えていくことが重要だと考えております。」

基金に加わった者を代表する形で書かれたのは『読売新聞』六月二八日に出た大沼保昭の「元慰安婦への償い四つの柱」である。大沼は、アジア女性基金がむしろ相対的には最善の道だと主張した。「元慰安婦が既に高齢である以上、国民基金の実現にかけるべきである」と述べている。たしかに元慰安婦は「国家補償でなければ受け取れない」と言っている。しかし、「人間の考えは時に変わるものである。」「これから老いが進んで医療費がかさむ事態となった時、はたしてどうなるだろう。」人間心理の洞察としてみれば、大沼の言葉にも正しさはあるが、被害者の前で基金がめざすところを説明する言葉としては、不適切であったと認めざるを得ない。

呼びかけ人の最初の集まりは五十嵐官房長官招待の赤坂山王飯店での夕食会であった。村山首相、谷野外政審議室長、武部、早川、荒井の三党代表も出席した。六月二八日に開かれたこの席には、すでに発表されたメンバーの他、第一次発表後に呼びかけ人になることに同意した朝日ジャーナル元編集長下村満子氏、大来寿子元外相夫人らも出席した。注目をあびたのは、宮城まり子さんであった。彼女は女性運動側から猛烈な働きかけと抗議を受けていると話した。結局、ご自身のねむの木学園の事業に支障が出てはいけないということで、彼女はこの最初の会合に出席しただけで、呼びかけ人を辞退することになった。

この会合で議論になったのは基金の名称であった。当初案では、「女性のためのアジア平和友好基金」となっていた。それに私たちは反対した。平和をうたうのはいいが、友好とはおこがましいのではないか。謝罪して償いをしようというのがどうして友好基金なのだ、というのである。それより、ナショナルという意味で、「国民」という言葉を入れるべきだ。これは大沼が主張したが、私も同じ気持ちだった。五十嵐官房長官はこの意見を受け入れ、基金は「女性のためのアジア平和国民基金」と改称されたのである。

私は、民間基金ではない、民間基金で見舞金と報道されて反感をかきたてた、これを否定しなければならないと主張した。赤松良子さんも民間基金はおかしいと言われた。私は、基金のスタートには三大紙に全面広告を出し、河野談話などの政府文書、呼びかけ人の文章を発表すべきだと念を押した。呼びかけ人の文章は五十嵐官房長官の提案で大沼、下村両氏が原案をつくることになった。

慰安婦被害者との面談

六月三〇日、私は手紙を受けとった。在日の慰安婦裁判を支える会、フィリピン人元「従軍慰安婦」を支援する会、ハルモニと歩む会「チョガッポ」の三つのグループから、あなたがアジア女性基金の呼びかけ人になると発表されたのは残念である、さまざまなお考えの結果そうされたのだろうが、「なによりも大切なものは被害を受けた当事者の方々の意向ではないか」と思う、被害者に会ってその声を聞いてほしいとして、日時の候補、話を聞かせてくれる被害者のお名前が書かれていた。私は呼びかけ人の宮崎勇氏と相談して、この申し出を受けることにし、返事を出した。

七月五日、国連大学の一室で、私たちは韓国人とフィリピン人の慰安婦被害者と対面した。金福善《キムボクソン》さん、金田君子さん、李容洙《イヨンス》さん、在日の宋神道《ソンシンド》さん、李貴分《イキブン》さん、黄錦周《ファンクムジュ》さん、姜順愛《カンスネ》さん、フィリピンのプリシラ・バルトニコさん、ヴィクトリア・ロペスさんの九人だった。

最初に金福善さんが長く話した。彼女は遺族会の訴訟の原告であった人である。彼女の話は強い印象を与えた。私のメモから彼女の話をそのまま写してみよう。

「民間基金のことは九四年八月に初めて聞いた。民間募金、見舞金ということを聞いたが、無視した。歴代の首相が訪韓し、早く解決すると言ったのを信じていた。九五年に村山社会党党首、解決しようと努力してきた人が総理になられたが、言うことが違ってきた。しかし、自分の思い通りにはできないことは理解している。日本の首相は韓国の大統領とは違う。

九一年に金学順さんがはじめて名乗り出た。自分も五年間主張してきた。九三年に日本政府からきた人が一六人から聞き取りをした。福島弁護士も来られた。

歳月はたったが、解決は言葉だけだ。民間募金は不可だ。私たちは憲兵に連れて行かれたのだ。侵略戦争ではなかったとか、あなたたちは公娼だとかいう言葉を聞かされた。言葉でつくろおうとしているのが本心だろう。私たちは乞食ではない。アパートもあり、生活費も政府からもらっている。一七歳のとき、ラングーンまで連れて行かれ、苦しい目に一杯あった。民間基金はもらわない。政府から一人一人に謝罪してほしい。侵略したことを認めなければ、世界が認めない。私たちは生き証人だ。だがもう何回も話してきた。もう話したくない。日本国民のこともよくわかった。日本政府のこともよくわかった。日本政府はもう一度考え直して欲しい。」

次は金田君子さんである。これは慰安婦になって付けられた名前である。

「自分は一五歳で連れて行かれた。国に帰ってきてからは、釜山の旅館で仲居をして、隠れて暮らしてきた。一人一人調査しないのはおかしい。自分は北支にただ一人放り出された。父は牧師で、神社参拝をしないで、逮捕され、西大門（刑務所）で死んだ。自分は他人の家で暮らし、働くために北支に連れて行かれた。そこで踏みにじられた。一人一人調査して、補償してくれないのか。日本政府は民間募金ですまそうとしている。みなさんも、自分の身内に起こったら、どう思うのか。政府からもらっている二〇万ウォンでは、薬代にもならない。薬ものめない。だが、カネはほしくない。青春をかえしてほしい。日本政府は村山内閣が変われば、ひどくなることはわかっている。民間基金も受け取れない。

民間募金で慰労金を出すというが、天皇陛下の命令でやったことではないか。二〇〇〇万ウォン、三〇〇〇万ウォンでは、珍島犬の値段にもならない。世界をまわって訴えるつもりだ。民間募金はうけとれない。天皇陛下がしたことがどうして民間募金になるのか。日本遺族会の副会長のインタビューをテレビでみた。人間の言うことではない。日本兵も戦場では悲惨だった。中国戦線では八路軍相手に、馬の小便をのむ生活だった。南京大虐殺、棗橋《なつめきょう》の虐殺。あまりに人を馬鹿にしている。死ぬまで闘うつもりだ。自分は看護婦としても働いた。兵隊は『天皇陛下万歳』と言って死んではいかなかった。『死んだら、靖国神社の花の下で会いましょう』と言って死んでいった。このように胸を日本兵に刺されて傷がある。心臓もわるい。手もねじれている。一年間名乗り出るのを待っているうちに、五人が死んだ。日本政府は私たちが死ぬのを待っているとしか思えない。日本政府はこのことを隠しきれるものではない。」

この人はのちに韓国でアジア女性基金の事業を最初に受け入れてくれた被害者であるが、このときの批判は厳しかった。彼女が身の上をアジア女性基金に語ったビデオはデジタル記念館にも収録されている。死んでいく兵士の言葉についての彼女の記憶はそこでも同じように語られている。

三人目に話してくれたのは在日の慰安婦として知られるようになった宋神道さんである。彼女の話は、断片的にしか、メモできていない。彼女は、短い話の中で「あんな残虐な戦争」という言葉を二回使った。「国防献金」のことにふれたのは、国防献金にするといって金は一切渡してもらっていないということとの関連であろう。夕方の「七時から一二時までに七〇人」も相手にさせられたと言い、そのときは「金子と名乗らされた」と言った。殴られて、耳が遠くなったとも言った。しかし、その程度で、彼女は自分の受けた苦しみについて多くを語ろうとしなかった。ただ、自分はそのとき一六歳だったと言い、日本は反省して謝罪し、一人一人に補償すべきだとはっきり述べた。「過去の反省」「心を洗濯して」「過去を謝罪」と繰り返した。戦争が終わったとき、小田という日本陸軍軍曹と結婚して日本に来たことを話し、それから宮城県の女川へ来て住むようになったと言い、河本幸市という朝鮮人に助けてもらった、「すぐれた」人であったと話した。小田に逃げられた彼女は河本の飯場にころがりこんで助けてもらい、そこで一緒に暮らすようになったのである。「現在までそこにいる。生活保護を受けて暮らしているが、六万五〇〇〇円では大変だ。日本はまた戦争をするかもしれないと思う。」彼女はそう言った。

黄錦周さんは次のように話した。

「わたしたちについてどのように見ているのか。まるで罪人のように呼び出されているという感じがする。もう一〇回も話をしている。最初に来たのは九二年の二月だった。日本から聞きに来るのが当然ではないか。日本政府の二枚舌も変わらない。このままなら日本は国連の常任理事国にはなれない。天皇がアメリカに行くのなら、自分はついて行って、アメリカで批判したい。民間基金にしてはだめだ。自分は一八歳で、慰安婦にされ、戦争が終わったときは、二五歳になっていた。吉林省の誰も知り合いのいないところにのこされ、早く帰れと言われた。一二月二日にソウルについた。この身体の傷をみてほしい。日本に来るのは最後にする。民間基金は聞きたくない。日本人がこんなひどいとは思わなかった。補償をしてほしい。しかし、それ以上に青春をかえしてほしいのだ。戦争をおこした罪を次の世代に受けつがせるつもりか。もう会って、話すこともないだろう。」

同席していた宮崎勇氏は、「私の青春を返して下さい」というハルモニの言葉を聞いて、「一瞬、息をのみ、言葉もでませんでした」と後年回想している。その言葉が氏にとって、「基金活動の源泉」であったと書いている（オーラルヒストリー、宮崎勇、一一二頁）。慰安婦被害者たちの言葉は私たちを突き刺した。しかし、私たちには、この人たちが批判し、受け入れを拒否すると言われたアジア女性基金で、働きはじめるしかなかったのである。

呼びかけ文の作成

呼びかけ人としてまずなすべきことは募金の呼びかけ文を作成することであった。内閣外政審議室としては自分たちが原案をつくるつもりであったのだろうが、これは大沼保昭が強く主張して、呼びかけ人の側で原案をつくることを認めさせたのであろう。六月二三日の山王飯店での会合の折、五十嵐官房長官から大沼、下村両氏に原案執筆が依頼された。実際には大沼保昭が書いた原案がまわされて意見を求められたが、みな異議はなく、ほぼ原案通りに決まった。冒頭に慰安婦問題についての基本認識が示された。

「戦争が終わってから、五〇年の歳月が流れました。この戦争は、日本国民にも諸外国、とくにアジア諸国の人々にも、甚大な惨禍をもたらしました。なかでも、十代の少女までも含む多くの女性を強制的に『慰安婦』として軍に従わせたことは、女性の根源的な尊厳を踏みにじる残酷な行為でした。」

ついで河野談話が言及され、その謝罪に基づいてアジア女性基金がつくられたこと、基金の事業は四つの柱からなること、「基金は、これらの方々への償いを示すため、国民のみなさまから拠金を受けて彼女たちにこれをお届けする」のが目的であることが説明され、「私たちは、政府による謝罪と共に、全国民規模の拠金による『慰安婦』制度の犠牲者への償いが今どうしても必要だ、という信念の下に」呼びかけ人になったと述べられている。

こういう文章としては異例だと思うが、大沼は「呼びかけ人の中には、政府による補償がどうしても必要だ、いやそれには法的にも実際的にも多くの障害があり早急な実現は困難だなど、意見のちがいもあります。しかし、私たちは次の一点ですべて一致しております。それは、すでに年老いた犠牲者の方々への償いに残された時間はない、一刻も早く行動を起こさなければならない、という気持ちです」と書いた。

七月一八日には、呼びかけ人が首相官邸に村山首相を訪問し、呼びかけ文を示して、募金活動への政府の協力を要請し、首相から募金に向けての要請文、「ごあいさつ」を受けとった。会見を終えて、私たちは記者会見を開き、呼びかけ文と首相の「ごあいさつ」を発表した（朝日新聞、七月一九日）。このとき呼びかけ人は七人増えていた。下村満子、加藤タキ、高橋祥起（政治評論家、元NHK解説員）、鶴見俊輔、野田愛子（弁護士）、萩原延壽、山本正（日本国際文化交流センター理事長）である。宮城まり子氏が辞任したので、呼びかけ人の総数は二〇人となった。私は、鶴見俊輔さんが加わってくれたことに驚いた。鶴見さんに依頼することを進めたのは大沼氏であろう。鶴見さんが呼びかけ人になってくれた理由は、私にはわからなかった。一九九七年には、鶴見さんは呼びかけ人の心がまえを、日本の人間としては「くり返しくり返しアジアの国々から叩かれる。…殴られつづけることです」と説明した（鶴見俊輔『期待と回想』上、晶文社、一九九七年、一三三頁）。さらに後年、鶴見さんが上野千鶴子、小熊英二両氏に説明したのを読んだ。戦争中海軍の軍属としてインドネシアにいる間に士官クラブに女性をさがす仕事もさせられたという心の傷をもっていた。そのことが基礎にあって、和田がやるのなら「見捨てられない」、べ平連時代から「一緒にやってきたんだから」、「一緒に泥をかぶる」という気持で参加してくれたとのことである（鶴見俊輔『戦争が遺したもの』新曜社、二〇〇四年、八六-八七頁）。ありがたいことである。

この二〇人のうち、基金の会合に出たり活動に参加したのは、三木、赤松、大鷹、宮崎、下村、野中、衛藤、高橋、大沼、和田の一〇人で、みなとても熱心であった。

私はそのころ、運営審議会委員にふさわしい人はいないかという質問を受けて、盟友高崎宗司氏を推薦した。私が推薦したために、高崎氏には最後の最後まで私と行動を共にしてもらい、多くの迷惑をかけたが、高崎氏と最後まで一緒にやれたことが私にとって大きな救いとなったのである。

第6章　基金のしくみと最初の動き

基金のしくみ

一九九五年七月一九日、基金の第一回理事会が開催された。だからこの日が基金が正式に発足した日ということになる。理事は、元朝日新聞の記者で横浜女性フォーラム理事長であった有馬真喜子、東京都副知事であった金平輝子、元シンガポール、スペイン大使山口達男、民間の社会開発センター理事長金田一郎、自治労副委員長の榎本庸夫、連合事務局長鷲尾悦也、それにインド大使館公使であった事務局長長坂明という顔ぶれであった。女性の有馬氏が副理事長と目されて、当面理事長代行をつとめた。理事長にはまず三木元首相夫人三木睦子氏に交渉が行われたが断られ、ついで元文部大臣（細川内閣）赤松良子氏に交渉が行われ断られた。そのあとで、五十嵐官房長官は大沼保昭氏、谷野外政審議室長とともに、参議院議長をやめる原文兵衛氏に就任を要請し承諾をえたのである。原氏はサハリン残留韓国・朝鮮人問題議員懇談会の会長、五十嵐氏はその懇談会の事務局長であり、大沼氏はその懇談会とともに多年にわたり運動してきた関係があった。第一回理事会は原理事長を承認した。

第一回の理事会はまた運営審議会委員をえらんだ。元ＮＨＫ記者の饗庭孝典、津田塾大学の高崎宗司、自治労国際部長の中嶋滋、十文字学園女子大学の橋本ヒロ子、弁護士の林陽子、東京大学の国際法専攻の横田洋三の六人に理事会から有馬真喜子、呼びかけ人からは野中邦子弁護士が参加することになった。こちらは専門家がそろい、強力な布陣であった。委員長は横田洋三である。

事務局員は有給の職員である。社会党書記局から多賀克己が部長として入り、ハッキリ会のメンバー原田信一、日本文化を海外に紹介する団体で働いていて、志願して入った岡檀の三人がまず決まった。しばらくのちに、シンガポールのアジア・キリスト教協議会で女性問題幹事として働き、日本では婦人矯風会の女性緊急避難センター（ＨＥＬＰ）の所長をしていた松田瑞穂と五十嵐議員の秘書であった叶俊寛の二人が部長として着任した。

通常の財団法人であれば、事務局長、専務理事が出す方針を理事会が承認するというように進められるものだが、慰安婦被害者に謝罪と償いの事業を行ういうまだかつて日本の国家のやったことのない事業であって、通常の組織のやりかたでは全然進まなかった。だから運営審議会に専門家を集めることが必要になったのであるが、そればかりでなく、基金の設立に深く関わった大沼保昭が呼びかけ人に留まり、理事にも運営審議会にも入らなかったために、呼びかけ人集団の発言権が強く発揮されることになったのである。呼びかけ人はもとより財団の定款、寄付行為にも一切出てこない存在だが、その役割は重要なものとなり、早くも九月二二日の財団法人化前の第二回の理事会で、理事会に呼びかけ人会の代表を常時出席させるべきではないかという意見が述べられ、理事会、運営審議会、呼びかけ人の三者合同の会議を随時開催することで合意が生まれている。結局は、六月から一二月にいたる時期の基金の重要な決定は、すべて理事会、運営審議会、呼びかけ人集団の三者懇談会の協議によって決定されることになるのである。このような自由な運営の結果として、ただの呼びかけ人であった私は基金の方針の決定と活動に最初から深く関与することになっていった。

他方で、この基金の意志決定と行動は内閣府と外務省の代表者によってつねに監督されており、すべての会議には、これらの代表者が出席し、出される文書はこれら官庁の代表者の検討同意をへて作成、印刷されたのである。

だから、基金は民間基金、ただの財団法人ではなく、政府の政策を実施するための官民合同の組織であった。

尹貞玉先生との話し合い

この段階で私は尹貞玉先生とお目にかかり、いわば最後の話し合いを行う機会をもった。この面会の日付について、平凡社新書『慰安婦問題の解決のために』（一一三頁）では「五月の半ば」としていたが、誤りであった。メモが見つかったので、訂正する。

私は八月九日‐一〇日中央日報社主催のシンポジウムに招かれ、報告「戦後史清算のための世界史の中の日本と韓国」を行った。そのさい、連絡をして、八月一一日に尹貞玉先生にお会いすることになった。基金がすでにスタートしている時期であり、挺対協は厳しい批判の立場を明らかにされていたのだが、先生は会って下さった。ともに共同代表である池銀姫氏と鄭鎮星氏と一緒にホテルに来られた。鄭鎮星氏はお二人より若く、ソウル大の社会学の准教授であった。朝鮮日報の特派員をしている夫と東京にいたとき、私の研究所の外国人研究員になっていて、私が一時受け入れ責任者であったので、旧知の間柄であった。

私は、三人に基金の構想について説明し、「申し訳ないが、日本の状況からすればこれで進めることはやむを得ない」と話した。

発見されたメモによると、尹先生は、現代財閥の財団が八月七日に無制限の医療切符を被害者ハルモニに渡した、政府の支給金とアパートの提供があり、ミニマムは保障されている、だからお金が問題ではなく、謝罪が問題なのだと言われた。池氏は、これまでのお詫びは「謝過《サグァ》」であって、「謝罪《サジェ》」ではなかった、しかし、基金の「呼びかけ文」でははじめて「謝罪」という言葉が使われたのはいい、「慰安婦をつくったのは日本国家だ」という部分もいい、しかし、全体としては基金には賛成できない、カネの出所は大した問題ではない、大事なのは戦争犯罪と認めて、謝罪することだと述べた。鄭氏は、首相が社会党だからできるというようなあぶないことでは、将来はどうなるのか、基金で状況を突破するというのも冒険的なやりかただ、戦争犯罪と認めない、補償はすでに解決済みという前提がくずされない限り、基金には反対であると言われた。

メモには書いてないが、私の記憶には次のようなやりとりがのこっている。尹貞玉先生は、思いがけなく、「どうしてもだめなら、国民から集めたお金でもいい。政府の代表者が謝罪とともに、そのお金をもってきて、ハルモニに差し出してほしい。そういうことなら受け入れられる」と言われた。池銀姫氏も同意されるようであった。しかし、若い鄭鎮星氏は「一九九〇年から五年間運動してきたのは、そんないいかげんな結果のためではない」と強い口調で言われた。到底納得できないという立場であった。メモには「尹さんからは、お金はどのように出しても、政府が謝罪し、政府が渡すのでなければだめだと重ねて表明がありました」とある。記憶の中のやりとりはやはりあったのだと思う。二〇一五年六月私は尹貞玉先生を春川に訪問して、このことをお話ししてみた。先生は、そのようなことを自分が言ったはずはないと否定された。しかし、私は記憶の中の対話を現実と受けとっている。

今から考えれば、日本の政府が加害の事実を認めて、はっきり謝罪をして、その謝罪を表すために一定のお金を差し出すという形が徹底して貫かれれば、償い金の財源については、ある程度日本の事情によりいろいろな形が考えられる、という尹先生のこの姿勢はきわめて重要なものであった。挺対協の人々もそのような柔軟な態度をもっていたということを確認することが意義深い。もちろん鄭鎮星氏の反発も重視されなければならないものであったし、尹貞玉先生自身もはたしてその案でいけるというほどの確信はもてなかったであろう。実現するには、日本政府の方により困難があったことはたしかである。しかし、このとき瞬間的に開いた可能性の空間で、もう少し話し合いができて、それを生かせればよかったのにと残念に思っている。

しかし、とにかく話し合いはいかなる結論もなく終わり、私たちは別れ、対立の道に入った。

一九九五年八月一五日——新聞広告と村山談話

呼びかけ文ができれば、これをもりこんだ新聞広告を出して、募金活動を開始しなければならない。博報堂に依頼した広告案が出来上がってきたので見てほしいという案内が七月末か八月はじめにあって、本郷の風変わりなフランス料理の店で会合が開かれた。外政審議室の東審議官が案を説明した。新聞全紙の三分の一の大きさか、半分の大きさで考えているとのことであった。それでは呼びかけ文の全文がのらなかった。広告には総理の挨拶ものせなければならないからである。しかもデザインで飾りも入っていた。出された案は集まった呼びかけ人には気に入らなかった。広告の大きさには、私と大沼氏が反対し、デザインには大沼氏が反対した。大沼氏は激高し、東審議官を徹底的に批判した。東氏は広告料の予算のことも説明しようとしたが、私たちは聞く耳をもたなかった。結局やり直すことになり、それをもう一度点検する役目が私と野中邦子弁護士に一任された。

数日後に野中氏とともに内閣府へ行き、新聞全紙大の改訂版を見せられた。私は、総理の挨拶には総理の写真と自筆のサインを入れてほしいと頼んだ。慰安婦被害者が現れる限りは、償い金を払いつづける。このことには日本政府が責任をもつと誓約させるつもりだった。二つの文章の下に三つのスローガンを入れることになり、「基金は政府と国民の協力で」というスローガンを最後に入れることを提案して、受け入れてもらった。この点は東氏にも同じ考えがあったからだと思う。民間の基金に政府が協力するというようなものであってはならない、基金本体が政府と国民の協力の組織だという考えである。

この広告を八月一五日に出したいということであった。その時は、私たちは八月一五日に村山総理談話が出ることを知らされていなかった。

一九九五年八月一五日朝の全国紙六紙にアジア女性基金の全面広告が掲載された。朝日、毎日、読売、日経、産経、東京の六紙である。大沼保昭氏の起草になる呼びかけ文全文が呼びかけ人二〇人の名とともに発表され、村山首相の「ごあいさつ」が写真、サインとともに発表された。女性のためのアジア平和国民基金という責任団体名の下に理事長原文兵衛の名が書かれた。この広告には実に一億三〇〇〇万円の費用がかかった。しかし、この広告は日本政府がこの水準から後退することはないという決意を国の内外に示したものであった。「基金は政府と国民の協力で」というスローガンが光って見えた。

【全面広告】　朝日新聞　1995年(平成7年)8月15日　火曜日　12版　16

「女性のためのアジア平和国民基金」に拠金を呼びかけます。

戦争が終わってから、50年の歳月が流れました。
この戦争は、日本国民にも諸外国、とくにアジア諸国の人々にも、甚大な惨禍をもたらしました。なかでも、十代の少女までも含む多くの女性を強制的に「慰安婦」として軍に従わせたことは、女性の根源的な尊厳を踏みにじる残酷な行為でした。こうした女性の方々が心身に負った深い傷は、いかに私たちがお詫びしても癒すことができるものではないでしょう。しかし、私たちは、なんとか彼女たちの痛みを受け止め、その苦しみが少しでも緩和されるよう、最大限の力を尽くしたい、そう思います。これは、これらの方々に耐え難い犠牲を強いた日本が、どうしても今日はたさなければならない義務だと信じます。

政府は遅ればせながら、1993年8月4日の内閣官房長官談話と94年8月31日の内閣総理大臣の談話で、これらの犠牲者の方々に深い反省とお詫びの気持ちを表わしました。そしてこの6月14日に、その具体的行動を発表しました。(1)「慰安婦」制度の犠牲者への国民的な償いのための基金設置への支援、(2)彼女たちの医療、福祉への政府の拠金、(3)政府による反省とお詫びの表明、(4)本問題を歴史の教訓とするための歴史資料整備、というのがその柱です。基金は、これらの方々への償いを示すため、国民のみなさまから拠金を受けて彼女たちにこれをお届けすると共に、女性への暴力の廃絶など今日的な問題への支援も行うものです。私たちは、政府による謝罪と共に、全国民規模の拠金による「慰安婦」制度の犠牲者への償いが今どうしても必要だ、という信念の下にこの基金の呼びかけ人となりました。

呼びかけ人の中には、政府による補償がどうしても必要だ、いやそれには法的にも実際的にも多くの障害があり早急な実現は困難だなど、意見のちがいもあります。しかし、私たちは次の一点ですべて一致しております。それは、すでに年老いた犠牲者の方々への償いに残された時間はない、一刻も早く行動を起こさなければならない、という気持ちです。

私たちは、「慰安婦」制度の犠牲者の名誉と尊厳の回復のために、歴史の事実の解明に全力を尽くし、心のこもった謝罪をするよう、政府に強く求めてまいります。同時に、彼女たちの福祉と医療に十分な予算を組み、誠実に実施するよう、監視の目を光らせるつもりです。さらに、日本や世界にまだ残る女性の尊厳の侵害を防止する政策を積極的にとるよう、求めてまいります。

しかし、なによりも大切なのは、一人でも多くの日本国民が犠牲者の方々の苦悩を受け止め、心からの償いの気持ちを示すことではないでしょうか。戦時中から今日まで50年以上に及ぶ彼女たちの屈辱と苦痛は、とうてい償いきれるものではないでしょう。それでも、私たち日本国民の一人一人がそれを理解しようと努め、それに基づいた具体的な償いの行動をとり、そうした心が彼女たちに届けば、癒し難い苦痛をやわらげるのに少しは役立ってくれる、私たちはそう信じております。

「従軍慰安婦」をつくりだしたのは過去の日本の国家です。しかし、日本という国は決して政府だけのものでなく、国民の一人一人が過去を引き継ぎ、現在を生き、未来を創っていくものでしょう。戦後50年という時期に全国民的な償いをはたすことは、現在を生きる私たち自身の、犠牲者の方々への、国際社会への、そして将来の世代への責任であると信じます。

この国民基金を通して、一人でも多くの日本の方々が償いの気持ちを示して下さるよう、切に参加と協力をお願い申し上げる次第です。

■呼びかけ人
赤松　良子（元文部大臣）
芦田　甚之助（日本労働組合総連合会会長）
衛藤　瀋吉（東京大学名誉教授）
大来　寿子（大来元外相夫人）
大鷹　淑子（元参議院議員）
大沼　保昭（東京大学教授）
岡本　行夫（国際コンサルタント）
加藤　タキ（コーディネーター）
下村　満子（ジャーナリスト）
鈴木　健二（熊本県立劇場館長）
須之部　量三（元外務事務次官、元駐韓国大使）
高橋　祥起（政治評論家、前徳島文理大教授）
鶴見　俊輔（評論家）
野田　愛子（弁護士）
野中　邦子（弁護士、全国人権擁護委員連合会女性問題委員長）
萩原　延壽（歴史家）
三木　睦子
山本　正（日本国際交流センター理事長）
和田　春樹（東京大学教授）

■募金口座について
郵便振替口座 00180-3-71164「女性のためのアジア平和国民基金」
なお、日本赤十字社本社、全国社会福祉協議会でもお預りすることとしています。

ごあいさつ

「女性のためのアジア平和国民基金」の発足にあたり、ごあいさつ申し上げます。

今年は、内外の多くの人々が大きな苦しみと悲しみを経験した戦争が終わってからちょうど50年になります。その間、私たちは、アジア近隣諸国等との友好関係を一歩一歩深めるよう努めてまいりましたが、その一方で、戦争の傷跡はこれらの国々に今なお深く残っています。

いわゆる従軍慰安婦の問題もそのひとつです。この問題は、旧日本軍が関与して多くの女性の名誉と尊厳を深く傷つけたものであり、とうてい許されるものではありません。私は、従軍慰安婦として心身にわたり癒しがたい傷を負われたすべての方々に対して、深くおわびを申し上げたいと思います。

このたび発足する「女性のためのアジア平和国民基金」は、政府と国民がともに協力しながら、これらの方々に対する国民的な償いや医療、福祉の事業の支援などに取り組もうというものです。呼びかけ人の方々の趣意書にも明記されているとおり、政府としても、この基金が所期の目的を達成できるよう、責任を持って最善の努力を行ってまいります。

同時に、二度とこのような問題が起こることのないよう、政府は、過去の従軍慰安婦の歴史資料も整えて、歴史の教訓としてまいります。

また、世界の各地で、今なお、数多くの女性が、いわれなき暴力や非人道的な扱いに苦しめられていますが、「女性のためのアジア平和国民基金」は、女性をめぐるこのような今日的な問題の解決にも努めるものと理解しております。政府は、この面においても積極的な役割を果たしていきたいと考えております。

私は、わが国がこれらのことを誠実に実施していくことが、わが国とアジア近隣諸国等との真の信頼関係を強化、発展させることに通じるものと確信しております。

「女性のためのアジア平和国民基金」がその目的を達成できるよう政府は最大限の協力を行う所存ですので、なにとぞ国民のみなさま お一人お一人のご理解とご協力を賜りますよう、ひとえにお願い申し上げます。

内閣総理大臣　村山富市

●

「従軍慰安婦」にされた方々への償いのために。

さらに今日的な女性問題の解決のために。

基金は政府と国民の協力で。

●

女性のためのアジア平和国民基金

理事長　原　文兵衛

事務局／〒107 東京都港区赤坂2丁目17番42号 赤坂アネックス4階 電話03-3583-9346

1995 年 8 月 15 日の全国紙に掲載された全面広告

そしてこの日の午前の閣議で戦後五〇年の村山総理談話が決定され、ただちに総理によって記者会見で発表された。

「わが国は遠くない過去の一時期、国策を誤り、戦争への道を歩んで国民を存亡の危機に陥れ、植民地支配と侵略によって、多くの国々、とりわけアジア諸国の人々に対して多大の損害と苦痛を与えました。私は、……ここにあらためて痛切な反省の意を表し、心からのお詫びの気持ちを表明いたします。」

この談話は先の国会決議と比べてはるかに格調高く、思想も明解であった。戦後五〇年にして、日本政府と国民は、植民地支配と侵略を否定し謝罪する歴史認識を国民的コンセンサスとして確立することができたのである。慰安婦問題に対する償いのアジア女性基金は、まさに村山談話の実践として一体化されるにいたった。

パンフレットの製作――慰安婦の定義

募金活動をするためには、慰安婦問題とはいかなる問題であるかを説明することが必要になる。呼びかけ文を広告にのせるだけでは足らない。簡単なリーフレットも必要だし、ポスターも必要だが、国民の意識に働きかけていくためには、基本的な歴史認識をもりこんだパンフレットが是非とも必要になる。パンフレットを作成することがどういう経過で決定されたかは、定かではない。呼びかけ人と外政審議室との話し合いで、パンフレットをいそいで準備する必要性の認識で合意した結果、私がその執筆を引き受けることになったようである。私は河野談話を基礎にして、吉見義明氏の新書『従軍慰安婦』と同氏が編集して出した『従軍慰安婦資料集』（大月書店、一九九二年）を参考にして、パンフレットの原案を書いた。

運営審議会が第一回会合を開く八月二二日までに、私はパンフレット『「慰安婦」制度の犠牲者のために――我々の国の謝罪と償い』の第一稿を書き上げて、外政審議室と運営審議会の全メンバーに送った。その冒頭には次のように書かれていた。

「『慰安婦』制度とは、多くの女性を軍の『慰安所』に集め、将兵に性的な奉仕を強いた制度のことをさします。」

外政審議室の係官は、この箇所について、「『慰安婦』制度という用語については、政府においては使用していないので、できる限り使用をさけて頂きたい」とし、パンフレットの題名を変えることとともに、冒頭の二行の削除を要望してきた。私は引き下がらなかった。原案を修正したものをもって、三日後に外政審議室を訪問し、東審議官と話し合った。私はパンフレットの題名の修正については賛成したが、冒頭の二行の削除を拒否し、次のように修正して入れることを提案した。

「『従軍慰安婦』とは、かっての戦争の時代に、日本軍の慰安所で将兵に性的な奉仕を強いられた女性たちのことです。」

これをめぐってどういう議論をしたのかはおぼえていないが、外政審議室は最後に私の案を認めた。このときアジア女性基金の「慰安婦」定義が生まれることになった。それは河野談話を発展させた新しい認識であった。パンフレットの案文は八月二八日の第二回運営審議会に提出され、九月四日の第三回運営審議会で検討された。ともに私も出席する中で外政審議室の第二次案も参考にして、いくつか筆が加えられ、全体が了承された。この案文が九月二二日の第二回理事会に提出され、承認を受けたのである。パンフレット『「従軍慰安婦」にされた方々への償いのために』は一〇月二五日にまず一万部印刷された。

第二章の抜粋を以下に示そう。これが政府の認めたアジア女性基金の慰安婦認識である。

「『従軍慰安婦』とは、かっての戦争の時代に、日本軍の慰安所で将兵に性的な奉仕を強いられた女性たちのことです。

慰安所の開設が、日本軍当局の要請によってはじめておこなわれたのは、中国での戦争の過程でのことです。一九三一年（昭和六年）満州事変がはじまると、翌年には戦火は上海に拡大されます。この第一次上海事変によって派遣された日本の陸海軍が、最初の慰安所を上海に開設させました。慰安所の数は、一九三七年（昭和十二年）の日中戦争開始以後、戦線の拡大とともに大きく増加します。

当時の軍の当局は、占領地で頻発した日本軍人による中国人女性レイプ事件によって、中国人の反日感情がさらに強まることをおそれて、防止策をとることを考えました。また、将兵が性病にかかり、兵力が低下することをも防止しようと考えました。中国人の女性との接触から軍の機密がもれることもおそれられました。

岡部直三郎北支那方面軍参謀長は一九三八年（昭和十三年）六月に出した通牒で、次のように述べています。

「諸情報ニヨルニ、……強烈ナル反日意識ヲ激成セシメシ原因ハ……日本軍人ノ強姦事件ガ全般ニ伝播シ……深刻ナル反日感情ヲ醸成セルニ在リト謂フ」「軍人個人ノ行為ヲ厳重取締ルト共ニ、一面成ル

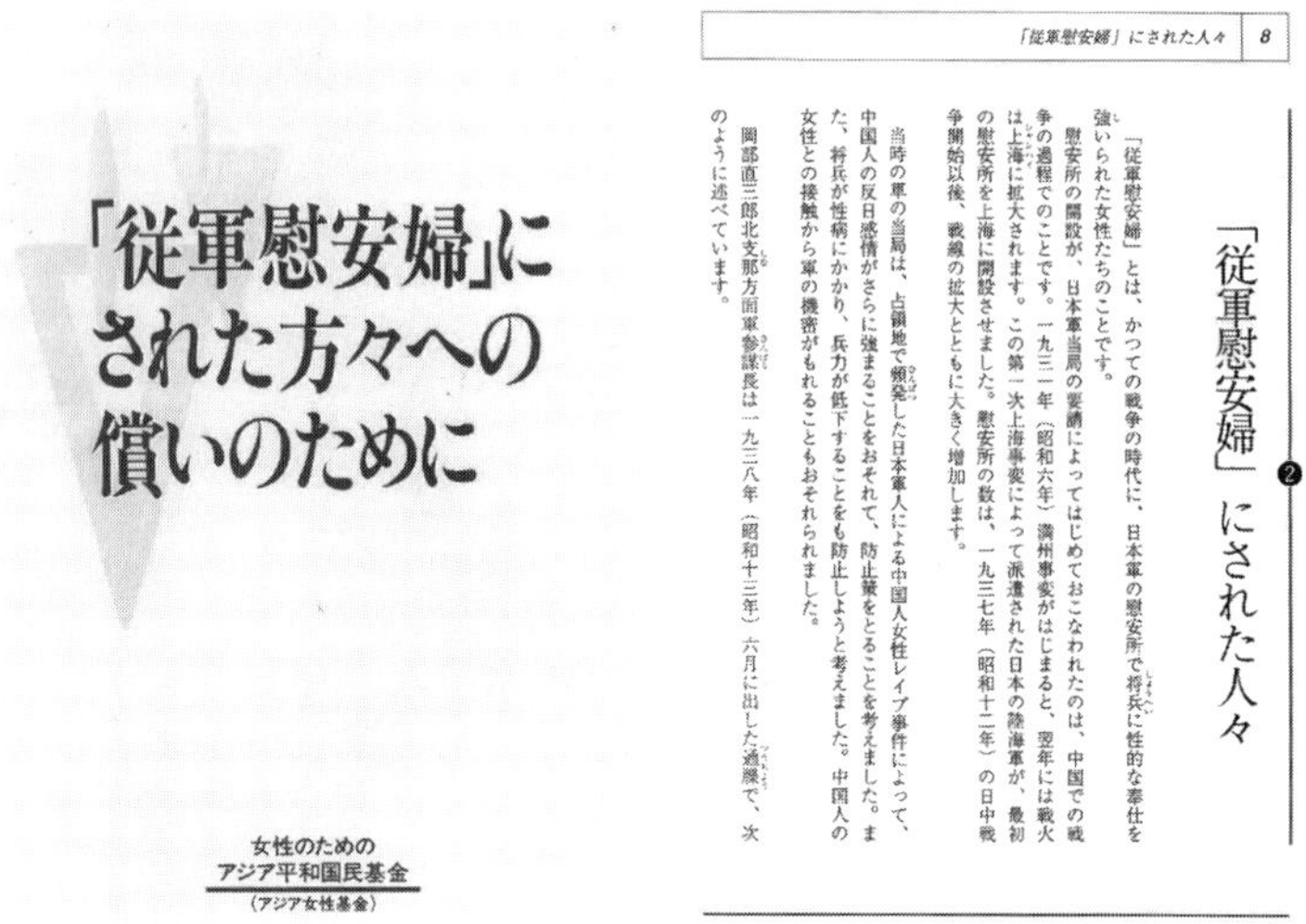

「従軍慰安婦」にされた方々への償いのために

女性のための
アジア平和国民基金
（アジア女性基金）

「従軍慰安婦」にされた人々　8

「従軍慰安婦」❷ にされた人々

「従軍慰安婦」とは、かつての戦争の時代に、日本軍の慰安所で将兵《しょうへい》に性的な奉仕を強《し》いられた女性たちのことです。

慰安所の開設が、日本軍当局の要請によってはじめておこなわれたのは、中国での戦争の過程でのことです。一九三一年（昭和六年）満州事変がはじまると、翌年には戦火は上海《シャンハイ》に拡大されます。この第一次上海事変によって派遣された日本の陸海軍が、最初の慰安所を上海に開設させました。慰安所の数は、一九三七年（昭和十二年）の日中戦争開始以後、戦線の拡大とともに大きく増加します。

当時の軍の当局は、占領地で頻発《ひんぱつ》した日本軍人による中国人女性レイプ事件によって、中国人の反日感情がさらに強まることをおそれて、防止策をとることを考えました。また、将兵が性病にかかり、兵力が低下することをも防止しようと考えました。中国人の女性との接触から軍の機密がもれることもおそれられました。

岡部直三郎北支那《しな》方面軍参謀長《さんぼうちょう》は一九三八年（昭和十三年）六月に出した通牒《つうちょう》で、次のように述べています。

基金の第1号パンフレットの表紙（左）と「従軍慰安婦」の定義が掲載された頁（右）

ヘク速ニ性的慰安ノ設備ヲ整ヘ、設備ノナキタメ不本意乍ラ禁ヲ侵ス者無カラシムルヲ緊要トス」

このような判断に立って、当時の軍は慰安所の設置を要請したのです。

慰安所の多くは民間の業者によって経営されましたが、軍が直接経営したケースもありました。民間業者が経営する場合でも、日本軍は慰安所の設置や管理、女性の募集について関与し、『統制』をおこないました。日本国内からの女性の募集について、一九三八年三月四日に出された中央の陸軍省副官の通牒には次のようにあります。

（引用略）」

「最初は日本の国内から集められた女性が多かったのですが、やがて当時日本が植民地として支配していた朝鮮半島から集められた女性がふえました。その人たちの多くは、一六、七歳の少女もふくまれる若い女性たちで、性的奉仕をさせられるということを知らされずに、集められた人でした。

一九四一年（昭和十六年）一二月八日日本は米英オランダに宣戦を布告し（太平洋戦争）、戦線は東南アジアに広がりました。それとともに慰安所も中国から東南アジア全域に拡大しました。そのほとんどの地域に朝鮮半島、さらには中国、台湾からも、多くの女性が送られました。旧日本軍は彼女たちに特別に軍属に準じた扱いをおこない、渡航申請に許可をあたえ、日本政府は身分証明書の発給をおこなうなどしました。それと同時にフィリピン、インドネシアなど占領地の女性やオランダ人女性が慰安所に集められました。この場合軍人が強制的手段もふくめ直接関与したケースも認められます。

慰安所では、女性たちは多数の将兵に性的な奉仕をさせられ、人間としての尊厳を踏みにじられました。さらに戦況の悪化とともに、生活はますます悲惨の度をくわえました。戦地では常時軍とともに行動させられ、まったく自由のない生活でした。

日本軍が東南アジアで敗走しはじめると、慰安所の女性たちは現地に置き去りにされるか、敗走する軍と運命をともにすることになりました。

一体どれほどの数の女性たちが日本軍の慰安所に集められたのか、今日でも事実調査は十分にはできていません。一九三九年（昭和一四年）広東周辺に駐屯していた第二三軍司令部の報告では、警備隊長と憲兵隊監督のもとにつくられた慰安所にいる『従業婦女ノ数ハ概ネ千名内外ニシテ軍ノ統制セルモノ約八五〇名、各部隊郷土ヨリ呼ビタルモノ約一五〇名ト推定ス』とあります。第二三軍だけで一千人だというのですから、日本軍全体では相当多数の女性がこの制度の犠牲者となったことはまちがいないでしょう。現在研究者の間では、五万人とか、二〇万人とかの推計がだされています。

一九四五年（昭和二十年）八月一五日戦争が終わりました。だが、平和がきても、生き残った被害者たちにはやすらぎは訪れませんでした。ある人々は自分の境遇を恥じて、帰国することをあきらめ、異郷に漂い、そこで生涯を終えました。帰国した人々も傷ついた身体と残酷な過去の記憶をかかえ、苦しい生活を送りました。多くの人が結婚もできず、自分の子供を生むことも考えられませんでした。家族ができても、自分の過去をかくさねばならず、心の中の苦しみを他人に訴えることができないということが、この人々の身体と精神をもっとも痛めつけたことでした。

軍の慰安所ですごした数年の経験の苦しみの中におとらない苦しみの中に、この人々は戦後の半世紀を生きてきたのです。

現在韓国では、政府に届けでた犠牲者は一六二名とのことです。フィリピン、インドネシア、台湾、オランダ、朝鮮民主主義人民共和国、中国などの国や地域からも名乗りでている方々がいます。しかし、いずれにしても多くの人がこの世を去ったか、名乗りでることを望んでおられないのです。このことも忘れてはならないでしょう。」

この認識がアジア女性基金の基本的な認識となり、日本政府がこれを承認して、慰安婦償い事業の前提となったのである。

なおパンフレットの終わりには、「呼びかけ文」の英訳がのせられた。その中で、「償い」という言葉はatonementと訳された。これは外務省の主張で、compensationと区別して、採用された訳語であった（運審第七回、一一月六日）。atonementは罪を償《つぐな》う、罪を贖《あがな》う、罪滅ぼしをするという意味で、キリスト教においては、贖罪を意味する。そして the Atonement と言えば、自ら贖うことのできない人間の罪を、神の子であり、人となったイエスが十字架の死によって、贖い、神と人との和解を果たしたことをさすのである。したがって、「償い」= atonement =「贖罪」という等式が成り立つのである。「償い」というのは、きわめて道徳的な、精神的な言葉である。「呼びかけ文」には「国家補償」という言葉も出てくるが、これは government compensation と訳されている。compensation は失われたものと同じ重さのものをはかりにのせて、バランスを回復するという意味の、きわめてドライな、散文的な言葉である。「償い」の英訳が atonement となったことは大きな意味をもつことになった。問題なのは、当時基金の中では、この atonement という訳語の意味についての理解がほとんどなかったことである。私もそうであった。

　このパンフレットの英訳、韓国語訳、中国語訳を出版することも考えられた。のちに九六年七月に、中国語訳の原稿が提出された。そこでは、「償い」という言葉は、「赎罪（贖罪 shúzui）」と訳されていた。しかし、この訳は採用にならなかった。その秋には、基金文書の中国語訳では、「償い」はすべて「补偿（補償 bǔcháng）」と訳し直されるにいたった。

　韓国語でもアジア女性基金の説明の文書が九六年七月につくられているが、「償い」という言葉は、機械的に「보상（補償《ポサン》）」と訳されてしまった。韓国人に向かって「贖罪《ソクチェ》」という言葉を使う気にならない人の仕事である。明らかに中国語訳は韓国語訳に合わせて修正されたものと考えられる。

　この結果「償い」と「補償」は区別がつかなくなった。「国家補償《クッカポサン》」はできませんと言いながら、「補《ポ》償《サン》」の事業をいたしますというのでは、お前たちは人を騙すつもりかと言われてしまうことになるのである。基金の中にいた韓国専門家である私と高崎宗司がこの致命的な訳語をチェックし、修正しなかったことは、まことに取り返しのつかないミスであった。

募金の努力

一九九五年八月一五日、全国紙六紙に全面広告が出たその日のうちに、九五件、一四五四万九九三三円の醵金がよせられた。もっともそのうち一三〇〇万円は千葉県の一宗教団体からの寄付であったから、それをのぞけば、九四件、一五五万円であり、一〇〇人ぐらいの人が平均一万五〇〇〇円を送ってくれたことになる。それからも遅々たる伸びで、五〇〇〇万円台に入ったのは九月二二日のことで、醵金者の総数は二三〇四人となった。そして、パンフレットやリーフレット、ポスターなどがそろった一〇月末で、六一〇〇万円、一一月末には七七〇〇万円であった。

一一月一〇日から一二日には、ふたたび新聞に広告をのせた。五段二分の一の大きさで、全国紙五紙、ブロック三紙と地方紙五〇紙にのせた。この費用は八月一五日の広告とほぼ同額であった。だから、募金の呼びかけに政府と基金は三億円近くを支出したことになる。醵金が一億円に到達したのは、二回目の広告のあと、一二月はじめのことであった。一二月一五日には七三一四件、一億二四五六万八七六七円となったのである。一二月に基金は財団法人として認可され、一二月二五日募金も指定寄付として扱われるようになった。

一二月二二日には一億二九〇六万九四六一円であった。ようやく広告費として支出した額の半額に到達したのである。

一九九五年八月一五日から一二月二五日までの醵金の内訳は、次の二つの表の通りである。*

＊第一表は基金資料の集計による。その総額を一二月二二日の醵金額から引くことによって、第二表の市民寄付の額をえた。一〇万円以上の醵金額は基金資料内の一〇万円以上の醵金者の総リストの集計による。その額を市民寄付総額から引くことによって、一〇万円未満の醵金額をえた。

第一表　一九九五年のグループ醵金

官庁職場募金	四三八三万二五八八円
企業	四二万九一二二円
組合	一一万二七〇六円
政党	一〇〇一万二九二四円
閣僚、議員	四六五万五三五二円
基金関係者	三〇二万二〇六〇円
計	六二〇六万四七五二円

第二表　一九九五年の市民醵金

一一万円以上	二七三三万五〇〇〇円
一〇万円	六二七万　　円
一〇万円未満	三三三九万九七〇九円

計　　　　　　　　　　　　　　　　　六七〇〇万四七〇九円

アジア女性基金に関係した人々は申し合わせて、それぞれ一〇万円を寄付した。呼びかけ人、理事、運営審議会委員はすべて一〇万円を出したが、原理事長をはじめ、二〇万円を出された方も数名あった。内閣外政審議室からは谷野、平林新旧室長が一〇万円を出した。

総額三〇二万円のアジア女性基金分を合わせれば、市民醵金はほぼ七〇〇〇万円に上った。総額一億三〇〇〇万円の過半を占めていた。

一〇万円以上の醵金者の総リストをみると、大口の方では、先に述べた千葉県の宗教団体からの一三〇〇万円の他には、都下の老人ホームのＹ・Ｋさんから三八四万円、神戸市の病院職員一同から一五〇万円、一〇〇万円を下さった個人の方が益田常秀氏他四人、五〇万円を下さった方が五人、四〇万円、三〇万円がお一人ずつ、二〇万円が写真家の立木義浩氏、三省堂書店社長亀井辰朗氏など九名であった。一〇万円を送金して下さった方は基金関係者以外で六二人いる。その中には山口二郎、北岡伸一といった大学教授もいれば、朝日新聞ソウル特派員渡辺勉の名もみえる。

大口の寄付者の中で関心をひいたのは、老人ホームのＹ・Ｋさんである。どのようなお気持ちで三八四万円もの多額の寄付をして下さったか知りたかったので、私はお訪ねすることにした。Ｙ・Ｋさんは都下の老人施設に入っておられる八二歳の女性であった。夫とは一〇年以上前に死別し、子どももおられないということである。戦災にも遭われなかったし、夫が兵隊にとられることもなかったのだが、従軍慰安婦のことを新聞で知り、新聞広告で基金の呼びかけに応えることにして、定期預金を解約して送金したと言われた。Y・Kさんは二回、「私はずっと貧しい暮らしをしてきました」と言われた。貧しい暮らしをしてきた自分はつらい、苦しい境遇に置かれた同性の同世代の人々の苦しみを見過ごせないと言われたと理解した。しかし、それだけではない。Y・Kさんは韓国には「償いが必要です」と言われた。さらに私が基金はいろいろ批判を受けており、いろいろな意見がありますと言うと、「国民と政府を分ける必要はないでしょう」と言われた。問題をはっきりと認識しておられることがわかった。

Y・Kさんは終始自分のしたことに特別な注目をはらわれることを望まず、無名の存在でありたいと考えておられるようだった。私は、このような人の出現は、日本の国民の中にある人間的な大きな可能性、基金の募金運動の大きな可能性を示してくれているものと思い、感動をおぼえて帰ってきた。

一〇〇万円を寄付して下さった益田常秀氏は私が住む練馬区の商事会社の社長である。最初に電話して、そのことをうかがうまで、私は不覚にも、この日本名の向こうに在日韓国人の姿があるとはまったく思いが及ばなかった。益田氏は、いままでも日赤には毎年多額の寄付をされてきたとのことであった。しかし、このたびの寄付については夫人は「わたしは反対したのです」と言われた。なぜ韓国人がこの問題に寄付すべきなのか、これは日本政府、日本人の問題ではないのかという考えからであった。これに対して、益田氏は、とにかく「慰安婦」にされた人々は高齢だ、亡くなられてからでは意味がない、早く措置してほしいと思うから、自分は寄付したと言われ、ついで、犠牲者は韓国人だけではない、フィリピン人もインドネシア人もいる、「大東亜共栄圏」と言われた地域の全体で女性たちが苦しんだ、だから、戦前から日本に住んでいる者としてお金を出す意味があると言われた。自分は原理事長を前から尊敬していたので、よけいに基金を信頼して寄付をした、とのことだった。私はこの方の言葉にも大きな感動をおぼえた。

このお二人のことは、「二人の高額寄付者を訪ねて」という短い文章にまとめて、基金ニュース五号（一九九六年二月）にのせた。

一〇万円以下の寄付をされた方の醵金総額は三三〇〇万円であり、ほぼ六〇〇〇口だから平均五五〇〇円出して下さったと考えられる。少ない額ではない。募金活動がはじまった一九九五年八月一五日から三〇日までによせられた振替用紙には次のような言葉が書き付けられていた。

八月一五日　些少ですが、寸志送らせて頂きます。　大阪府K・T（男）

一六日　こういう基金が出来るのを待っていました。日本人としての胸のつかえが少し軽くなる思いです。うれしいことです。　滋賀県草津市S・M（女）

私達がきちんと反省、謝罪し過去をきちんと清算し、その後に将来を新しく築くべきです。父は中国に従軍して行きましたので、心配です。国民として子供として、従軍慰安婦の方々に少しでもお詫びが出来たらと思います。　ほんの少しですが、使って下さい。

八月一五日の新聞による「呼びかけ」におこたえしたく存じます。小生ビルマの末期作戦に参加いたしました。基金の一刻も早いご行動と今後の和解と協力へのご活動に期待しております。　二万円

八月一七日　夫と私、子ども、少しづつ出し合いました。家族四人それぞれに思いを込めて募金させていただきます。国としての補償が本来の姿と思いますが、国民一人一人が募金をし、謝罪する意味もまた大切と考えます（また時間もありません）。閣僚の恥ずかしい発言のもう

二度とないよう教育にも力を入れて下さい。　二〇〇〇円
八月二二日　国際化をうんぬんする前にまず政府は歴史的に侵略した地域の人々に対して補償をするべきと思います。補償を民間まかせにするという姿勢が感じられますが、少ないながらお役に立てて下さいます様、おねがい申し上げます。姫路市N・M　一〇〇〇円
八月二五日　元慰安婦の方々の名誉回復に役立つ様な形で活用してほしいと思います。（「お金で解決」というような印象を避ける）。と同時にこれで日本政府の責任が済んだというのではなく、事実解明等、種々な努力を継続することを訴えて下さい。

少額ですが償いの一助にしてください。　一万円

国家が犯した犯罪行為についての残存資料をきちんと調査して下さい。国際法に基づく国家賠償をすることを求めます。

「民衆の側の戦争責任」自覚の下に参加します。　二〇〇〇円

この国の人間である以上、この国の過去のあやまち、歴史からのがれることはできません。従軍慰安婦とされた皆様に日本人として、人間として心からお詫び申し上げます。あの戦争を知らない二七歳の若者より　一万円

政府による補償と国会の決議による謝罪が絶対に必要だと思います。しかし、犠牲者のハルモニ達が年老いておられるので、私自身、何もしないままに、経済大国日本の余得だけを受け取っているわけにはまいりません。慰安婦制度の根本的な究明とすべての資料を明らかにして下さい。　豊中市Y・M（男）　一万円

永らく野戦に居た者です。お世話になりました。貧者の一灯です。　山口県F・T（男）　一万円

「従軍慰安婦」にされた方々への償いのために、使って下さい　名古屋市N・T（女）　五〇〇〇円

八月二八日　夫婦で賛同します。　五〇〇〇円

少しばかりですが、お送り致します。一日も早く笑い合える日が来ます様に、お願い致します　五万円

戦争責任の処理だけでなく、現在もある無責任な日本人男性の犠牲となっている父親のないアジアの国々の子供達のためにも救いの手をお願いします。

深いおわびを心におぼえています。すこしですが、お役に立ちたいと思います。

新聞であまり口座番号が紹介されていないので、集まるのか心配です。広告拒否されているのですか。私は大学に広告を貼っておきます。　札幌市K・K（女）　一〇万円

八月二九日　国の謝罪そして補償が良いと思いますが、そこへの過程としての民間基金に賛意を表します。ささやかですが、家族A・M、K、M、T、Hの募金です。活用下さい。私の父は今七七歳で、満州沖縄で参戦しました。募金の成功をお祈りいたします。　一万一〇〇〇円

八月三〇日　本来国家の補償金でしょう。次善の策として、ここで大至急決意される事を希望しています。

日本国民の一人として、日本の戦争政策（就中「従軍慰安婦」制度）の犠牲となられた方々に、ここに改めてお詫び申し上げます。この意を貴基金が日本国政府と共に犠牲になられた方々お一人お一人に誠意を込めてお伝え下さい。私は日本国政府が日本の戦争政策のすべての犠牲者に物的な償いをすべしと考えております。

現在出版中の著書が出来上がり、その売り上げの中からも基金として応募したいと思っておりますが、とりあえず小遣いの中から少額ですが、振り込ませていただきました。　川越市（男）

八月三一日　お金で償える事ではありませんが、日本人として、申し訳なく思う気持ちが伝われば願っています。　一〇万円

従軍慰安婦とされた方々へ、私は深く頭を垂れ、お詫び申し上げます。この方々への償いは「国」が、「国」としてするべきであると強く思います。しかし、この方々が五〇年後の今日、年老いておられ、残された時は少ないことを思います。私は原則論を曲げます。日本国民の一人として、償いのために用いて頂きたく、送金いたします。この方々の苦痛が少しでもやわらげて頂くことが出来ますように念じます。そして二度とこのような歴史を作ってはいけないと強く強く思います。　一〇〇〇円

この半月のあいだでも振替は一七一七通届いているので、私の手元にある二四通のコピーを書き写したものでは代表性を主張できない。しかし、このように真摯な気持ちからする明確なメッセージを付け

て送金してくる人々が相当にいたことはたしかである。日本国民の中に動いた人間的な心情である。

募金は国の公的機関の構成員のすべてを対象とすべきだと私は考えていた。当然ながら天皇皇后、皇族の方々にも要請がなされるべきであった。しかし、天皇家、皇族の人々には手が届かなかった。三笠宮は歴史家で住所がわかるので、ダイレクトメールの発送先に加えたが、返事はいただけなかった。とすれば、次は総理と閣僚である。閣議では、総理が一五万円、閣僚が一〇万円と申し合わせたとのことを聞いて、物足りない思いがした。内閣からは一八五万円が送られてきた。しかし、五十嵐官房長官と野中広務国家公安委員長は別にそれぞれ一〇〇万円を出された。村山総理からも一〇〇万円が約束された、翌年払い込みがなされた。

国会議員からの醵金は低調であった。竹村泰子議員が三〇万円を出したのが目立つところで、武部勤、志村哲良、上原康助、田中甲氏らが一〇万円を出している。あとは広中和歌子議員が五万円で、三万円が三人、二万円が二人、一二人が一万円を出したにすぎない。社会党議員からの拠金が甚だしく少ないが、これは政党の寄付によって代替するつもりであったのかもしれない。

最高裁の長官、判事は寄付行為を禁じられているとのことで、醵金の要請は出されなかった。

団体からの募金はまず政党に求められたが、九五年年末までに入ったのは、自民党からの一〇〇〇万円だけであった。社会党からは二〇〇〇万円が約束されたが、それはまだ入らなかった。経済界、企業の寄付は低調だった。それには二つの理由があった。企業をまわって寄付を訴えた人から聞いたことだが、企業のトップの中には「戦友たちの顔が目に浮かぶ」、戦友の名誉を傷つけるようなことはできないと寄付を断る人がいたとのことである。またアジア女性基金に対する反対運動が強く、寄付をする企業には抗議活動をするという構えをみせる女性団体があるので寄付はできない、という企業もあったようだ。おそらくこの後の話は寄付をしない口実に反対運動を利用したものだろう。

また組合も動きは遅かった。このあたりにも基金に反対する市民運動の影響もあったとみられる。

そこで、官庁職場募金に政府はもっとも力を入れて推進した。その結果は次の通りである。募金額の多い順に並べている。

第三表　一九九五年の官庁職場募金

防衛庁、自衛隊駐屯地	一三二六万五六七七円
外務省アジア局、ア地政課、在外公館、国際交流基金、国際協力事業団	八六二一万　　円
大蔵省傘下税関、税務署、国税局、たばこ産業	七八一一万九四六〇円
厚生省傘下法人、医師会、厚生共済会、病院、検疫所、療養所	四二四万三二三九円
建設省建設局、道路公団、工事事務所	二〇九万三一二六円
農林省農政局、営林署、食糧事務所、研究所	一七六万三五四三円
郵政省傘下郵便局	一〇二万　三五三円
法務省法務局、刑務所、鑑別所、検察庁	一〇一万六一五四円
総理府、外政審議室	六四万五三二七円

通産省傘下石油公団など	五二万四九五三円
運輸省傘下運輸局、海上保安本部、空港公団	五一万八四三五円
警察庁	四九万二〇六五円
文部省、国立大学など	三八万八三四九円
公正取引委員会	二六万　五〇〇円
北海道開発庁傘下	二五万七三〇八円
会計検査院	二五万六三八四円
環境庁傘下	一六万〇六〇七円
自治省傘下	一四万五八六二円
総務庁	八万九五〇三円
科学技術庁	七万六一一〇円
防衛施設庁	七万四一八六円
宮内庁	六万五三五八円
内閣法制局	二万一〇〇〇円
人事院	二万　　　円
沖縄開発庁	五〇八九円
計	四三八三万二五八八円

防衛庁、自衛隊がとくに募金に力を入れたことがうかがえる。ついで基金のコンセプトに責任をもつ外務省と大蔵省が職場募金に力を入れたことがわかる。

このようにみてくると、一九九五年一二月末に醵金総額が一億三〇〇〇万円をこえたということがどれほど大変なことかがわかる。しかし、これでは基金は成り立たない。募金のためのてこ入れが一九九六年はじめに必死に行われた。遅れている連合傘下の労働組合、経済界、地方自治体への働きかけが行われた。古川官房副長官、平林外政審議室長、原理事長、石原前官房副長官・基金理事が訪問を繰り返して要請した。募金のために郵便局に募金箱を置くこともはじまった。私は、アジア女性基金の募金は、赤い羽根募金のように、困っている人のためにいくらでもいいから募金してくださいというのでは困る、はっきりした謝罪の気持ちをこめた寄付でなければならないのだから、給与月額の一パーセントというような決まりをつくり、人々がそれに従って寄付するというような形を提案した。

努力が実って、一九九六年には醵金額は順調に伸びはじめた。三月八日に二億一一二一万四九二八円と二億円をこえたかと思うと、四月一二日には三億一八八五万三一二四円と三億円をこえ、さらに六月一三日には四億一二五万四一八二円と四億円台に到達した。三月から六月までに二億円を増やすというめざましい伸びであった。だが、年の後半には伸びは完全に鈍化し、八月八日に四億三七三二万四四〇四円、一一月一日には四億六七六〇万四六八〇円、一二月二四日四億六八九一万八九八六円といった具合であった。九五年一二月二二日の醵金額一億二九〇六万九四六一円と比べて、三億三九八四万九五二五円の伸びである。一九九六年の醵金の内訳（一九九五年一二月二六日-九六年一二月二四日）は次の二つの表の通りである。[*]

＊地方自治体からの醵金額については、一九九六年三月一五日で六二七万四七一六円、七月一〇日現在で一八八三万七八一三円、時点は不明だが、基金の募金が頭打ちとなった時点での額が二四四六万八七四〇円だという基金の記録がある。そこで、九六年末の額を二〇〇〇万円と推定した。第四表の総額をこの間の醵金の伸びから引いてえられた額一億二〇七八万二八八六円から地方自治体の醵金推定額を引いて、市民醵金の総額を一億円と推定したのである。

第四表　一九九六年のグループ醵金

官庁職場募金	三二一一二万六三六九円
企業	四一二〇万五九八〇円
商工会議所、連合会、ホテル協会	二六四一万　　　円
組合	九一七六万九六一二円
政党	二三四四万二〇三七円
閣僚、議員	四一一万二六四一円
計	二億一九〇六万六六三九円

第五表　一九九六年の地方自治体の醵金と市民醵金

地方自治体からの醵金（推定）	二〇〇〇万　　　円
市民醵金（推定）	一億　七八万二八八六円
市民団体	四九四万四一三九円
一〇万円以上	二〇〇七万六四四八円

一〇万円以下（推定）　　　　　　　七五七六万二二九九円
計　　　　　　　　　　　　　　　一億二〇七八万二八八六円

官庁職場募金では、郵政省と傘下の郵便局から一九一一万八四七五円、文部省と傘下の国立大学から二六八万三九一九円、それに外務省ののこりの部局からの二七六万五四二円が入ったくらいだった。新しく加わったのが企業及び経済団体からの醵金で、六七六一万円がよせられた。日本電信電話が三〇〇万円、新日鉄、石川島播磨、大阪ガス、伊藤忠が二〇〇万円、東京ガス、三菱商事、ジャスコ、ホンダ、ソニー、ライオン、第一勧銀、国際電電、ジーヘンが一〇〇万円を寄付したのであった。

それよりも労働組合の醵金がはじまったのが大きかった。中心は自治労で、五〇〇〇万円を出している。情報労連が一〇〇〇万円、私鉄労組が八八九万八一三二円、日教組が二四五万四二三三円、日放労が一二五万八五五六円、連合大分が一二一万六一九〇円、一〇〇万円を出したのがたばこ産業労組、ゼンキン連合、全化連合、全国金属の四組合であった。

もう一つ一九九六年に登場したのが、地方自治体からの寄付であって、知事が一〇万円で、市長は三万円、町村長は一万円という基準で、要請がされたようである。北海道の堀達也、青森県の木村守男、山形県の高橋和雄、愛知県の鈴木礼治、大阪府の山田勇（横山ノック）、岡山県の長野士郎、熊本県の福島譲二、宮崎県の松形祐堯、沖縄県の大田昌秀知事が一〇万円を寄付したが、中にはまったく反応しない知事もいた。北海道は道全体で七五万三七七二円を出したが、堀知事が一〇万円、札幌と旭川の市長が三万円、苫小牧と砂川の市長が一万円、それに石狩町の町長が三万円、一〇の町や村の首長、収入役、役場が二万円、一一の町の町長が一万円を出した。これで五〇万円になる。

政党は社会党の拠金二〇〇〇万円が入ったのが主で、結局自民党と社会党以外の政党から寄付はなかった。

市民からの寄付の中では、団体からの寄付が注目される。とくにアジア女性基金の呼びかけ人大沼保昭が郷里の山形市で組織した募金組織「大沼教授の会」が一九九万七二三〇円の醵金をえたことは特筆に値する。部落解放同盟大阪は七二〇万円、群馬平和運動センターは三〇万円、また大口の寄付としては、渋谷区にお住まいのT・S氏より一〇〇〇万円、伊丹市のM・M氏、札幌のE・Y氏、大宮市のI・H氏よりそれぞれ一〇〇万円、北海道江別の町村家（町村信孝議員の親族）につらなる六人と町村農場から八〇万円がよせられた。五〇万円を出してくれた人が二人、三〇万円を出してくれた人が二人、二〇万円を出してくれた人が三人、一〇万円を出してくれた方は緒方貞子、私の家の近くのキリスト者富山紗和子、詩人の谷川俊太郎、橋本首相夫人など四〇人である。市民団体の寄付と大口の寄付が合わせて約二五〇〇万円なので、一〇万円以下の寄付者が出した醵金は七五〇〇万円をこえたとみることができる。

一九九六年の醵金の伸びはめざましいものであった。しかし、一九九六年年末になると、募金の潜在力はほぼ汲みつくされた状態となったことが明らかになるのである。

償い金を考える

もとより基金の活動にとって基本的なことは、どのような、どれだけの慰安婦犠牲者を対象にするか、一人当たりの償い金の額をどのように決めるかということである。このことを考えるのは、運営審議会の仕事になった。しかし、このことを考えることは、基金のあり方そのものをあらためて厳しく問い直すことに他ならなかった。

運営審議会は一九九五年八月二一日に第一回会議を行い、二八日には第二回会議を開いた。対話のためのチームを韓国、台湾、フィリピンに派遣するということも早々に提起された。一〇月二日の第五回運営審議会で対話のための小委員会が高崎、中嶋、野中、横田で組織された。そして、対話の前提は、一時金の支給をいつからはじめるのか、といったことだから、この小委員会でもっとも核心的な問題を検討することになったのである。

まず議論され、確認されるべき第一の対象国・地域については、八月二八日の第二回運営審議会に出された外政審議室のメモでは、「韓国、中国、フィリピン、インドネシア、オランダ、マレイシア等（日本国内については別途行う）」と列挙されていた。この日本国内についての言及は在日朝鮮人慰安婦宋神道ハルモニを念頭に置いたものか、それとも日本人慰安婦についても措置をとる必要性が考えられていたものか、わからない。

九月四日の第四回運営審議会には、各国の慰安婦数に関する外務省アジア局のデータが出された。韓国では一六二名が韓国政府の審査委員会で認定され、政府の生活支援を受けている。中国では元慰安婦数は不明である。台湾では台北市婦女救援社会福利事業基金会の調査で三三名が認定されている。フィリピンでは、リラ・ピリピーナの認定では一五二名が認定されているが、保健省は一六四名分の無料医療パスを同団体に発給していると言っている。インドネシアでは、元慰安婦の数は不明である。法律擁護協会（ＬＢＨ）によれば、三〇〇名の方が生存との説がある。マレイシアでは、報道によれば、政府に八名が名乗り出ている。オランダでは元慰安婦数は不明であるが、オランダ政府の調査によれば、いわゆる慰安婦の数は二〇〇から三〇〇名、うち強制性ある者が六五名とされている。シンガポール、ブルネイについては名乗り出た者はいない。

以上の数字を単純に総計すると、六三二名となる。

その後、償い金の支給を条件の整っている韓国、台湾、フィリピンの二国一地域で先行させるという考えが出た。韓国と台湾では、政府ないしは政府の委任を受けた責任ある団体がすでに認定を行っている。フィリピンでは、運動団体が認定をしており、政府の社会保健省が関与の意欲を示している。ここには対話チームの派遣ということが準備されていた。一〇月九日の高崎の提案では、これらの二国一地域を第一グループと呼ぶ、第二グループは中国・北朝鮮とし、方針の明確化のために、基金として両国政府に、一時金を支給する意志を伝えることが提案されている。その他の国は第三グループと考えられていた。これはある程度現実的なアプローチである。この二国一地域を先にすれば、対象者は三五九名となる。

さて償い金の額をどう決めるかということは一一月六日の第七回運審あたりから議論になった。ここから運営審議会委員の本当の苦悶がはじまった。「国民的な償いを行うための資金を民間から基金が募金し、支給する」という基金の基本原則からすると、現実的に予想される募金額、目標募金額を想定対象者数で割ることによって、支給額が決まる。だが一一月末には募金額は七七〇〇万円だったから、対象者数を三五〇とすれば、一人当たり二〇万円ということになり、話にならない。かりに目標募金額を現状の五倍に設定すると、一人当たり一〇〇万円を差し出しうるということになる。いずれにしても第一グループに対しても満足な支給が考えられないのであれば、第二グループ、第三グループへの支給はとても難しい。

運営審議会、対話小委員会での検討でも、外務省の代表者からは、募金額を対象者数で割って、償い金の額を定めるという案が示唆されたようだが、それはただちに退けられた。運営審議会の多数の意見で、慰安婦被害者に差し出す謝罪のための「償い金」の額はいくらであるべきかを議論すべきだということになった。つまり、この時点で、国民からの募金で償い金を出すという基金の基本原則はすでに実現性をもたないということが明らかになったと言わなければならない。

運営審議会委員たちの中で、もっとも規範的な議論をしたのは高崎宗司氏であった。彼は、ＩＣＪがとりあえず被害者個人に支払うように求めた四万ドルを規準にして、四〇〇万円を差し出すべきだと主張した。米政府が日系米人に対して不当な戦時収容をしたことに対する謝罪とともに支給したのが二万ドル、二〇〇万円だということを想起した人もいた。台湾人日本兵に対する弔慰金が二〇〇万円と決められたことを思い出す人もいた。ほぼ二〇〇万円から四〇〇万円のあいだで委員たちは考えたのである。第一グループのために、二〇〇万円なら七億円、四〇〇万円なら一四億円が必要になる。当然ながら、募金ではまかなえない。このとき運営審議会委員たちは全員が政府が補塡するのが当然であると考えた。つまり、日本の国民的償いとして一人当たりの償い金の額を統一的に定めようとすれば、かならず政府資金の補塡投入を想定することが不可避になるのである。だから、統一した償い金額を定めるなら、民間の募金と政府資金を合わせて事業を行うということに修正しなければならなかったのである。そうしなければ、この事業は無責任な事業となってしまう。第一グループにも満足に事業ができず、第二、第三グループは打ち切りということになりかねない。

それに新聞広告のためにすでに政府資金三億円を支出している。これはまぎれもなく償い金事業の経費である。これが政府資金でまかなわれたこと、これからもまかなわれることを考えれば、すでにそのことだけでも、償い金事業は政府資金と募金収入の二つの財源から成り立っていることは明らかだった。

論点は早々と出そろったが、運営審議会の討議、外務省代表との協議は簡単には結論にいたらなかった。

反対運動との対話

基金が発足したあとも、内外の運動団体、論者からの批判がつづいた。基金の側からは機会あるたびに批判者と対話をすることに努力し、基金への理解を求めた。

もっとも早い顕著な事例は、呼びかけ人の大沼保昭が歴史家の吉見義明と朝日新聞の紙面上で討論したことである（一九九五年八月二二日夕刊）。大沼は、「社会党首相の連立政権だからこそ、ここまでできた」という「政治の現状」を強調し、「高齢の『慰安婦』への償いは今、具体化しなければ手遅れになってしまう」と主張した。大沼は国際法学者として、「法的な見直しは非常に難しい」とし、裁判に訴えることは世論喚起にはなるが、「勝つ見込み」はない、それに被害者を「引っ張り続けるのは結果的に彼女たちの期待を欺くことに」なると言い切った。慰安婦が政府補償を求めてきたことは事実だが、「病気に苦しみ、一刻も早くお金が欲しいという人も」いる。最後に大沼は、基金のかたちは、「妥協手段」ではなく、「過去の日本の過ちは、国民全体が償うべきもの」だという考えに基づくことを理解してほしいと呼びかけた。

これに対して、吉見義明は、基金に反対するのは、政府が真相究明を十分せず、慰安婦制度の主体が日本国家であったこと、国際法違反を犯したことを認めないまま、「終止符を打とうとしているから」だと主張した。「国際法に違反していたかどうかの認定は、国際的な判断に従うのが公正」であり、韓国の慰安婦はハーグの常設仲裁裁判所に申し立てを求めたのに、日本政府が「国際仲裁の場に堂々と出てこない」のはおかしいと述べて、「国家による犯罪は国家が補償すべき」だから、民間募金こそ国民の謝罪になるという論法は「すりかえ」だと反駁した。被害者の貧しさにつけこんで、その「正義回復の願いを抑えこんでいい」のか。吉見のこの批判には一定の正当性があった。しかし、吉見はこの段階でもこのように主張しつづけることの意義を「今後、流れが変わる」、国連人権委員会の調査が来春までには出る、政府の認識も変わるだろうという楽観的な見通しのうちに見いだしている。遺憾ながら吉見のこの見通しは正しくなかった。

秋になって、私は、雑誌『世界』（岩波書店）の誌面で、挺対協と国民基金の対話を実現してくれるように編集者岡本厚氏に頼みこんだ。基金側は大鷹淑子、下村満子、野中邦子と私の四人、挺対協側は李効再、尹貞玉、池銀姫、それに朴元淳《パクウォンスン》の四人で、往復書簡を交わそうということになった。朴元淳は、挺対協を支援する弁護士・市民運動家で、現在（二〇一一年から）のソウル市長である。この往復書簡は、一〇月はじめ発売の『世界』一一月号に掲載された。

わたしたちの手紙は「なぜ『国民基金』を呼びかけるか」という題を付けられて掲載されたが、内容は『朝日』の大沼の文章の基本主張を繰り返している。「日本国家にいま戦争犯罪を認め、法的責任をとるように求めても難しいと思います。……現在できるのは、政治的、道徳的責任を認め、被害者に謝罪する方向での前進です。」「政府部内の議論の様子を見ていると、個人補償をするという方向に方針を転換させることは、現状では相当に難しいということがわかります。」私たちは、この状態の中で、基金は「新たな選択肢」だとして主張した。とくに慰安婦とされた人々への償いのさいに「最も必要な国民の謝罪の意志、償いへの国民的支持がもっともよく担保される方式」だと指摘した。その上で、犠牲者に「基金は日本の国家国民の謝罪と償いを表すものとして理解していただけるかどうかが決定的」だとして、「先生方のご批判のお助けをえて、この国のあり方を確実に変え、被害者の方々のお心にそう方向に前進したいのです」と結んだ。この主張は基金擁護論を積極的に展開したものであったと言わなければならない。

これに対して、李効再、尹貞玉氏らの返信は「やはり基金の提案は受けいれられない」と題されて、掲載された。冒頭、日本側の四人は「最善ではないが、次善の策」と考えて基金の賛同人になったのだと推測するが、自分たちは「先生方の勧告を受けいれることは」できないと言わざるを得ないとしている。それは「原則を守らなければならないという私たちの信念」のためだと言う。日本政府は挺対協の要求のどれ一つも満足していない。真相究明も謝罪も反省も慰霊碑一つない。河野談話での強制性の承認が唯一の意味ある行為であったにすぎない。基金は発想としては「本当によい」が、政府は「国家的責任を否定するための方便として」これを利用している。基金を受け入れるなら、日本政府に「免罪符」を与えることになり、正義に反する。ハルモニたちの大部分は「法的賠償と真の謝罪」がない限り、どんな金も受けとれないと言っている。挺対協の四氏は、「日本の現実が基金案以外は望み難いという」ことは認めるが、だからこそ自分たちは「基金案をためらう」と言う。日本がこれほど「非人道犯罪を隠蔽し糊塗し擁護しようとする」のだから、「いくばくかのお金ですべての懸案に決着をつけようとすることは私たちの良心が許さない。」「いつも歴史の中にあって正義が確立されねばならないと考え」、ある時は孤立し、主張が通らなくても、「長い歴史を通じて」この主張は貫徹されていくだろうと考える、日本にも政府を批判する「健全な市民グループが存在するかぎり」、韓日間の未来は切り開かれると確信する、との決意を述べて、結んでいる。

結局のところ、四人の方々は、遠からず日本の現実は変えうるという信念にたっておられたのである。困難な民主化運動の厳しい闘いを進めてきて苦しい勝利をかちとった韓国の人々が日本政府との闘争でも正義はかならず受け入れさせることができるはずだと考えるのは理解できる。しかし、二〇年前に終わったベトナム戦争の例が示しているとおり、国家間、国民間の関係では、加害国に被害国の正義を十全に認めさせることは至難の業でであり、加害国の国民の意識を変えるにはさらに長い歴史と違った働きかけの仕方が必要になるという認識が共有されなかったことは残念であった。

一一月六日には、日本の運動体の連合、戦後補償実現キャンペーンが「戦後補償　私はこう考える」という討論会を組織した。有光健が中心になり、基金から私を招き、基金を批判する側からは、鈴木裕子、新美隆、田中宏が出席した（この討論会の記録は、大島孝一、有光健、金英姫編『「慰安婦」への償いとは何か――「国民基金」を考える』明石書店、一九九六年に収録されている）。

私は、一〇月末で六一〇〇万円、二六三〇口しか募金がなかったのは「ゆゆしい」事態であると認め、その上で訴えた。基金には二つの面がある。積極的な面は、日本国家が「従軍慰安婦」をつくりだしたことを政府が認めて、道義的責任も感じていること、その上で謝罪と償いが必要だと考え、それを国民に訴えていることで、それに国民がどう応えるかが事実上の国民投票となっていると私は指摘した。消極面は、「日本政府はこれまでの行きがかり上、個人補償のかねを国家から出せないから、別のかたちでかねをつくって償いをしようとする」こと、それに慰安婦以外の戦争犠牲者について考えていないことに表れていると指摘した。

そういう二つの面から考えると、基金への募金が二六三〇口あったというのは個人で醵金した人は最大で二六三〇人だということになる、「世論調査としては、これは当面のところ完全な敗北です」と私は言った。

当時私のところへ、慰安婦はカネのために身を売った存在で、謝罪も償いも必要ないと考える人物から手紙が届いていた。「基金の発足一ヶ月、一ヶ月経って集まった金はたったの四五〇〇万円」、「謝罪屋諸君よ、少しは恥を知ったら。国民は謝罪を否定した。これは疑うべくもない現実である。国民の総意は疑問の余地なく示された。」

私はこの人物の挑戦はアジア女性基金に対して突きつけられているだけでなく、基金に反対する「皆さん方にも突きつけられているのではないでしょうか」と指摘した。募金が集まらなければ、基金は企業から寄付を集めることになる。なんとか格好はつけて終わるでしょう。基金に参加した者は敗北する。しかし、「基金はまやかしだ、国家による個人補償を実現しなければならないという運動は、こういう形で基金が終始したら、展望が開けるというのでしょうか」と私は訴えた。

「わたしはみなさんにお願いがあります。基金に反対されるということはみなさん方のお考えだから、それは受けとめます。しかし、しかしどうか、その主張を「基金」のほうにも向けてほしいということです。現在百万人署名運動を進めていると聞いておりますが、その中の一万人でもいいですから、「基金」に手紙をだして、われわれが「基金」に反対しているのは謝罪と償いに反対しているのではない、当たり前のことですが、国家がすべきだと考えているのだと、そういう手紙を一万通でも「基金」に出していただけないでしょうか、……それよりも本当は、「基金」に寄付をしていただきたいということです。いくらかでも「基金」に寄付をしていきながら、私たちは出す用意はあるが国家が出すべきではないかという手紙を書いてくださることです。お金を出した人は政府に対する発言権がでますから。」

この私の訴えには耳が傾けられなかった。新聞はこの討論会を報じて、和田が「世論調査だとすれば、完全な敗北」と述べたとのみ伝えた（朝日新聞一一月七日夕刊）。運動家たちも、メディアの紙上や集会の演説で、和田は「基金の現状は率直に敗北」、「国民基金は完全な失敗だ」と認めたと伝えた。それで、私はこのまとめに抗議することになる。

当日、私は質問に答えて、さらに自分の展望をはっきりと述べた。インドネシアと中国に対しても個人に対して事業をしなければならないとすれば、「中国の『従軍慰安婦』だった人、一人ひとりに民間で集めたお金で償いを支払うというのは不可能です」。「ですから、拡大するのです。基金をつくった人の中には拡大したら大変だという考えがあったかもしれませんが、一歩踏み出して、アジアの「慰安婦」であった人々の個人に償いを支払うならば、これはかならず拡大するのです。政府も国民も立ち止まることはできない道に入ってきているのです。」

拡大するというのは、中国、インドネシアの多数の被害者に一人二〇〇万円を差し出すためには、莫大なお金が必要になるのであり、国民からの募金ではまにあわなくなり、政府がお金を出すことになるのだという意味である。

この会合で一緒に発言した人の中では田中宏氏の発言が記憶にのこっている。田中氏は、自分も基金の不十分な点を批判する、しかし、国民基金を撤回せよと言えば、「基金が動きだし、受け取る人が出てきた場合に、受け取る人々を非難することに結果的になるんですね、あるべからざるものという前提に立つわけですから。私はそれ程傲慢にはなりたくない。もし受け取る人がいれば、少なくともその妨げはしたくないんです」と言った。その後の経過を見通した深い洞察を示した言葉であった。しかし、この言葉にも耳が傾けられなかった。あの討論会で合意ができれば、事態を変えることができたかもしれない。有光氏が丁寧に記録にしてのこしてくれた本をとり出すたびに惜しいチャンスをのがしたという思いがする。

クマラスワミ報告の波紋

クマラスワミ特別報告者の報告書「女性に対する暴力――その原因と結果」は一九九六年二月五日に報告されたが、その第一付属文書「戦時における軍の性奴隷制度問題に関して、朝鮮民主主義人民共和国、大韓民国及び日本への訪問調査に基づく報告書」が一足先きに一月四日国連人権小委員会に報告された。

彼女は女性に対する暴力についての特別報告者に指名され、主として家庭内暴力や平時における社会内の暴力について調査を進めたのだが、慰安婦問題について調査対象にふくめるよう特別の要請があったため、一九九五年七月に韓国と日本を訪問し、慰安婦問題について調査したのである。北朝鮮には訪問が叶わなかったので、自分のスタッフを訪問させ、その調査結果と文書研究によりこの追加報告をまとめたのである。慰安婦問題の理解において彼女が依拠したのは、九五年はじめに出たオーストラリアのジャーナリスト、ジョージ・ヒックスの著書『慰安婦』(George Hicks, *The Comfort Women*, Allen & Unwin, 1995)である。この本は日本で出た千田夏光、金一勉、吉田清治の本に依拠して書かれた。ヒックスは千田夏光の仕事を「画期的な発見書」(p.xi)と評価する。また金一勉の本を「慰安婦に関する資料の重要な目録」(p.xxi)として、もっとも多く引用する。そして吉田清治についてきわめて高い評価を与えている。「日本の公式的な立場が慰安婦制度と女性たちの強制動員に対するいかなる責任もとろうとしないことを勘案するとき、吉田の回顧録はきわめて重要である。吉田の回顧録は慰安婦自身の証言をのぞけば、徴発過程について唯一の独自的な、半ば公式的な記録である。」(p.154)「吉田は自身が直接『奴隷狩り』遠征の先頭に立って数千名の男子労働者と慰安婦任務に必要な一〇〇〇名ほどの女子を徴集した過程を記述している。」(p.28) この本は一九九五年のうちに韓国語に訳され、プレステージの高い創作と批評社より出版されたし、日本語にも訳され、三一書房より出版された。クマラスワミはヒックスに全面的に依拠し、その結果、吉田証言をも引用することになった。「強制連行を行った一人である吉田清治は戦時中の体験を書いた中で、国家総動員法の一部である国民勤労報国会の下で、他の朝鮮人とともに一〇〇〇人の女性を『慰安婦』として連行した奴隷狩りに加わっていたことを告白している。」

またクマラスワミは北朝鮮の慰安婦被害者の証言の中で、兵士に反抗した少女の慰安婦が自分の面前で断首された、一緒にいた四〇〇人ほどの慰安婦の半数は殺されたと思うと述べた北朝鮮のチョン・オクスン氏の証言をまっさきに引用した。また慰安婦制度はジェノサイドであるとする北朝鮮政府の立場を第一に引用した。

クマラスワミは、被害者が望んでいることを整理したさい、「日本政府が、軍性奴隷としての約二〇万人の朝鮮人女性の徴用及び日本帝国陸軍のための『慰安所』の設置は、組織的・強制的な方法で、また政府及び軍司令部により、またはその承知の上で行われたことを認めること」を挙げている。ここで二〇万人という数を書きこんだ根拠は、朝鮮民主主義人民共和国の学者チョン・ナムヨンの「二〇万人の朝鮮人女性を軍性奴隷として強制的に徴集し、……その後大半の女性を殺した」という主張である。九四年一一月の予備報告では「朝鮮人を中心とするアジア人女性二〇万人」としていたものが、ここで「二〇万人の朝鮮人女性」にとりかえられたのである。

他方で、クマラスワミは河野談話を評価し、アジア女性基金については、「日本政府の道義的責任の表明として創設されたものである」とし、その設立を「歓迎する」が、これによって日本政府は慰安婦が提起する「法的請求を免れ得ない」と述べている。

そして勧告としては、日本政府に慰安所制度が「国際法の義務の違反」だと認め、「法的責任」を受け入れること、「性奴隷の被害者個々人」に「補償を支払うこと」、資料の完全公開、被害者への「書面による公的謝罪」、教育、関係者の特定と処罰を行うことを要求した。

クマラスワミは日本では秦郁彦、吉見義明らにも会い、話を聞いている。しかし、慰安婦の実態の把握という点では、この調査研究が不十分であることは覆いがたかった。理論面では、韓国挺対協が国連人権委員会で主張したところを大筋において受け入れたのである。

クマラスワミ報告が発表されると、韓国挺対協も日本の運動団体も、日本政府はクマラスワミ報告を受け入れよと一斉に声をあげた。日本政府は三月には反論の文書を起草して、配布した。

総理のお詫びの手紙の案

一九九六年一月五日、村山総理が辞任を表明した。連立三党はそのまま連立政権を維持することを確認して、自民党党首橋本龍太郎首相を誕生させた。ここで、総理の手紙がどうなるかということに大きな不安が表れたのである。総理の手紙については、基金に関わった人間みなにとってとても重要なものであった。運営審議会でも、早くから論議がなされていた。九五年一〇月二日の運営審議会には私も出席したのだが、そこで、総理の手紙について、対話小委員会で審議し、政府に「提言」という形で案文を出すということを決めている。これを受けて、九日には、高崎宗司委員が手紙案の「提言」を起草して小委員会に出した。これは運営審議会を通じて外政審議室へ提出されたようである。その後政府側での検討が進められていたはずであるが、その結果を聞かされたことは一度もなかった。

九六年二月、私は勤務する東京大学社会科学研究所の次期所長に選出され、四月一日より所長をつとめることになった。私は五八歳であったので、二年間の所長任期をつとめ上げると同時に、定年退職するということになった。研究所は九六年には創立五〇周年の記念行事も行う予定であり、新たにに社会科学情報センターの開設もひかえて所内改革の必要性も叫ばれており、大変な時に所長に選任されたのである。大学を卒業するとともにこの研究所に就職して、以後三六年間この研究所一筋につとめてきた私に最後の役割を果たさせようという同僚たちの配慮を、私はありがたいものと感じた。私としては、研究所の所長として最大限の努力をはらわなければならない立場に立ったのである。

しかし、そのとき、アジア女性基金も事業開始を前にして、最後の壁をよじのぼるところであった。そこで私に期待される役割からも私はのがれることができなかった。私は、主観的には、所長職と基金での役割とを両立させることの大変さに思いなやむというようなところは少しもなく、両立させるつもりで張り切っていた。しかし、身体は緊張にたえられなかったのかもしれない。三月あたりから、私は髪の毛をうしないはじめた。四月一日に私は研究所の所長に就任して、毎朝出勤する生活をはじめた。私の頭の脱毛は次第に深刻な状態になっていった。

四月のはじめ、運営審議会から私に総理のお詫びの手紙の新しい案を書くように依頼があった。私は引き受けて、一文を起草した。この案は四月一五日の運営審議会で承認され、一七日の理事会に提出された。私の案は次のようなものだ。

私は、日本国総理大臣として、かつて「従軍慰安婦」にさせられて、心身にわたり癒しがたい苦しみを経験された貴女に対して、ここに謝罪の手紙を送ります。

かつての戦争の時代に、日本軍は、戦線の及ぶところ、中国から東南アジアの各地に多数の軍慰安所を開設させ、そこに多くの女性を集めさせ、将兵に対する「慰安婦」にさせました。一六、七歳の少女もふくまれる若い女性たちの多くは、そうとも知らされずに集められた人々であったと承知しています。日本国がなしたことは、まことに人間としての尊厳を踏みにじる大きな罪でありました。

ここに貴女に加えられた罪に対する日本国の道義的な責任を認め、心から謝罪いたします。貴女は戦時中にこのような境遇におとされ、青春を踏みにじられ、大きな苦しみを負われ、戦後も五〇年の長きにわたり、傷ついた身体と残酷な記憶をかかえて、苦しい生活を送ってこられたと拝察いたします。日本国が戦後において、これほど長く貴女たちに対してなした罪を認めずにきたことも、まことに相すまぬことでありました。

私たちの謝罪のこころを表わし、国民としての償いをおこなうため、日本国政府は国民とともに「女性のためのアジア平和国民基金」を創設し、この基金に対し拠出を行っております。謝罪の言葉や金銭的な支払いによって、貴女の生涯の苦しみが償えるものとは毛頭思いませんが、どうか政府と国民の決意の表れとして受けとめて下さるようにお願いいたします。

日本政府は「アジア女性基金」とともに、「慰安婦」問題の真実を明らかにし、多数の国民がそれを認識するように、努力を続けてまいります。日本国が貴女たちに加えた罪を二度とおかすことがないように、貴女たちが経験された苦しみを何人も二度と経験することがないようにするためです。

貴女が名乗り出て下さり、私たちが過去について目をひらくことができたことを、感謝しています。貴女の苦しみと貴女の勇気を日本国民は忘れません。貴女のこれからの人生がいくらかでも安らかなものとなるように心から願っています。

四月にクマラスワミ報告の審議が国連人権委員会ではじまったことで、法的責任を認めず、国家補償を否定する日本政府に対する批判、設立から九ヶ月、いまだ何も実施できないアジア女性基金への批判が猛烈に高まった。安江良介、坂本義和、隅谷三喜男氏ら『世界』知識人グループはふたたび声明を準備しはじめ、今一度三木睦子氏に同調を求めた。基金呼びかけ人離脱をうながすにひとしい誘いである。三木氏は四月九日、日本政府に法的責任を果たすように求めた国連勧告を支持していくとの声明を出し、四月二四日には同趣旨の『世界』知識人グループの声明の発起人に名をつらねたのである。そして四月末三木氏はアジア女性基金の呼びかけ人を辞任することを原理事長に申し出た。五月二日、三木夫人は坂本義和、隅谷三喜男、秋山ちえ子の三氏とともに、橋本首相に声明を渡すために官邸を訪問した。このときの橋本総理の発言に三木夫人は不信感を深め、この首相が謝罪の手紙を書くはずはないと結論するにいたったようである。

基金の関係者にとって、三木夫人の辞任はショックであった。大沼氏の呼びかけで三木夫人をひき止めようと会合を重ねた。みな総理のお詫びの手紙は基金の「償い」事業の根幹だと考えている、それが出ないのであれば、自分たちも辞任する決意だから、とどまって、中で闘ってほしいと三木夫人を説得した。しかし、三木夫人は、私は外からやるから、あなた方はとどまって働きかけてくれ、基金の募金活動には協力すると言い、辞意をひるがえさなかった。だが、この三木夫人の行為は明らかに首相と政府にインパクトを与えたと思われる。

償い金の額の決定

償い金の額も、長く決定できなかった。運営審議会での議論は前年、九五年一二月一三日の会議で、一律同額で、かつ「国際水準を下回らない」という表現で合意が生まれ、それが一九日の理事会に報告された。理事会の反応はさまざまだった。一九九六年に入って、四月一五日の運営審議会では、たまりかねた政府側よりメモが出た。基金事業対象国を四グループに分けるという案である。メモと議事録を合わせてみると、第一グループ、韓国、フィリピン、台湾は、「一時金支給事業を実施することに相手側政府として明白に反対していない」国／地域である。第二グループ、中国、インドネシアが「基金が一時金支給事業を実施することを、相手国政府として反対している」国／地域とされ、「医療福祉プロジェクトの話は勧めなくてはならない」とされたのである。第三グループ、オランダは歴史の教訓とする事業をとくに希望している国、とされているのはよく理解できないが、第四グループ、北朝鮮、マレイシアを潜在的に慰安婦問題をかかえている国としたのは、いまだ接触がない国という意味であろう。ここに、韓国、フィリピン、台湾にのみ償い金を支給し、中国、インドネシアにはこれを支給せず医療福祉支援を実施する、という重大な政府方針が示唆されたのである。

この政府説明を聞いた上での運営審議会の討議は、高崎宗司と事務局が作成した「一時金支給について、運営審議会発言要旨（案）」にまとめられている。委員は九名だが、当日出席したのは六名、意見だけを伝えた者が三名であった。一時金を一律にすべきだという者が七名であり、多数であった。金額については、最低二〇〇万円が五名、最低二五〇万円が一名、二〇〇〜二五〇万円が一名、三〇〇万円が二名、四〇〇万円が二名であった。（複数回答だったので、人数は合わない。）

「募金額を分母として」、被害者の人数で「割り返す方式」を主張したのは一名にすぎなかった。募金額が必要額に不足した場合はどうするかについて意見が述べられたが、このとき、四月二六日時点で募金額は三億三二八二万円に達していたので、第一グループの二国一地域の被害者三五〇人に対する支給を考えただけでも、二〇〇〇万円とすれば、七億円が必要で、三億七〇〇〇万円が不足、三〇〇〇万円とすれば、一〇億五〇〇〇万円が必要で、七億二〇〇〇万円が不足するのである。この状況で、「政府の資金を導入してほしい」という意見は運営審議会九名の委員のうち八名に達した。この人々は、基金発足時の合意を修正するのは、「発足時の認識とは予想外の事態が起きている」以上、やむをえない、日本の国際的な立場をみて、政治的判断をしてほしい、本来、国民からの募金と同じ額を政府が出すべきだと考えてきたなどと主張したと記録されている。

運営審議会委員たちは決定の重大なことを十分に理解していた。そこで、結論を出さず、「議論の要旨をこのまま原案として理事会に提出する」ことにした。

理事会は四月一七日の第六回会合で、運審の報告を受け、政府の四月一五日メモの説明を聞き、議論したが、突きつめた議論はできなかった。募金の集まり具合に応じて額を決めることはできないという意見も出されたが、分割払いはできないかとか、金額を決めることが必要なのかという混乱した意見も出たようである。不足した場合の対策については、政府が出すべきだという意見とそれに反対する意見が出た。結局理事会もまとめられなかった。理事会は四月二六日にも懇談会を開いて議論したが、結論は出なかった。

そういう経過が運営審議会にもどされ、五月一日、運営審議会は結論を出した。政府代表は、基本的には、集まった募金の額から支給額を決めるべきで、国際的に恥ずかしくない額というなら七〇万円から二〇〇万円の間でいいのではないかと主張したが、運営審議会は、これに反対し、募金額からの割返し方式はとらないことにした上で、一律三〇〇万円とする、と定めたのである。これは不足分は政府に出してもらいたいという意見が事実上付記されたにひとしい決定であった。

理事会は五月九日にこの決定を受けて討議したが、理事たちの中からは、韓国の被害者に受け入れてもらうことも考えて、三〇〇万円というのは妥当な線であるという反応もあった。しかし、もとより財源問題にはふれられないので、継続審議になったのは当然であった。

この状況で、原理事長が動いた。三〇〇万円なら七億円近く不足するのである。原理事長は二〇〇万円に決める他ないとして、不足分の約五億円は政府に出してもらうということで、橋本総理に会見を申し入れた。会談は五月一〇日から一三日までのあいだに実現した。この会談の結果については、第一七回運営審議会（五月一四日）の議事録に記録されている。「原理事長が総理と面談し、基金の現状を説明、財界の協力について後押ししてもらいたいと要望した。募金が不足したからといって基金を挫折させるわけにはいかない、と総理に言ったところ、『責任をもって考える』と答えた。」これが不足分は政府が出すという総理の約束だと基金では受けとられることになる。

六月四日、理事会と運営審議会の合同会議が開かれて、決定が下された。私は平凡社新書（一三五頁）では、この会議を三者懇談会と書いたが、それは誤りだった。つまりこの会議には、呼びかけ人は、大沼氏も私も出席していない。大鷹淑子氏だけが出席している。原理事長が総理との面談の内容を報告し、償い金については二〇〇万円を下回らない額とするということを提案して、合意された。最終的には、医療福祉支援の内容との調整の上決定する、との含みがもたせられた。

このことは、国民からの募金で償い金を出すという基金の基本コンセプトには本質的な欠陥があったことが確認されたことを意味するのであり、基金の基本コンセプトはこのとき実質的に修正されたにひとしいのである。しかしこのことはこの合同会議で議論されなかった。みな沈黙を守ったのである。当然ながら、総理との面談の内容も、二〇〇〇万円決定のインプリケーションも、理事会議事録には記載されなかった。議事録のどこをみても、その記述はない。ただし、基金ニュース第六号に六月四日の理事会報告が掲載されたとき、「財源については政府が責任をもつ、との首相の約束を了承」という言葉が書き加えられた。おそらく出席していた事務局員の誰かの一存で、このことが記録にのこされたものと思われる。

償い金の額の最終決定は、七月一九日の三者懇談会、理事会、運営審議会、呼びかけ人合同会議でなされた。「当面の対象である韓国、フィリピン、台湾の約三百名の被害者に対し、償い金として一律二〇〇万円の一時金をお渡しすることを決定した」と記録されている。私はこのときはじめて償い金が議論される会議に出たのであるが、どのような態度をとったのかおぼえていない。記録の文言では、六億円が必要だということになる。募金額は六月一三日には四億一二五万四一八二円だったから、二億円ほどの不足額は政府が引き受けるという橋本総理の約束が原理事長からこの会議でも説明されたはずである。私も、それを聞いて安堵した一人であった。そして必要な、原則的な議論を提起しなかった。基金の基本的なコンセプトの修正を提起しなかったのである。

理事長が橋本首相に不足分についての約束をとりつけたということは基金の内部では公然たる秘密であった。しかし、記録はどこにもされていなかった。そこで私はのちに原理事長が亡くなられたさいの偲ぶ会での発言で、「募金が『基金』の償いの事業に果たして足りるかという心配がありましたが、それも原理事長は橋本総理に掛け合っていただいて、『最後は政府が責任をとる』という約束をしていただいたというふうに、私たちに話してくださいました」と述べた（『以文會友　以文輔仁』一二三頁）。その事実を記録にのこしたいと思ってあえてふれたのであった。横田運営審議会委員長も、基金解散時に『オーラルヒストリー』の中で、原理事長が「総理大臣のところへ行かれて、最後は国が責任をとるという言質をとってきてくださったのです。そこで理事長は私たちに、『最後は私の責任で政府にやってもらうから、そのことは横において償い金の額を出すようにしてほしい。……』と言われました」と述べている（一三七頁）。

だが、基金は当面の韓国、フィリピン、台湾だけに償い金を出すと決めていたわけではない。それが第一陣だとすれば、そして、その第一陣のためにも不足が生じるのなら、つづく第二陣、第三陣の分は完全に不足となる。償い金は払えないから払わない、ということになってしまう。だとしたら、日本政府の要請によって国民的な「償い」事業を責任をもって進める公共的な法人であるアジア女性基金は、どんなに難しくともあの時点で政府を説得して、募金で償い金を支払うという基本コンセプトの修正を正式に決定し、そのことを公示すべきだったのではないか、と私はいまは思うようになった。そうすれば、アジア女性基金は首相のお詫びの手紙と、政府の支出金と国民からの醵金を合わせた償い金を差し出すものとなり、政府の補償、賠償を求めて基金に反対している人びとを説得することができたかもしれない。そういうことを促していた担当記者もいた。朝日新聞の本田雅和、中沢一議記者は九六年五月二〇日の紙面で、アジア女性基金は危機にあるとして、「政府に対して、道義的・政策的判断から、『償い金』の不足分を支出するよう求めることだ」と促していた。

最後の驚きは、『東京新聞』九六年七月四日付にのった原理事長のインタビューであった。記者は、一時金支給は「一人当たり二百万円以上となっているが、それには少なくとも六億円の募金が必要。現時点では約四億百二十五万円しか集まっていないが」と訊いている。原理事長は、「募金が足りないからといって、途中で事業を中断できない。橋本龍太郎首相に会った時に『足りない場合には政府は責任を持ってください』と言っており、橋本さんも『責任は持つ』と言っている」と答えているのである。二〇一六年のはじめに資料ファイルの中で、この新聞の切り抜きをみて、私は本当に驚いた。あわてて理事会付属資料をみると、この切り抜きは、七月一〇日の理事会の付属資料に収められていた。

基金内部では、理事会議事録にものせず、秘密にしたはずの橋本首相との約束は、その時点で、原理事長の口からまぎれもなく公表されていたのである。どうして私たちはこのことを見過ごしていたのか。どうしてこのことに他のメディア、運動グループが注意を向け、これは基金の基本コンセプトを変えることではないのかと問題にしなかったのだろうか。やはりあの時点で基金の基本コンセプトの修正を提起し、実現すべきだったのである。私はそれをしなかったことに対して強い責任を感じている。

総理のお詫びの手紙

六月三日、原理事長が橋本総理と会談することが決まったということが知らされたので、私はあらためて、自分の書いた総理の手紙案を原理事長に送り、総理の手紙が河野談話の線を下回らないことが条件であること、「謝罪」という言葉を一回でも使ってほしい、犠牲者である「老いたご婦人達の心に響く」手紙にしてほしいとお願いした。当日原理事長と有馬副理事長は橋本総理と会い、心のこもったお詫びの手紙を書くとの約束をえた。

総理のお詫びの手紙については、内閣外政審議室から、手紙が起案されたら基金の代表に文章をみせるということが表明されたので、横田運審委員長と私が代表にえらばれた。

総理の手紙はやがて出来上がり、私と横田運審委員長と有馬副理事長はそれぞれ外政審議室に呼び出されて、平林室長から総理の手紙をみせられた。

拝啓

このたび、政府と国民が協力して進めている「女性のためのアジア平和国民基金」を通じ、元従軍慰安婦の方々へのわが国の国民的な償いが行われるに際し、私の気持ちを表明させていただきます。

いわゆる従軍慰安婦問題は、当時の軍の関与の下に、多数の女性の名誉と尊厳を深く傷つけた問題でございました。私は、日本国の内閣総理大臣として改めて、いわゆる従軍慰安婦として数多の苦痛を経験され、心身にわたり癒しがたい傷を負われたすべての方々に対し、心からおわびと反省の気持ちを申し上げます。

我々は、過去の重みからも未来への責任からも逃げるわけにはまいりません。わが国としては、道義的な責任を痛感しつつ、おわびと反省の気持ちを踏まえ、過去の歴史を直視し、正しくこれを後世に伝えるとともに、いわれなき暴力など女性の名誉と尊厳に関わる諸問題にも積極的に取り組んでいかなければならないと考えております。

末筆ながら、皆様方のこれからの人生が安らかなものとなりますよう、心からお祈りしております。

敬具

文章はよくできているとは言えなかった。慰安婦問題の説明は、具体的でなく、「問題は……問題でございました」というような奇妙な文章になっている。それでも「軍の関与の下に」名誉と尊厳を深く傷つけたことに「心からお詫びと反省の気持ち」を表明するというのは河野談話の結論部分を繰り返すもので、河野談話の認識を前提にしている。「道義的責任」を明記したこと、「内閣総理大臣として」お詫びを表明したのもよい。これは受け入れうる。三人はそれぞれそう考えた。

私たちの閲覧の結果は七月一九日の三者懇・理事会に報告した。「被害者に対する深い反省とお詫びの気持ちが反映されたものである」との報告が承認された。

この日「償い金」二〇〇万円が最終的に決定された。

七月三〇日の三者懇・理事会で、理事長の手紙を出すことが提案され、賛成をえて、文案のとりまとめは大沼氏と私に委任された。事実は、総理の手紙が簡単なものになり、意をつくしていないので、総理の手紙の案として基金側から出された和田の文章を生かして、理事長の手紙をつくることにしたものである。八月一三日の三者懇・理事会で報告され、承認された。

慰安婦問題の認識を述べた部分がそのまま生かされた。「かつて戦争の時代に、旧日本軍の関与のもと、多数の慰安所が開設され、そこに多くの女性が集められ、将兵に対する「慰安婦」にさせられました。一六、七歳の少女もふくまれる若い女性たちが、そうとも知らされずに集められたり、占領下では直接強制的な手段が用いられることもありました。貴女はそのような犠牲者のお一人だとうかがっています。これは、まことに女性の根源的な尊厳を踏みにじる残酷な行為でありました。」

当然基金の説明をしている。「政府とともに、国民に募金を呼びかけてきました」と述べ、「償い金」のことにはふれず、医療福祉支援のことを説明している。「『基金』はひきつづき日本政府とともに道義的責任を果たす「償い事業」のひとつとして医療福祉支援事業の実施に着手いたします。さらに、「慰安婦」問題の真実を明かにし、歴史の教訓とするための資料調査研究事業も実施してまいります。」結びは採用されなかった総理書簡案から結びの三行をとりこんだ。

理事長の手紙は、総理のお詫びの手紙とセットになって被害者に対する謝罪の表明を完成するものだった。

医療福祉支援の検討

償い金の額が決定すると、運営審議会はもう一つの基金事業の柱、医療福祉支援の具体化に取り組んだ。すでにこの事業のために平成八年（一九九六年）度予算で外務省の拠出金として一五〇〇万ドルが充当されていた。この金額をどのようにして被害者に向けた事業に支出できるのか、まったく雲をつかむような検討であった。六月一一日に医療福祉プロジェクト作業部会の第一回会合が開かれ、金平理事が部会長に選任された。作業部会はつづけられたが、医療福祉を実施する団体を見つけて、その団体に資金を与えるという当初のコンセプトは実現不可能であることがわかった。三回の作業部会の討議の結果は、七月一〇日の理事会に報告されたが、運営審議会委員も同席したこの席で、被害者がニーズに合わせて選択し、医療福祉サーヴィスを受けることができるよう、事業内容をいわゆる「メニュー方式」で提示することを検討することが合意されている。具体案としては、ヘルパーの派遣、住環境の整備（手すりを付ける、住居を補修する）、鍼灸サービスの提供などが挙げられた。さらに事業の具体的方策としては、「被害者になるべく現金に近い形で届くよう工夫することを検討する」ことも合意された。すでにフィリピンへは予備調査で受け入れ状況が明らかにされ、フィリピンの社会福祉省が医療福祉支援の実行主体として浮かび上がってきていた。これに対して、韓国ではまったくそのような可能性が存在しなかった。

医療福祉支援については、理事会、運営審議会での議論がつづけられたが、七月中は何も決まらなかった。

こうして総理のお詫びの手紙が決まり、償い金二〇〇万円が決まったが、医療福祉支援は固まらない。その状態で、基金は償い事業の開始に向かって進んでいった。その先頭に立つのはフィリピンであった。

公開討論

アジア女性基金が生まれて活動を開始したことに対して、右からの批判は一年ほどは完全に聞こえなかった。しかし、一年後の九六年春になると、雑誌『Ｖｏｉｃｅ』（五月号）に日下公人「『従軍慰安婦』問題の不思議」という論文が発表された。国家が国民（韓国人は戦争当時は日本国民だった）を強制連行するのは当然だ、日本国家は売春を強制していないということを前提にして、アジア女性基金のパンフレットの認識を批判していた。

これは黙視しえない。私が反論を書くことになり、編集部と話して、八月号に「日下公人氏に反論する」という一文をのせてもらった。私は、日下氏の「陸軍直営の慰安所などはなかったし、あろうはずがない」、軍が売春業者の現地進出を歓迎したのは、「福利厚生施設の整備」であって何も問題はないという主張を批判した。兵士による強姦事件の頻発をおそれ、「成ルベク速ニ性的慰安ノ設備ヲ整ヘ」よと指示した岡部北支那方面軍参謀長の通牒は軍が慰安所をつくったことを明確に示す資料だが、日下氏はこの通牒について、「立派な趣旨」だと述べるだけで、まともに理解しようとしない。私は軍経営的な慰安所の存在を示す波集団（第二一軍）司令部の名高い資料を引用しておいた。さらに日下氏は、米軍占領下の日本でも生活苦に悩む女性が売春した、日本の戦争のさいの朝鮮でも女性は貧乏故に売春していたので、「そうした状況下であれば慰安婦の募集はほとんど強制力を必要としない」と主張している。どこの国の軍隊も戦争するには女性を必要としたのだとして、日本だけが非難されるのは不当だというのである。私は、次のように批判した。

「日下氏は、……戦争と女性について論じ、ナチス・ドイツのノルウェー占領の例とナポレオンの軍隊の例を挙げて、『女性もまた、たくましく戦争時代を生きていた』と結び、『従軍慰安婦』問題など気にすることはないかのように暗に示唆している。……ナチス・ドイツの軍隊が占領地でやったことを引き合いに出して、自分たちの軍隊の行動を正当化するようなことは、してはならないことと考える。百五十年以上も前のナポレオンの軍隊を引き合いに出して二十世紀半ばの自分たちの軍隊の行動の正当化をはかるのも同様である。」

日下氏の判断は河野官房長官談話にまったく反している、アジア女性基金は河野談話に基づいて、「政府と国民が協力して、慰安婦問題に対して『道義的責任』をとり、……『お詫びと反省の気持ちから国民的な償いをあらわす』ことをめざしている」――これがアジア女性基金の反論であった。

第7章　アジア女性基金、償い事業を実施する

一九九六年八月、ついに基金は償い事業を開始することになった。フィリピンで四人の被害者に事業を実施したのである。それと時を合わせて、韓国には事業の説明チームを派遣することにした。

フィリピンでの事業開始

アジア女性基金の償い事業はフィリピンにおいて、一九九六年八月一四日にはじまった。

日本軍は大東亜戦争開戦とともに、アメリカの植民地であったフィリピンに侵入し、ただちにマニラを陥落させ、一九四二年一月より軍政を実施した。アメリカ軍はフィリピンから退却したが、フィリピン人は全土で日本軍に対する抵抗運動を行い、日本軍はゲリラ討伐の残酷な作戦を展開した。日本軍は従来からある売春施設を軍の統制下に置き、利用するとともに、日本、朝鮮、台湾などから女性たちを送らせて軍の慰安所を開設した。しかし、一部の部隊では、フィリピンの女性を暴力的に拉致してきて、部隊の建物に監禁し、レイプをつづけるという准慰安所をつくることが行われた。

敗戦後、日本はサンフランシスコ平和条約を結んだ上、フィリピンと賠償協定を一九五六年に結び、法的請求権問題も解決した。しかし、戦時性暴力の被害者にはいかなる措置もとられなかった。だから

韓国での慰安婦被害者の登場が伝わると、フィリピンでも、慰安婦として犠牲者が名乗り出た。

そのきっかけは人権運動家ネリア・サンチョのラジオ放送であった。彼女は大学生のとき、オーストラリアのミス太平洋コンテストに優勝した人であるが、七〇年代には反独裁闘争に参加して、二年間投獄されていた。一九九一年にアジア女性人権協議会のコーディネーターとなり、女性のためのラジオ・ホットラインを開設した。それを聞いたロサ・ヘンソンが連絡をとってきた。彼女はカミングアウトし、一九九二年九月一八日慰安婦として記者会見を行った。彼女は一四歳のとき、日本兵に捕まり、二度にわたり強姦された。翌年ゲリラに加わったが、行動中に日本兵に捕らえられ、日本軍部隊の駐屯地であった病院に監禁され、兵士たちに連続的に強姦されることになった。その生活が九ヶ月ほど、彼女がゲリラによって救出されるまでつづいたという。

彼女が手本となり、日本軍に連行され監禁の上レイプを加えられつづけた准慰安所の被害者たちがつぎつぎに名乗り出た。フィリピンでは日本軍将兵にレイプされた女性が大勢いるのだが、これまで訴えるすべがなかったのである。このとき、拉致連行され建物に一定期間監禁されていた人だけが、自分たちは「慰安婦」とされていたとして、日本に要求を提示する機会をえたということである。一回から数回程度レイプされた人、軍慰安所で働かされていた人はなお沈黙することになった。一九九三年四月、ロサ・ヘンソン他一七名は日本政府の謝罪と補償を求めて、東京地裁に訴訟を起こした。訴状によれば、「原告らはほとんど例外なく、日本兵によっていきなり襲われ、暴力的に連行されて強姦され、その後引き続いて慰安婦とされている」人々であった。

フィリピンの日本大使館は早くからフィリピン政府と話し合いをはじめた。アジア女性基金ができる

記者会見でフィリピンでの事業の開始を発表する原理事長、左は大鷹、右は衛藤両理事
［写真提供：朝日新聞］

と、基金のフィリピン担当である有馬真喜子、林陽子らがマニラへ赴いて、ネリア・サンチョがつくった被害者団体リラ・ピリピーナと話し合いを行った。

フィリピンの慰安婦はみな連続レイプという犯罪の犠牲者だったので、活動家ネリア・サンチョもリラ・ピリピーナのメンバーたちもひとしく国家補償を求める立場に立っており、最初はアジア女性基金を受け入れようとしなかった。しかし、やがて被害者の中からロサ・ヘンソンを先頭にアジア女性基金を受け入れるという人たちが現れた。そこで、ネリア・サンチョは、「償い」措置を受け取るか、受け取らないかは被害者個人が決定する権利をもっていると判断し、受け取ると決定した被害者に対しては申請書類の作成を助けよう、受け取らないという被害者にはその意志を尊重して運動をつづけていくという態度を決めたのである。これは民主主義的な態度であり、おそらく唯一合理的な方針であったと考えられる。

一九九六年八月一三日、アジア女性基金は、フィリピン各紙にアジア女性基金の事業を説明する広告を掲載した。「女性のためのアジア平和国民基金は、このたび、先の大戦中に『慰安婦』とされたフィリピンの犠牲者の方々への道義的責任を果たすため、国民の償いの気持ちを表す一時金のお届けをいたします（disburse a sum of money to offer atonement from the Japanese people to meet moral responsibility to those who suffered as "wartime comfort women"）。」英文では、atonement（贖罪）という言葉がmoral responsibility（道義的責任）という言葉と響きあって、事業の姿勢を理解してもらえたのだろう。英文では、「償い金」は"atonement money"と訳された。

注目すべきことは、この広告には、総理のお詫びの手紙と償い金のことだけが書かれており、医療福祉支援のことはふれられていなかった。この時点ではまだ医療福祉支援のやり方が定まっていなかったためである。

広告は、被害者に申請を呼びかけるためのものであった。申請者が書類をマニラにある基金の私書箱に送ると、書類はフィリピンの検察庁に委ねられ、審査が行われることになっていた。フィリピン政府がそうすることを引き受けてくれたのである。審査の結果、慰安婦被害者と認定されると、大使が首相のお詫びの手紙を渡し、基金が理事長の手紙と「償い金」の目録を渡すという手はずが定められた。

広告が出された翌日、八月一四日、事前に申請、認定が済んでいた三人の被害者、ロサ・ヘンソン、アナスタシア・コルテス、ルフィナ・フェルナンデスに対する伝達式がマニラのホテルで行われた。湯川大使と基金の有馬理事が参加した。三人の被害者は、「いままで不可能と思っていた夢が実現されました。大変しあわせです」（ヘンソン）、「五〇年以上苦しんできましたが、いまは正義と助けを得られ、幸福に思っています」（コルテス）と語った。

ジャパン・タイムスは、"Four Filipino sex slaves get first 'atonement' pay" と大見出しで報じた（一五日）。フィリピンでの事業の開始は広く報道された。総理のお詫びの手紙がはじめて公表された。

その後、医療福祉支援の方式が決まり、一九九七年一月一五日、アジア女性基金はフィリピンの社会福祉開発省との間で覚書（MOU）を結んだ。基金は被害者一人当たり一二〇万円の政府資金をフィリピン社会福祉開発省に委託し、社会福祉開発省はソーシャル・ワーカーを一人一人の家に派遣して、この医療福祉支援の使い道の希望を聞いて、実行するのである。医療福祉支援を利用して、住宅を改築したり、通りに面したところに小さな店を出すなどした人、テレビを購入したり、電話を引く人もいた。

韓国での事業実施の準備

韓国では、慰安婦被害者が基金に反対し、挺対協は厳しい要求を提起していたので、基金関係者がソウルに説明に行くことすらできない状態であった。一九九六年八月、フィリピンの事業開始の直前、基金事業の説明会をソウルで開くこととなり、運営審議会委員高崎宗司、中嶋滋、野中邦子と呼びかけ人の和田春樹が参加することが決まった。

この説明会のために、韓国語の説明文が作成されている。文書は八月三日付けとなっている。韓国語を直訳してみると、アジア女性基金は「『従軍慰安婦』として犠牲になった方々に対する道義的責任を

果たすために、……『謝過と反省』及び『ボサン보상』を要旨とする事業」を行う、その内容は①「『総理の手紙』の伝達、②国民醵出金による『ボサン보상』の一時金伝達、③政府資金による『謝過と反省』を表す医療福祉支援の実施」である、と説明している。このボサン보상は「償い」を翻訳したつもりだが、「補償《ボサン》」という言葉になっているので、これでは意味が通じないのである。高崎氏と私が韓国語の説明を点検しなかったのはどうしてなのか。深く責任を感じるところである。

「償い金」二〇〇万円の説明は、次のように一層わけのわからない文章となっている。「国民醵出金による『ボサン보상』である一時金二〇〇万円は政府のボサン보상の代わりに受け取っていただくものではなく、……責任を感じる日本国民が『ボサン보상』という事業を政府とともに担おうとする心情を表現する以外の意味はありません。」

日本語の文章では、最初と最後の「ボサン」は償い、第二の「ボサン」は補償となっているのである。

重要なことは、この文章では、韓国に対する医療福祉支援は総額四億円であり、「一人当たり三〇〇万円の規模で実施したい」として、初年度には住宅改善目的などに二二八万円規模、二年度から五年度までは介護サーヴィス、医薬品補助で毎年一八万円規模、というような形が考えられると説明していることである。

この当時、基金の内部では、このような案はいまだ最終決定されていなかったのだが、韓国チームの中で考えられてきた案を七月三〇日の三者懇談会にもちこんで、「一人当たり三〇〇万円規模」という表現を使うことの了承をとりつけたのであった（平凡社新書、一四八頁での説明は誤っていた）。ここで償い金二〇〇万円、プラス医療福祉支援三〇〇万円、合わせて五〇〇万円を差し出すという説明が可能になった。

　私たちは、八月一日に韓国に行って、四日まで被害者の方々をお訪ねして、お話しした。金学順ハルモニのお宅に伺うと、ハルモニは立会人として、山下英愛氏と戸塚弁護士を呼んでおられた。私たちが説明すると、金ハルモニは、「私はアジア女性基金を受け取るつもりはない」ときっぱり言われた。彼女は毅然としていて、威厳のようなものを感じた。私たちはわかりましたと言って、帰ってきた。そのようにきっぱりと拒否を表明された方は金学順ハルモニの他、もう一人いた。逆に基金を受け取りたいと言われた方も二人いた。それ以外の方は態度を決めかねておられるようだった。一人の方が、二〇〇万円では誠意を尽くしたとは思えないが、五〇〇万円を一括して出すなら、誠意あるものと認められると言われたのが強く印象にのこっている。

　挺対協はこの説明会の開催自体に反対し、私たちとは会ってくれなかった。しかし、医療福祉支援三〇〇万円という話に衝撃を受けたようだった。やはり五〇〇万円は大金だったのである。ハルモニたちの生活は苦しかった。挺対協は、記者たちにファックスを送り、決定されていないことなのに、三〇〇万円を現金で支給するかのように虚偽の事実を流布させていると私たちを非難した。私たちは反発し、八月四日に抗議文を流したが、医療福祉支援の内容が最終的に決定していなかったことはたしかだった。今から思えば、支給額を二〇〇万円から一挙に五〇〇万円に引き上げて、金額で韓国の反対論を抑えこむ動きを基金の側が仕掛けたという印象を与えたのかもしれない。『ハンギョレ』にも、『韓国日報』にも、基金に対する悪意をこめたマンガが出た。

　この説明会のあと、私は天安の韓国神学研究所で八月五日から八日まで開かれた第三回「二一世紀に向かう東アジア連帯」国際学術会議で、現在東アジアの知識人の連帯にどのような可能性が開けているかという報告をした。当然ながら私の報告は、日本が植民地支配と侵略戦争を反省謝罪し、和解を求めることが必要であり、その中でいま慰安婦問題については、アジア女性基金が日本政府国民からの努力として意味ある動きであるという内容になった。日本グループは東海林勤、鈴木正三牧師、李鍾元《リージョンウォン》、石井摩耶子、内海愛子と私からなっていたが、話し合って、私の報告以外に対抗報告も出すことになり、東海林牧師がアジア女性基金批判の観点から報告をした。この会議には挺対協の尹貞玉、尹美香《ユンミヒャン》両氏が参加され、厳しい討論があった。

『韓国日報』1996年８月８日号に掲載された漫画（日本語訳を付した）

私は、挺対協への敬意にもかかわらず、被害者団体ではない挺対協は被害者を代表することはできないが故に、基金としては被害者に直接お目にかかって、その声を聞くように努力するつもりであると述べ、韓国の被害者ハルモニの中から、基金の提案を不十分なものではあれ、受け止めると言われる方が出てきた場合は、フィリピンのリラ・ピリピーナと同じく、それを認めてほしいとお願いした。

それに対して尹貞玉先生は、基金は一見前

進しているようだが、結局は賠償金を出さないという以上、日本は変わっていないのであり、受け入れることはできないと言われ、尹美香氏は右翼とも天皇制ファシズムとも闘わずに国家賠償は無理だと言うのは敗北的思考だと批判された。残念ながら、私はお二人のご批判を受け入れることはできなかった。討論の司会をしていたのは、尊敬する友人の李泳禧《イヨンヒ》氏であったが、彼は夜になって、「韓国側ではあなたの立場を受け入れることはできない。だから、あなたの努力はむなしい。基金をやめたらどうか」と私に言った。友情の気持ちからの忠告だった。ありがたいと思っても、それに従うことはできなかった。

私たちの討論を聞いておられた先生方からは、韓国の被害者の生活を考えて、国内で募金をするという考えが出された。最後のまとめの会議でそのことが提案されたとき、私も賛成した。ハルモニの生活を考えれば、韓国の内部からの援助金が集められるということはよいことに思われた。ただ会場の外で参加者のお一人から日本国民から四億円が集められたのは大変なことだ、これと韓国の募金を合わせるように設計できないものかとのご意見をうかがい、そうでありたいものと思ったが、それはむなしい願いであった。

挺対協の要請を受けて、天安の会議を主催した池明観、呉在植《オジェシク》、姜文奎《カンムンギュ》、金聖在《キムソンジェ》氏ら、韓国のキリスト教会の中心人物たちは慰安婦ハルモニのための新たな募金運動をはじめると決定した。これが一九九六年一〇月四日の「日本軍「慰安婦」問題の正しい解決のための市民連帯」という全国民的な団体の発足にいたるのである。呉在植氏は常任代表、金聖在氏は執行委員長となった。宣言文は、被害者ハルモニを「民族の母」と呼び、「清算されていない恥辱の民族史の軛を背負っている方々である」としている。日本の総理の謝罪の手紙については、「『道義的責任を痛感する』との意を示すことによって、この問題をもみ消そうとして」いる、日本政府はアジア女性基金をつくりだし、「民間人を風よけとして先頭に立て」募金を行い、「慰労金」として被害者に渡そうとしている、賠償を支払うのを回避する手段だと述べている。

これでは、完全にアジア女性基金に対抗する募金活動になってしまうと考えて、私は絶望的な気持におそわれた。

このとき、一〇月四日付けで、慰安婦ハルモニ三〇人の連名で出された「私たちは日本政府が直接私たちに賠償することを求めます」という声明が伝わってきた。自分たちは「日本国民のお見舞いや金銭的な援助」を願っていない、罪を犯した日本政府が責任を負い、「政府が主体となって法的賠償が実施されるべきだ」と主張している。アジア女性基金は受け入れられないという表明である。市民連帯の励ましと活動に力を得て、力を尽くして闘っていくと結ばれていた。ここにはすでに名を知られたハルモニたちがみな加わっていた。金学順、姜徳景、金福善、李容洙、沈達蓮《シムダルヨン》、朴福順《パクポクスン》、朴頭理《パクトゥリ》、黄錦周、李貴分、姜順愛《カンスネ》ハルモニの名がみえた。

韓国での事業の実施

だが、九六年一二月になって、一〇月四日声明のハルモニ三〇人の一人金田君子さん（仮名）から基金を受け取るとの意志表明があり、さらに六名の方々が受け取りを希望するという連絡があった。基金は実施を決断した。年が明けて、九七年一月一一日、ソウルのホテルで金平輝子団長が七名の方へ伝達式を行った。総理のお詫びの手紙と償い金二〇〇万円の目録が渡され、医療福祉支援三〇〇万円の実施の計画が伝えられた。私はこの伝達式には参加しなかった。

伝達式にはマスコミの人々を招かなかったが、終了後、ソウルのホテルからマスコミ各社に団長金平輝子名の「お知らせ」を送った。そこには次のように述べられていた。

「本日アジア女性基金の事業を受け入れられた七名の方々は、かって日本軍の要請等により設置された慰安所で『慰安婦』にさせられ、癒しがたい苦しみを経験され、戦後四五年間無視と沈黙の歳月の中に生きられ、過去五年間は日本の行為を告発し、謝罪と補償を求めてこられた方々です。その方々が日本国総理の手紙と基金理事長の手紙を受け取って下さったことは、この間の日本政府と国民の認識と反省、お詫びと償いの意思を不十分ではあれ評価できるものと認めて下さったものと思っております。苦しみを受けられたハルモニたちの登場と告発があったればこそ、私たちは過去について目をひらかれ、ここまで変化することができたのであります。」

ホテルの式に来られた五名のハルモニは、総理大臣のお詫びの手紙が朗読されると涙を流しておられたと聞いた。このハルモニたちは総理の手紙を名誉回復として受け止められたと考えられる。

不幸なことに、この支給は韓国側に強い反発をよび起こした。挺対協と「市民連帯」が出した一月一三日付けの共同声明は、基金の事業開始を「金銭で被害者ハルモニを秘密裡に買収する工作をした」ものと厳しく非難した。「被害者ハルモニたちの経済的生活の困難を利用して、すべてを金で解決しようとすることは被害者たちの人権をふたたび蹂躙する許しがたい卑劣な行為だ。」声明は、『基金』を通じる買収工作を白紙化し、公式謝罪せよ」など七項目の主張を掲げているが、その最後で、基金を受け入れた七名のハルモニたちの行動は「正しくなかったと評価せざるを得ない」と言い切ったのは、決定的であった。この結果はこのハルモニたちの生活に「大多数の国民が……深い愛情を示すことができなかった結果でもある」として、募金活動をもりたてると誓っているが、そう言ったからとして、「正しくなかった」と決めつけた判定の問題性は消えるものではない。

基金に多少協力的とみられていた太平洋戦争犠牲者遺族会も一月一四日の声明で、「基金の奇襲支給強行に反駁する」と抗議した。韓国外務省スポークスマンも「強行実施」に遺憾の意を表した。一月一五日にソウルを訪れた池田行彦外相に韓国の柳宗夏《ユジョンハ》外相は基金の支給手続き開始は「極めて遺憾」とし、支給中断を求めたと報じられた（朝日新聞、一月一六日）。韓国の新聞各紙も一様に受け取った七名のハルモニを非難し、金田君子さんの本名（朴福順）も報道されてしまった。わずかに『東亜日報』李洛淵《イナギョン》記者の記事だけは、日韓両政府の態度の問題性を批判しながらも、五〇〇〇万円を受け取ることにしたハルモニたちの生活の苦しさに同情し、次のように言い切ったのである。

「韓日の外交摩擦で慰安婦問題は別の新たな難しい局面を迎えている。これは、韓日両国政府が真摯にこの問題にあらためて取り組むべき時がきたことを意味する。国内の生存被害者は一六〇名だ。彼女らは次々に死んでいっている。」（一月一三日号）

私は対立がますます強まることを心配した。私は一月二五日、市民連帯の役員をしている旧知の池明観、呉在植、金聖在氏、三人のキリスト者に公開の手紙を送り、基金の支給に反対する声明に反論した。「挺対協と『市民連帯』の共同声明がどんなに私たちを非難されても、それはしかたがないことです。だが、基金が「買収工作」をしたということはハルモニたちの行動は自分の判断によるのではなく、金銭に目がくらんだ、買収された結果だということになり、ハルモニたちをさげすむことになってしまいませんか。そして声明は『さる一一日、日本の『国民基金を受け取った被害者たちの行動は正しくなかったと評価せざるを得ない』と述べておられます。ハルモニたちの行動は正義に反するというのでしょうか。それはいかなる根拠に基づく判断であり、そのように被害者を裁く権利は誰から与えられているのでしょうか。民族の立場からそう言えるというお考えかもしれません。しかし、ハルモニたちは一人の人間としてその主体性を尊重されるべきであります。」

挺対協からのその後の批判は一層深刻であった。尹貞玉先生は翌月、二月二七日の「市民連帯」主催の国際セミナーでの発題で、慰安婦問題は「被害者個人の次元でのみ把握してはならない」「民族的問題」「歴史的問題」だとして、「罪を認めない同情金を受け取るならば、被害者は志願して出かけて行った公娼になるのであり、日本は罪がなくなるのだ」と言い切られた。先生に対する私の敬意はそのときも今も変わらない。しかし、この言葉だけは述べられるべきでなかった言葉だと思っている。

私は韓国の慰安婦被害者、運動団体、世論が日本政府の態度に誠意がみられないとして、アジア女性基金の事業に対して反発し、拒否の態度をとったことについては、今では理解している。しかし、他ならぬ慰安婦被害者の中からそのような基金の事業を受け取りたいという人が現れたとき、それが「正しくない」行動だと評価したのには問題があると考える。被害を受けた本人が謝罪と償い（贖罪）の措置を受け取ることを決める権利をもつことは尊重されるべきだ。しかし、もちろん謝罪と償いの措置を差し出す側は、被害者本人だけでなくその周囲の人びとみなが認めて、受け取りを祝福するような措置を考えなければならないということは当然のことである。アジア女性基金ではその当然のことができていなかった。

インドネシアでの事業の決定

韓国への事業実施が内外で大きな反響をよび、基金の関係者の注意もそのことに集中していたそのときに、インドネシア事業の方式がこの九七年一月に唐突に決定された。このこともアジア女性基金の運命に大きな影響をもつことになった。

インドネシアは、基金事業の対象国として、中国とともに、第一グループの次の第二グループに挙げられていた。外務省がインドネシアを第二グループに区分したのは、「一時金支給に相手国政府が反対している」国々だからということであったが、インドネシアは中国とともに慰安婦被害者の数がきわめて多いと考えられていたので、この二国が一つのグループに分類されたのは自然なことと受け止められていた。インドネシアの国内でも、早くから韓国での慰安婦問題の提起が波紋をよんでいて、一九九二年には慰安婦であったと最初に名乗り出た女性も現れた。その年の七月、インドネシア外務省政務総局長ウィルヨノ・サストロハンドヨは声明を発し、インドネシアでも「強制売春」がインドネシア女性に対してなされた、日本政府の調査は不十分だ、「女性たちの尊厳は日本政府が何をしても回復されない」と日本政府を批判した。これに対して、日本の外務省南東アジア第二課長林景一は七月一四日、在京のインドネシア大使に対して、両国間では戦争賠償は決着しており、慰安婦への補償を求められることは「あり得ない」と抗議したことはすでに紹介した通りである（八四頁）。

アジア女性基金が設立されると、インドネシア駐在の日本大使館とインドネシア政府との接触、協議がはじまったと考えられる。一九九五年八月二四日、社会省次官と日本大使館目賀田参事官の話し合いで、日本側から、慰安婦問題に関する総理プロジェクトの説明が次のようになされた。このたびアジア女性基金が設立された。政府は基金に資金を提供し、元慰安婦に対する医療福祉支援を行う。インドネシアへの支援金は三億八千万円程度で、一〇年間にわたり実施する。これに対し、インドネシア政府は、援助は政府を通じて行い、「他の組織や個人を通じては行われない」、援助が「女性一般の社会福祉及び健康上のプロジェクトの形をとる」なら、政府は「非常に高い敬意をはらう」と表明した。

このことは九六年一一月のスウェノ社会省大臣の説明で明らかにされたことだが、インドネシアには、日本側から基金発足当初より、基金の基本的な償い事業の方式をとらずに、医療福祉支援三億八千万円を提供するということが提示されていたことがわかる。またインドネシア政府が当時動き出していた民間団体を警戒して、政府と日本側との直接交渉ですべてを決めたいと考えていたこともうかがえる。

インドネシア政府は九六年七月になり、福祉担当閣僚会議（及び政治治安担当閣僚会議）で問題を検討した上で、八月社会省大臣インタン・スウェノからスハルト大統領に報告が提出された。その後の社会省と日本大使館の話し合いで、インドネシア側は五つの州に六つの社会施設をつくる第一期案（七億七〇〇〇万ルピア）への支持を日本側からえた。

一一月一四日、インタン・スウェノ社会省大臣は、報道関係者を集めて、以上のような経過をそのまま明らかにして、日本からの援助をこのように活用していくという方針を示し、女性一般、とくに犠牲者の尊厳と名誉を守ること、政府を信頼して、個人または団体の利益を図ることがないようにすることを国民に呼びかけ、犠牲者と家族はすべてを「唯一絶対神に委ね、災難を克服するように希望する」という説明を発表した。この説明はインドネシア国内で報道された。日本でも産経新聞一一月一九日号がほぼ全体を伝えた。

実はアジア女性基金では、一〇月二九日の運営審議会で外務省の代表者が「インドネシア政府から示された尊厳事業の案」について説明した。「今後の基金とインドネシアの関わりについて、問題点を整理して、次回会合に提示する」と決め、一一月七日の三者懇で継続審議としたところであった。そのとき、外務省の代表者からは、インドネシア政府は「国内の社会的、宗教的事情、また被害者の認定作業が不可能との立場から」、「被害者を対象とする一切の事業に反対している」ので、日本政府側が高齢者ケアの事業案を作成したと話があり、それをめぐって議論がなされた（内部資料）。しかし、基金の側はインドネシアでも被害者個人に対する事業が必要だという考えが強く、結論は出なかった。それでインドネシアでの事業を考えるタスク・フォースが設置されることになったのである。

だから、一一月一四日のスウェノ大臣の発表はアジア女性基金にとっては衝撃であった。一一月二六日の運営審議会では、外務省の代表者が、最近報道されたインドネシア政府の発表には「日本政府の理解と同じでない箇所がいくつかあり、驚いている」と弁解した。しかし、インドネシアの政治体制を考えると、既成事実がつくられた感は否めなかった。運営審議会は一二月下旬に有馬副理事長と橋本委員をインドネシアに派遣して、あらためて基金事業の趣旨を説明することを決めた。

有馬副理事長らは一二月二三―二五日にインドネシアを訪問した。アスモノ社会省次官に会って、有馬氏が基金の償い事業を説明すると、次官は、インドネシア政府は、一一月の声明で述べたように、「償い金など個人宛のものは受け取らない」、理由は、①「申し立てている人が本当に『慰安婦』であったかどうか確認できない」、②「慰安婦」であったと公表すれば、「家族、兄弟、子、孫など、ひいてはインドネシア国民全体にとって大変な恥である」、③戦争中の被害については、「二国間の賠償協定で決着済み」ということだと述べた。

そして、個人への「償い金」は「絶対に受けない」、「老人ホーム事業への支援であれば受け入れる」、老人ホームには元「慰安婦」と申し出る者は優先的に入所させる、と述べ、この計画に基金が賛成しなければ計画は変更しなければならないとは言ったが、政府全体で合意しており、変更は不可能だというニュアンスだと有馬氏らは受け取った。

運審のタスクフォースは、この報告を聞いて、インドネシア政府が元「慰安婦」と名乗り出ている人を優先入居させると確約していることを考えて、「早急に本件事業を実施せざるを得ないとの結論に達しました。なお『償い金』の支給については、『基金』としては、「これが実施できるよう引き続き努力したいと考えています」と結論を出した。

一九九七年一月一一日の理事会・運営審議会合同会議では、この運営審議会の結論が有馬氏から報告され、「インドネシアにおける高齢者社会福祉推進事業」の内容が提案されて、あっさり了承ということになった。三者懇ではなかったから大沼氏は出ていなかったが、私は出席していた。私は何も言えなかった。「基金としては償い金の支給が実施できるよう引き続き努力したい」というタスク・フォースの結論も了承されたと議事録にあるが、それはもう気休め程度のことであった。この決定で、インドネシアの事業は、医療福祉支援の枠内の老人福祉施設建設支援となってしまったのである。そのことは、償い金の支給は第一グループのフィリピン、韓国、台湾だけとすることを意味する。思えば、これは基金にとって重大な瞬間だった。その日の私の関心は韓国での事業の実施に完全に引きつけられていたのである。

この合同会議のあと、原理事長が記者会見を行い、この日韓国での七人の方へ事業が実施されたこと、インドネシアでの事業方式が決定されたことを発表した。

この年三月二一日には、橋本首相が慰安婦問題に対するお詫びの手紙をスハルト大統領に送った。そして、その四日後、基金の山口達男理事がインドネシアを訪問し、インドネシア社会省とのあいだに「インドネシアにおける高齢者のための社会福祉サービスの増進」に関する覚書（ＭＯＵ）を締結した。これによりアジア女性基金が一〇年間に総額三億八〇〇〇万円の事業資金をインドネシア社会省に与えることになったのである。社会省は「元従軍慰安婦が存在すると考えられる地域において」「事業が実施されることを確保する」ということだけが、慰安婦問題とのつながりであった。橋本首相のスハルト大統領あての手紙は公表されなかった。その状態は今日まで続いている。

韓国事業の一時停止

韓国での事業の実施後の事態はいっそうの困難をつくり出した。予想をこえた強い反発があって、韓国政府からの支給中止要請もあいついだ。実際、つづく支給は困難になった。

挺対協の方は第二陣の受け取り者が出ることを強く警戒していた。三月になると、挺対協では、ハッキリ会の臼杵敬子氏が被害者ハルモニを訪問して、「基金」の受け取りを「強要した」とみて、彼女の入国を許してはならないと主張しはじめた。

韓国の世論が日本に対して反感をつのらせているのには、もう一つ別の事情もあった。一九九六年秋、中学校社会科教科書に一斉に「慰安婦」問題の記述が現れた。するとこれに対する反発として、東大教授藤岡信勝らが慰安婦問題の記述を中学校教科書から削除せよという運動を起こし、それは「慰安婦」問題自体を否定し謝罪も反省も必要ないとする主張につらなっていった。ついには、そのような動きと主張の高まりの中から、年末に電通大教授西尾幹二らも加わって、新しい教科書をつくる会」が生まれた。このような動きと主張に対し、アジア女性基金は、強い批判をもった。基金の名で正式に態度表明すべきだという議論が生まれた。しかし、慎重論、反対論が役所の方から出て、結局『ニュース』八号に、呼びかけ人で運営審議会委員である和田春樹の個人名の「見解」(一九九七年一月二〇日付け)が発表された。この「見解」は次のように結ばれている。

「総理の手紙に示された精神は、この間の努力の積み重ねの上に最終的にかたちを与えられたものであり、政府と基金の共同の精神であって、全国民のものとなるべき見方です。歴史教育もこの精神にそって考えられていくことが望まれます。この態度は被害を受けたアジア諸国民に対して全世界の注目の中で日本国が約束した一線であり、これから後退することはありえないのです。」

こののち二月二七日には、自民党若手右派議員の幹部中川昭一と安倍晋三が中心となって、「日本の前途と歴史教育を考える若手議員の会」を組織し、教科書における慰安婦記述に対する批判から進んで、河野談話批判を開始した。代表は中川昭一、幹事長は衛藤晟一、幹事長代理は高市早苗、事務局長安倍晋三、事務局次長下村博文であり、衆議院議員八四人、参議院議員二三名が参加した。

このような動きに対して韓国では敏感に反応した。その中で三月三一日、大邱に住む権台任《クォンデニム》ハルモニが中心となって生まれた韓国「従軍慰安婦」被害者・遺族の会が在日韓国人作家朴寿南《パクスナム》氏とともにソウル市内で日本人記者を集めて会見を行い、教科書から慰安婦についての記述が削除されたことに抗議する声明を翌日発表すると表明した。出席したハルモニは五人だった。翌日発表された声明では、法的責任を認め、名誉と人権回復を行えと要求していた。

そうこうしているうちに、挺対協が大きな期待をよせていた市民連帯が五月二八日に解散してしまった。なぜこのような時期に解散してしまったのか、理解ができなかった。要するに、募金活動がうまく展開できず、結果がはかばかしくなかったので、早々と店じまいをしたということのようであった。『挺対協二〇年史』は次のように書いている。

「結局目標額の半分にも届かずに募金運動は終わり、当時日本軍慰安婦として申告・確認された被害者総数一五四名におのおの三五一万七〇〇〇ウォンの支援金が伝達された。日本の国民基金が被害者一人当たり五〇〇万円、当時の換率で約四三〇〇万ウォンに達する『慰労金』を支給するということに比べれば、ひどく不足した金額だった。」

この換率なら韓国の三五一万ウォンは日本円で四〇万円である。挺対協はあせりを感じたであろう。しかし、私たちは別の点に問題を感じていた。市民連帯は、集めたお金を贈る対象からアジア女性基金を受け取った七人をはずしたのである。私は黙っておられず、高崎宗司氏とともに韓国の友人たちに今一度公開書簡を五月三〇日付けで送った。

「日本軍のもとで『従軍慰安婦』にされて苦しみを受け、戦後四五年間まったき無視と沈黙の中に苦しみ続け、過去五年間名乗り出て、自己回復のために戦ってこられた方は韓国では一五八人おられます。

そのうち、日本から受け取った七人を除いて、一五一人に支給するという決定は、七人の人々は誠金を受ける資格のない者だとのレッテルをはりつけ、差別することになります。

『ハルモニへ送る手紙』の方では、『謝罪のない、賠償金ではない慰労金を受け取ることにより、日本政府に免罪符を与え、われわれ自ら二度も金で売られた奴隷になる』ことは許されないと述べられています。これは七人のハルモニに『二度も金で売られた奴隷』というレッテルをはりつけることに他なりません。」

私たちは、尹貞玉先生の二月二七日の「公娼」発言についても遠回しにふれた。「それを読んだとき、そのように決めつけられたハルモニたちのことを思って涙が流れましたが、このたびも驚きを通り越した悲しみを覚えました。」

私たちは、どんどん対立の中に落ちていったのである。

危機からの脱出を求めて

この手紙には長く返事をもらえなかったが、六月二五日になって、金聖在氏から返事があった。返事をしなかったのは、和田がかつて韓国民主化運動に連帯してくれたことで「信義と友情」を失っていないからで、手紙の内容には憤慨したが、返事をひかえたのだと書いてあった。韓国神学研究所のシンポジウムで鬘《かつら》をかぶった私の姿をみて、「歴史の原則と現実との間で苦悩し」ている様子は理解したとも書かれていた。内容的には、「日本政府の公式的謝過と法的賠償の原則以外には」問題の解決はできない、この原則はゆずれないとし、アジア女性基金は「日本政府が公式謝過と法的賠償を回避するための手段として設立したものなので、『国民基金』には道徳性がない」と主張していた。私が「市民連帯」を批判した点については、自分たちが集めたのは「純粋な道徳的誠金であるので、『国民基金』が不当なものであることを知りながら、お金のためにそれを受けとったハルモニに、この誠金を分け与えることはできない」と反論した。金聖在氏は、最後に和田に対する「信頼」の気持ちをもって、この手紙を送る、「被害者の立場から植民地支配清算の問題をもう一度深く考えて」ほしいと結んでいた。なお、私の精神的な緊張の時期が終わったためか、私の髪は、ほぼ一年でふたたび元のように生えてきて、このときには、私はもう鬘をかぶっていなかった。

私たちの二度の公開書簡は金聖在氏の返事とともに、友人白楽晴《ペクナクチョン》氏の好意で、彼の雑誌『創作と批評』誌の九七号（一九九七年秋）に掲載された（日本語訳は『インパクション』一〇七号に収録）。これはありがたいことであった。

私は当時の状態を「『従軍慰安婦』問題の解決をめざす運動」全体が「深刻な危機的状況に陥った」ものと考えた。アジア女性基金の危機というだけでなく、それに反対する運動も韓国と日本で危機にあるとみたのである。私は「現在の危機から脱出するために」という文章を書いて、九七年七月五日にまわりの人々にまわした。「慰安婦」問題の解決をめざす運動は積極的要求の実現をめざす運動だから、挺対協の六項目要求でもいいから、それを基準にして、どの程度実現できたか、考えてみたらどうかと提案した。強制連行した事実を認めよということ（第一項）については、強制の要素があったことは認められていることが明らかになっているが、河野談話で、吉田清治の著作は信用できない（第二項）については、総理のお詫びの手紙を「公式謝罪」とみなすことができる。事実を明らかにすること（第三項）は、資料集の刊行でカヴァーされている。慰霊碑の建設（第四項）は何もなされていない。補償（第五項）は、二〇〇万円の償い金と三〇〇万円の医療福祉支援をどう評価するかだとして、ここに最大の問題があることを示唆している。歴史教育（第六項）は、慰安婦記述の削除を求める運動はあるが、文部大臣はこれを拒否している。このように検討して、橋本総理のお詫びの手紙を検討し、「公式謝罪」とみなせるかどうか、共通の判断をさぐることを提案したのである。

「もしもこの手紙を不十分ながら、『公式謝罪』と評価するという点で合意ができるなら、基金に対する不信を解くために、基金の枠組を償いの事業として受け入れるために、何がなされなければならないか、何が付け加えられるべきかについて議論することです。いまは枠組みの修正によって和解を求めるのは現実的ではありません。枠組みに何かをプラスすることによって、枠組みへの追加によって和解を求めるのが現実的です。」

しかし、この点をめぐって基金の外で議論を起こすことはできなかった。一〇月一日に私の研究所で同僚の大沢真理氏の助けで、研究所の外国人研究員サラ・ソー氏、ドイツのクルゼ・レンツ氏（ボッフム大学）と上野千鶴子氏と一緒の研究会をした席で、この提案を披露したのが唯一の機会だった。すでに、臼杵敬子氏が七月一九日に韓国入国禁止処分を受けるというような異常な状態となってしまい、討論ができる雰囲気は生まれなかった。

秋になると、注目すべき事件があった。九月四日大邱の権台任ハルモニが、約一〇人のハルモニがアジア女性基金を受け入れるつもりだと日本人記者に表明した（読売新聞、九月五日）。しかし、二週間後の九月一九日、権ハルモニら九名は基金は絶対受け取らないとの覚書を発表したのである。権氏以外の八名は李オクソン、金ブンソン、沈達蓮、石ボンイム、盧チンジャ、徐ボンイム、李容洙、李スンギョ氏らであった。この動きはつづいた。一〇月八日、水曜デモで大邱の権ハルモニ・グループの四人とソウルの裵足干《ペジョッカン》、黄錦周の二人が出て、アジア女性基金は絶対に受け取らないと表明したのである。これらのハルモニは一時は基金を受け取るという意志を表明したのだが、強い説得と反対にあって、受け取らないとの表明を公表したものであったと考えられる。実に胸痛むことであった。

尹貞玉挺対協代表は、東亜日報の九月九日号にアジア女性基金批判を寄稿したが、その中で総理のお詫びの手紙について「総理個人が謝過している。そうして国際社会では総理の手紙があたかも日本政府の手紙であるかのように、国民基金があたかも政府の賠償であるかのように、歪曲宣伝している」と主張した。私は、『世界』一二月号の投書欄に「首相は謝罪している」という文章を出し、反論した。総理のお詫びの手紙の英訳では、「私の気持ち」が"my personal feeling"と訳されていたため、「個人的な謝過」だという批判を招いたのかもしれないが、総理の手紙には「日本国の内閣総理大臣として」という言葉がはっきり入っていることを私は指摘した。

アメリカにおけるあるハルモニの号泣

韓国での支給は見合わされている状態であったが、在米の韓国人ハルモニが韓国人弁護士を通じて、基金の受け取りの希望を伝えてこられた。これは韓国での事業実施とは別に考え得るという判断になって、弁護士から直接要請を受けた基金の下村満子理事がニューヨークへ赴いて、一九九七年一〇月二九日に実施した。下村には基金から岡事務局員と外務省の職員が同行した。下村たちは、日本食レストランの一室で、ハルモニと弁護士に会った。ハルモニは日本側と食事をすることも望んでいなかったが、盛装してこられた。「にこりともしないし、少しこわばった顔をして、目を伏せて、こちらの顔を見なかったですね」と下村は回想する。

下村は手続き的なことを説明したうえで、まず総理のお詫びの手紙を読み上げ、ついで原理事長の手紙を読み進めた。

「総理の手紙を読み始めると、その頃からもう泣き出してたんだけど、理事長の手紙になると、理事長のお手紙の方が長くて、もう少し感情というか気持ちの部分が入っていた。すると、その韓国の元慰安婦の女性は、もう感情を押え切れなくなって、本当に、『ぎゃーっ』と叫ぶような、からだの奥底からしぼり出すような声で泣き続けたんです。号泣と言うんでしょうか。

で、途中で私も手紙を読み続けられなくなっちゃって、こちらもすごい衝撃で、畳の部屋で和食のテーブルに向かい合ってすわっていたんですけど、途中で私は向こう側に行って、彼女を抱いて、『ごめんなさいね、ごめんなさいね』って、一緒に泣いてしまいました。……そしたら、彼女が……泣きながら、『あなたには何の罪もないのよ』って。『遠いところをわざわざ来てくれて、ありがとう』というような趣旨のことを言って、でもずっと興奮して泣いていて、しばらくお互い抱き合いながらお互いそういう状態でいて……。

私は、『でも私はあなたは私に罪がないって言って下さったけど、でも私は日本人としてやはり罪があるんですよ』と言いました。……そういうやりとりがあって。それで少し落ちついてきたんで、また元の席に戻って、残りの文章を読み終わって。そしたら、彼女の顔付きが、トゲトゲしいこわい顔が、やさしい顔になっていたんです。つきものが落ちたように、変わっていた。」

ハルモニは、下村の顔を正面からみて、ぽつぽつと身の上を語りはじめた。いい働き口があるという話で騙されて。汽車に乗って連れて行かれたところが慰安所で、「地獄の人生」であったと。戦後に国に帰っても、親戚縁者にも「ダーティー」だと言われて、アメリカに来た。アメリカに来ても、甥や姪の結婚式にも呼ばれない。昔のことは誰にも話はできない。下村は、この人が「胸におさめていたのを、私たちにその何十年分をバーッとはき出したことによって、つきものが落ちたように。少しスッキリした、ということなのか」と考えた。「その後は、非常に穏やかに笑いも混じえて、いい昼食会になった。もちろん償い金も差し上げて、サインをいただいて」と述べている（デジタル記念館）。

このハルモニとの出会いのさいに起こったことは、下村自身にも、その場に出席した外務官僚にも、国家補償派の韓国人弁護士にも、深い感動を与えた。日本からやってきた使者の訪問、首相のお詫びの手紙と理事長の手紙の連続した朗読、ハルモニの心に起こった悪夢の体験のよみがえりと謝罪の言葉と行為の深い受けとめ、大号泣、カタルシスと赦し――こういうことをみなが共同で体験したのである。

これはアジア女性基金の償い事業の最良の実践であったと言っていい。アジア女性基金に関わっている者には、謝罪と償いの事業の意味をはっきりと示してくれたこととして、忘れられない話となった。

台湾での事業開始へ

台湾では、韓国で慰安婦問題が提起されると、ただちに一九九二年に立法院や政府の関係部局が対処委員会を設置して、取り組みを開始した。そのさい、台北市婦女救援福利事業基金会（略称、婦援会）

が委員会の中心となって調査を行うなど、積極的に活動していた。アジア女性基金も九六年から台湾を訪問し、台北市婦援会と相談し、援助も受けた。しかし、やがて婦援会は、国家補償を要求するという主張を明確にし、基金の事業には否定的な態度をとるようになったので、その時点から基金との関係は断絶することになった。

そこで基金は、台湾の法曹界の有力者、頼浩敏弁護士の協力をえて、九七年五月台湾の有力三紙にアジア女性基金の事業の広告を出すことができた。広告は、まず真っ先に「亜州女性基金会」は、「来自日本国民的補償心意（日本国民の補償の気持ちからして）」、「以日本国民的捐款為資金、対毎位原『従軍慰安婦』致送二〇〇万円日円的慰撫金（アジア女性基金は、日本国民が寄付した資金を原資として、元『従軍慰安婦』の方々に対し、慰撫金として、お一人当たり日本円二〇〇万円をお届けします）」と書かれている。「償い」（贖罪）の気持ちはまったく表現されていない広告である。

しかし、この広告をみて、申請を出してくれた慰安婦被害者が一三人いた。その方々に基金の事業を実施した。台湾でも医療福祉支援は三〇〇万円規模と定められ、その実施は、最初から被害者に対する直接の送金で行われた。

台湾でも、アジア女性基金の事業に対する批判は強く、基金に対する強力な対抗措置がとられた。台湾の政治犯であった諷刺作家李敖がアジア女性基金に対抗し「日本無恥・政府無能」を掲げ、婦援会と提携して、八月三一日、自分の秘蔵品をオークションにかけたのである。それで得た金額から慰安婦被害者に支援金を送るという企てだった。オークションの結果は、慰安婦被害者一人当たり台湾ドル五〇万ドル（日本円二〇〇万円）を支給できたのである（荒井信一『歴史和解は可能か』岩波書店、二〇〇六年）。

このさい、アジア女性基金を受け取らないという誓約書がとられた。韓国での金大中政府の支給には、台湾のこの事例がモデルになっていると考えられる。

のちに九八年二月には、立法院が動いて、台湾政府が被害者一人当たり五〇万ドル（二〇〇万円）を日本政府の補償の立て替え金として支給することになる。

歴史資料委員会の活動

アジア女性基金では、償い事業の他に、犠牲者からの聞き取り、資料の収集と整備を行うことを課題とした。そのために、一九九六年秋に運営審議会委員の後藤乾一を中心に歴史小委員会を設けて、検討を行った。これに参加したのは、高崎宗司と私である。一〇月一一日の会合で、慰安婦関係資料委員会を設置することが決まった。

この委員会に参加を求めるメンバーのリストは後藤と事務局とで作成されたが、そこには、池端雪浦、石井明、中野聡、林博史、吉見義明氏らの名も入っていたが、結局これらの人々には参加していただけず、基金の外部から参加していただいたのは、浅野豊美、我部政男、倉沢愛子、秦郁彦、波多野澄雄の五氏となった。基金の中からは、高崎宗司が委員長に、私が副委員長となり、後藤乾一、饗庭孝典、衛藤瀋吉、橋本ヒロ子らが参加した。

委員会の最初の仕事は、政府が調査収集した慰安婦関係資料の公刊であった。慰安婦関連の資料を国民が読めるようにすることが大事だと考えられていた。公刊するものの中には、河野談話発表時以降に政府が公表した重要な警察庁資料も収めなければならない。これは、中国で戦争をしている軍が慰安所をつくるので、内地に軍人や業者を派遣して女性たちを集めるために努力したさまを示す資料であった。私は、この資料を全巻の冒頭に、第一巻の巻頭に入れることを推進した。吉見義明編『従軍慰安婦資料集』(大月書店)がすでに出ていることを考えて、思い切って全資料を現物写真コピーで出版して、その時代の雰囲気を再現することにした。吉見氏の資料集は、一〇六点の国内資料を収めていたが、龍渓書舎から出版された全五巻の基金版の『政府調査「従軍慰安婦」関係資料集成』は二七二点の内外資料を収録した。一九九七年-九八年のこの出版は基金の事務局の多賀克己氏が担当し、個人名を墨塗りする作業におけるミスで印刷をやり直すこともあったが、立派な仕事として完成した。この出版は基金の誇るべき業績の一つだと言えよう。資料集は一九九七年三月に出版され、セット一〇万円で販売されるとともに、全国の公共図書館、大学図書館に寄贈された。

もとより資料委員会では、なんとか独自に資料を発見して公表したいと願っていたが、それはかなわなかった。河野談話をまとめる過程で獲得された資料が内閣府にはのこっているのではないかと考えて交渉したが、まったく出してもらえなかった。

反動の企て失敗に終わる

一九九七年は、自民党内に生まれた「日本の前途と歴史教育を考える若手議員の会」の活動がもっとも精力的に行われた時期にあたる。まず三月一九日に外政審議室長平林博、与党五〇年問題プロジェクト座長の虎島和夫、慰安婦等小委員会委員長武部勤、外政審議室審議官東良信、それに西岡力の五氏を呼んで、ヒアリングを行った。三月二六日は吉見義明と藤岡信勝、四月九日には前内閣官房副長官石原信雄、六月一三日には外務省元条約局法規課長鶴岡公二、六月一七日には河野洋平元官房長官からヒアリングを行ったのである。

ヒアリングを行う若手議員の会の姿勢は、西岡力を同席させていることからも明らかなように、強制連行というような事実はなく、慰安婦は売春婦であったのであり、日本政府にはいかなる責任もないと主張して、河野談話は検証していない被害者一六人の聞き取りをうのみにして出された問題のある談話であると決めつけるものであった。もっとも若手議員の会は、アジア女性基金の活動に対しては一度も疑問を呈することもなく、批判も行わなかった。

しかし、この企ては、党内の若手の造反的な動きとして封じこめられた。若手議員の会はこの年の一二月、展転社から『歴史教科書への疑問』と題してヒアリングの記録を出版し、事実上活動を終了した。

韓国での広告掲載と事業再開

韓国でも、いつまでもストップしてはおれないということで、基金は事業を再開することになった。一九九八年一月六日、韓国の新聞（ハンギョレ、韓国日報など四紙）に広告をのせることになった。全面広告の中央に「これがアジア女性基金の事業です／「慰安婦」として犠牲になったみなさまに日本からボサン보상（償い）の心情をお伝えします」という見出しをのせた。冒頭は原理事長の基金についての説明で、「すでに締結されている諸条約を前提にして、日本政府の対応のみならず、幅広い国民的参加を要請し、国民的な보상（償い）の心を表していこうとする趣旨で、戦後五〇年という歴史の時点で……設立された」基金であり、「元『慰安婦』の方々に国民の募金で謝過金を伝達する事業、および日

本政府の拠出による医療福祉支援事業を実施しています」と説明している。ボサン보상という言葉のあとに（償い）と日本語を入れたのだが、これでも「償い」の意味は伝え切れていない。「償い金」の方は韓国では「위로금　慰労金《ウィログム》」と言われてきたので、「사과금　謝過金《サガアグム》」と訳し直しているが、便宜主義的な印象を与えただけだった。

この広告を出したことには、韓国内では反発が強く起こった。しかし、この広告を見て基金に申請をよせた人が二〇人ほどいた。基金は黙って実施した。医療福祉支援は韓国で事業を実施してくれる団体は見つからなかったので、日本の中に韓国の慰安婦被害者のための「医療福祉の充実をはかる」団体、「アジアとの対話をすすめる会」をつくり、その会を通じて、慰安婦被害者に初年度二二八万円、二年度三六万円、四年度三六万円と分けて、現金を送った。何に支出したか、領収証をもらうという話があったが、結局それは不可能で、医療福祉支援は現金での支給となったのである。

討論「齟齬のかたち」

一九九七年の末の時点でアジア女性基金について、さまざまな論者を集めて、討論し検証するという新たな試みを季刊雑誌『インパクション』一〇七号（一九九八年四月）が試みた。これはあとにも先にもない建設的な企画であった。

巻頭に置かれたのは、アジア基金批判派の西野瑠美子氏と私の対談である。司会の鵜飼哲氏は、この二人の間に「どんな対話の可能性があるのか」を議論したいと切り出した。私が基金の設立までの経過を説明した後、西野氏が国民基金を批判する三つの理由として挙げたのは、以下の諸点である。（1）

慰安婦問題に対処するなら、植民地支配を批判し、アジア蔑視というレイシズムと結びついたセクシズムと対決しなければならないが、アジア女性基金ではそれができていない、（2）政治主義的現実策を言うが、「日本をどこまで変えうるかということにおいて闘いを放棄しているラショナリズムにすぎないのではないか」、（3）国家の責任を曖昧にして国民の償いにしているのは、「一億総懺悔」の繰り返しだ。「誠意」を強調するが、基金は「自己満足」に走っていないか。

私は新しいことは言わなかったが、西野氏が総理の手紙は「本当に日本国民の誠意であるのか」と被害者は疑っているというのに対して、私は橋本書簡は「日本政府の方針」として出たものだ、反対の意見は国民の中にも政府、議会の中にもある、だから「政府はこういう考えなんだということを国民の中に広めていって、より多くの国民がそうかと受け入れていく」「さらに問題を深く考えるように促す」ことに意味があると反論している。

対話は最後に「基金は変わりうるか」とまとめられた討論となった。私は「批判をするのならその批判が基金を変えていくようなふうにやってもらえないか」と述べ、「人間が作った組織」だ、基金は変わりうると主張した。これに対して西野氏は「運営費とか広告費に出しているあの膨大なお金を拠金の中に入れるという選択肢」、「福祉医療費を補償に近づく国家の拠出としてやれないかという提案」について語り、「基金が変わりうるというのは一点しかない」、「国家の責任ということをきちんと前面にだせるかどうかの決断ではないか」、「なにかを付け加えていくというやり方」ではだめだと述べた。重要な提案であった。

この特集号では、私と高崎の韓国人の友人との往復書簡が『創作と批評』誌から転載され、臼杵敬子氏のインタビューも収録された。論文としては、李順愛氏の「『新たな連帯』への序奏」がのった。李氏は徐京植氏や鈴木裕子氏の議論に反論し、「自由主義史観」や慰安婦問題否定の国粋主義が隆盛になり、その外側に膨大な無関心層やあきらめ派がひかえているという日本の現実の中で、国民基金反対派と国民基金内市民派が対立していてよいものかと主張した。李氏は高崎宗司氏の夫人である。さらにこの号では、基金反対派の藤目ゆき、鈴木裕子氏と基金にある程度理解を示す加納実紀代氏が国民基金をめぐって論戦している。鈴木、藤目氏らは基金が国家補償要求で団結していた各国の慰安婦被害者たちを「お金にものをいわせて」分裂させたと批判するのに、『インパクション』誌編集委員である加納氏は、「自分と少しでも意見が違えば敵だというのではなくして、違いは違いとして一致できるところを見つけたい」と結んでいる。継続深化が望まれる企画であった。

金大中大統領の下で

ところでこの間に韓国では、金大中氏が九七年一二月の大統領選挙で当選していた。私は朝日新聞の文化欄に求められて、よろこびと期待を述べた（一二月二二日夕刊）。日本から拉致されて、八〇年には死刑の判決を受けた苦難の政治家がついに大統領になったのには「金大中氏の努力を超えた大きなものの意志、民族の運命が作用しているように思われる。」「日韓関係を本当に心を開いたものにしたいという強い意志をもっており、それが自分の使命だとも感じているはずである。」

挺対協はアジア女性基金を受け取る被害者が増えるだろうと心配し、この直前の九七年一〇月から総額六〇億ウォンを目標とした第二次募金運動を開始したが、折からＩＭＦ金融危機が発生し、目標達成は絶望的となった。まさにそのとき、民主勢力の代表金大中氏が大統領に就任することになったのである。挺対協は早々に金大中氏に対して、政府がアジア女性基金を受け取らないと誓約する被害者に支援金を支給するよう要請したと考えられる。

金大中氏は日本で受難し、日本政府の態度も厳しく批判したこともあったが、日本国民の「金大中氏を殺すな」の救命運動には深く感謝して、日韓関係を改善し、新しい地平に押し上げることを自分の使命としていた人であった。しかも、その高い権威と強い指導力に特別の期待がかけられていた。私は、新大統領の力で慰安婦問題での対立を解決していただきたいと願って就任式の直前、一九九八年二月一四日に手紙を送った。アジア女性基金のシステムを根本的に改造することは不可能であるので、慰安婦被害者のための慰霊碑を建ててほしいと日本政府に求めていただけないか、もし日本政府がそれに応じたら、アジア女性基金は「不十分ながら、誠意に基づくシステム」だと認めてほしい、基金を受け取りたい人は許し、受け取りたくない人にはその「さらなる闘争を支援する」というようにしてもらいたいと書き送ったのである。

私の手紙は大統領のもとには届かなかったようだった。新政府は早くも三月一八日には、アジア女性基金を受け取らないと誓約する慰安婦ハルモニには一律三一〇〇万ウォン（日本円三八二万円）を支給すると決めたということが報道された（産経一九日）。私たちは衝撃を受けた。このニュースが最初三月一一日の連合通信で流されたときは、一人あたり五〇〇〇万円の支給と報じられ、アジア女性基金と同額だということが強調されていた。まさに金に対して金という対抗である。支給金の額を引き上げてほしいという要求が韓国政府によせられたのだろう。三月二八日になって、韓国政府次官会議がハルモニ一五五人に三八〇〇万ウォン（日本円三六〇万円）を支給すると発表された（朝日、毎日、読売三〇日）。

私はこの三月の末日をもって、六〇歳で東京大学を定年退職した。所長職も終わりとなった。自由の身となった私は、いてもたってもおれない気分のまま、四月五日にはソウルに行った。民主化運動で金大中氏と軍法会議で一緒に被告だった旧知の李海讃《イヘチャン》氏が文教部長官になっていたので、彼に会って、私の不安を伝え、支給を思いとどまってほしいと訴えた。しかし、金大中大統領には会えず、手紙を書いただけだった。韓国政府の支援金とアジア女性基金の償い金を合わせて実施することはできないか、挺対協の主張する慰霊碑の建設に日本側が応じれば、誠意ありと認めてくれないか、慰安婦問題につくしている臼杵敬子氏への入国禁止処分を取り消してほしいという三点を書きつらねたものである。

四月一三日になると、林東源《イムドンウォン》外交安保首席秘書官が、日韓関係を転換する、これ以上政府は賠償要求はしないとの方針を明らかにし、外交通商部のスポークスマンも、同じころ、支援金三一五〇万ウォンに挺対協が集めた募金から六五〇万ウォンを合わせて、一人三八〇〇万ウォンとするとし、この措置は、政府が被害者個人に対する賠償を要求しない方針からくるものであると声明した。

韓国政府は、ついに五月七日にいたり、政府に登録している一五二人の被害者ハルモニのうち、アジア女性基金を受け取らないという覚書を出した約一一〇人に政府支援金を支給した。韓国政府は総額三億九六〇〇万円相当の支出をしたことになる。この時点までに基金を受け取ったハルモニは二五人であったので、深刻な事態は現出していなかったとはいえ、韓国政府からの支援金を与えられなかった人が感じた精神的な圧力は大変なものであった。アジア女性基金を受け取ったハルモニには、全額を日本に返すことにして、挺対協に預ければ韓国政府の支援金が与えられる、という説明がなされたのである。

アジア女性基金はかねて用意してきた原文兵衛理事長名の声明を五月七日に発表した。声明は、韓国政府の支援金支給がハルモニの生活改善に役立つものであれば歓迎するとして、基金を受け取った七人が支給対象から除外されたことを遺憾として、また支援金支給にあたって、基金を受け取らないという誓約書を書かせることに異議を唱えた。「このたびの韓国政府の支援金支給とアジア女性基金の事業実施とは矛盾するものではなく、並行して行えるものであり」、そうしてこそ問題がふせげるのである。対立的な支給は「不必要で不当な苦しみをハルモニたちにもたらす結果となります。」

関釜裁判の「一部認容」判決

この春は関釜裁判の第一審判決が出たときであった。一九九二年一二月二五日、慰安婦であった河順女《ハスンニョ》、朴頭理氏、それに勤労挺身隊で働かされた二人が山口地方裁判所下関支部に提訴し、翌九三年一二月一三日に慰安婦であった李順徳《イスンドク》氏と勤労挺身隊員であった四名が追加提訴した。総勢慰安婦三名、勤労挺身隊員六名の訴訟である。国を被告として、公式謝罪と損害賠償を求めた。この訴訟を助ける福岡の市民団体「戦後責任を問う・関釜裁判を支援する会」が花房俊雄・恵美子夫妻を中心として組織され、裁判闘争がつづけられてきた。その判決が実に提訴七年後の一九九八年四月二七日に出されたのである。慰安婦問題については、判決は「従軍慰安婦制度」は「徹底的な女性差別、民族差別思想の現れ」であり、「現在においても克服すべき根源的人権問題である」とし、その当時において存在していた条約に照らして「違法の疑いが強い存在であった」ばかりか、現在の「文明水準に照らしても、極めて反人道的かつ醜悪な行為であった」と認定した。そして、政府は、河野談話のあと、すみやかに賠償立法をなすべき義務があったのに、それを怠ったとして、この立法不作為に対して元慰安婦の原告三名に各三〇万円の賠償を支払うよう命じたのである。これは、九〇年以後の一連の国家補償要求訴訟の中で、唯一原告の主張を部分的ながら認めた勝利判決であった。「支援する会」の花房俊雄代表は、この判決に対する反発を抑えて、これを「画期的判決」とし、「この判決を今後の立法活動に最大限活かしていきたい」との方針を明らかにした。基金に反対した運動体の中で立法解決をめざすというオールタナティヴが意識された瞬間であった。

原理事長の大統領への手紙と大統領の訪日

五月下旬に、北朝鮮問題のシンポジウムに招かれてソウルに行った私は、監査院院長韓勝憲《ハンスンホン》、統一部長官康仁徳《カンインドク》、文教部長官李海讃氏らに会って、訴えたが、結果は何もえられなかった。六月一一日、原文兵衛基金理事長が韓国大使館を訪問して、金大中大統領にあてて手紙を渡した。下書きを書いたのは私である。手紙は次のような内容であった。私たちは、韓国政府がハルモニたちに生活支援金を出すことは歓迎している。しかし、アジア女性基金を受け取らないという誓約書を書かせるとか、基金から受け取った金額を返却すれば支援金を渡すとの方針が伝えられているのは、問題である。アジア女性基金の「償い金（謝過金）」は生活支援のためのものではないので、韓国政府の支援事業と「並行して行えるもの」である。韓国政府の支援金は、すべてのハルモニに誓約書なしに支給していただくようにお願いする。もちろん、基金の事業が「日韓関係の悪化につながる」ことは本意ではない。事態は私どもではどうにもできない。金大中大統領のご英断で、「韓国政府の配慮と日本国民の償い（ボサン）の意思を共に生かす道を見いだしていただきたい。」

これに対して、すでに理事長の手紙の内容を伝えられていた韓国大使から、次のような回答があった。このたびの措置は、慰安婦問題がこれ以上両国関係の障害にならないようにするための措置であり、アジア女性基金事業を阻止するためのものではない。対日賠償問題を解消させる、慰安婦問題を韓国政府の一方的な措置で妥結しようとするものであることを理解してほしい。アジア女性基金を受け取った者には、それを基金側に返却すれば支援金を支給し、アジア女性基金の返却を強要はしていない。アジア女性基金が一時金支給に固執すれば、韓国政府の措置を否定することになるので、一時金方式を転換して、慰霊碑、記念館の建設など歴史の教訓とする事業に変更してほしい。

このあと基金の中では本当の悩みがはじまった。私は七月二八日、朝日新聞の論壇に投稿「アジア女性基金を後退させるな」を出して、医療福祉支援は中止してもいいが、償い金の支給はつづけさせてほしい、日本の誠意を汲みとってもらうために慰霊碑の建設に取り組んでもいい。この点は基金の中の意見がなお分かれていると書いた。政府外務省の考えは、償い金の支給はもう無理だろう、政府資金による医療福祉支援は形を変えて実現する道をさぐりたいというものだった。他方で、慰安婦ハルモニの中からは、慰霊碑建設などに変えるのでなく、あくまで被害者への償い金と医療福祉支援の方式を守れという訴えもよせられた。八月一八日の声明には、五二人のハルモニが連署していた。

一〇月七－一〇日、金大中大統領は国賓として訪日して、小渕首相とともに、村山談話を基調にした日韓パートナーシップ共同宣言を発表した。そこには次の言葉がもりこまれた。

「小渕総理大臣は、今世紀の日韓両国関係を回顧し、我が国が過去の一時期韓国国民に対し植民地支配により多大の損害と苦痛を与えたという歴史的事実を謙虚に受けとめ、これに対し、痛切な反省と心からのお詫びを述べた。

金大中大統領は、かかる小渕総理大臣の歴史認識の表明を真摯に受けとめ、これを評価すると同時に、両国が過去の不幸な歴史を乗り越えて和解と善隣友好協力に基づいた未来志向的な関係を発展させるためにお互いに努力することが時代の要請である旨表明した。」

この日韓パートナーシップ宣言のもと、両国はこののち、韓国での日本文化開放、日本内での韓流ブームの高まりを通じて、画期的な日韓国民交流の新時代に入ったのである。

この共同声明の翻訳にあたり、両政府は、日本首相の「お詫び」を韓国語の「謝過」と訳すのでなく、「謝罪」と訳すことで、合意した。この結果、慰安婦問題での総理の「お詫びの手紙」もこれ以降韓国語では「謝罪の手紙」と訳されるようになったのである。

植民地支配に対する謝罪の表明を確認して、歴史を乗りこえて和解と協力に向かうことを宣言したことは大きな意義ある新時代の開幕であったが、慰安婦問題での対立はそのままにのこされた。ここから、なんとか金大中大統領と小渕首相の友情により、慰安婦問題での打開を図ることが必要であった。しかし、金大中大統領訪日という盛事の中でアジア女性基金にはいかなる役割も与えられることがなかったのである。

東信堂アジア女性基金本の出版

アジア女性基金の趣旨を説明したいという気持ちから、大沼保昭氏が中心となって編集した本、『「慰安婦」問題とアジア女性基金』が東信堂から出たのは一九九八年一〇月のことであった。冒頭に五十嵐広三元官房長官、竹村泰子、清水澄子議員のインタビューが収録され、原理事長、谷野元内閣外政審議室長の寄稿もあって、意義ある記録となっている。とくに醵金者七六人のメッセージが収められているのが印象的である。

　この本はのちに韓国語訳が出されたが、さほどの注目はあびなかった。しかし、韓国人がアジア女性基金のことを考えてみようとすれば、基本的な資料となりうるものであった。

オランダ事業の内容と実施

九八年には、オランダ人の被害者に対する事業を開始することができた。これは注目すべき事業のかたちとなった。

　戦争当時日本軍がインドネシアを占領すると、インドネシアを植民地として支配していたオランダ人を全員収容所に収容した。その収容された者の中から日本軍の軍人が若い女性をえらび出して軍慰安所に送り、慰安婦とするということがあった。慰安婦問題がおこると、オランダ政府は九四年には報告書を出し、慰安婦にされたオランダ人女性は二〇〇人から三〇〇人であった、そのうち確実に強制性が認められる女性は六五人程度であると結論を出した。

　オランダ政府と在オランダ大使館との話し合いは早くからはじまった。オランダ政府側は政府としてはこの問題に関与しないという態度を表明したが、一時金支給より医療施設をつくる方がいいと言ったことがあったようだ。そのため日本の外務省はオランダを「歴史の教訓とする事業を希望している」第三グループに入れていた。その後、在オランダ大使館はオランダの戦後補償要求団体、対日道義的債務基金の代表者との話し合いをはじめた。日本側は高齢者療養・教育助成事業を提案し、のちには医療福祉支援の集団的事業を受け入れてくれるように求めた。しかしオランダの団体からは、集団的事業は受け入れられない、被害者個人に対する事業でなければならないという要求が出され、大使館側はこれに同意した。この協議は在オランダ大使館が進めたことで、基金はまったく関係がなかった。

一九九八年一月、基金の関係者がはじめてオランダを訪問し、事業の形について話し合いを行った。七月一五日、橋本首相はオランダのコック首相に慰安婦問題に対する謝罪の手紙を出した。この手紙の書き出しは、いわゆる首相の「お詫びの手紙」の書き出しより、もっとすっきりとしているように思われる。

「我が国政府は、いわゆる従軍慰安婦問題に関して、道義的な責任を痛感しており、国民的な償いの気持ち（the atonement of the Japanese people）を表すための事業を行っている『女性のためのアジア平和国民基金』と協力しつつ、この問題に対して誠実に対応してきております。」

これを受けて、この日、対日道義的債務基金の中で慰安婦問題を担当していたマルガリータ・ハマー氏が中心となって、オランダ・アジア女性基金事業実施委員会（ＰＣＩＮ）を設立した。基金の山口理事がこの事業実施委員会委員長であるハウザー将軍との間で覚書（ＭＯＵ）を締結した。そこには、「基金は、『従軍慰安婦』問題に関し日本の償いの気持ちを表すために、委員会が実施する……オランダ人戦争被害者の生活状況の改善を支援する事業に対し、財政的支援を行うものとする（provide, in order to express Japan's feelings of atonement toward the "wartime comfort women" issue, financial resources for the PCIN to implement the project which will help to improve the living conditions of those wartime victims...)」と書かれていた。ここでもatonementという言葉が日本人の心情を伝えている。

ＰＣＩＮは同年八月二八日、オランダと世界各地の新聞に広告を出した。そこには、「一九四二－一九四五年に東南アジアで日本占領軍により売春を強制された（being forced into prostitution by the Japanese occupation forces）ために極度の精神的、肉体的被害を蒙ったすべての人びとに注目することを呼びかけます。……アジア女性基金はこの種の被害者に生活条件を改善するプロジェクトの形で補償を支払う（pay compensation to this group of victims in the form of a Project to improve the living condition of those victims）ことを計画しています」と書かれていた。

世界中から一〇七名の申請が出され、それを事業実施委員会が厳密に審査をして、強制されて性的な奉仕をさせられた七九名をえらび出した。注目されるのは、このさい男性もふくめられたことである。

認定された被害者には、橋本総理のコック首相あて書簡の写しが渡され、いかなる医療福祉サービスを望むかというアンケートに答えてもらった上で、三〇〇万円の「事業金project money」が送られた。受け取った被害者たちはハマー氏のところへ礼状をよせた。

「私は事業金を受け取り、とてもうれしく思い、また橋本氏の書簡に大いに満足しました。あの長い歳月をへて、ついに（私の受けた被害が）ある程度認められたのです。私は感情を抑えられず、心と身体が震えました。」

「あなたが私のためにして下さり、これからもして下さるすべてのことに対してお礼を申し上げます。この金銭的な補償（compensation）だけでなく、一五歳の少女であった私が受けたあの悲惨さのすべてが認められたことに対してです。そのことが、いまもなお口を開けていて、それを抱えて生きていくことにたえてきた心の傷の痛みを和らげてくれます。」

オランダ人の被害者はほとんどがアジア女性基金の事業を受けたと考えられるが、被害者の中でもっとも勇敢に名乗り出て、たゆまず日本の国家のしたことを批判しつづけたジャン・ラフ＝オハーンは基金に申請を出すことを拒絶した。有名なスマラン事件の被害者であった彼女は手記を書き、沈黙しているオランダ人被害者に代わって、日本国家の罪を告発した。日本人が忘れることのできないオランダ人女性である。

金大中大統領との懇談

一九九八年一二月四日、村山元総理は大分合同新聞の金大中大統領インタビューに同行する依頼を受け、その機会に大統領と会談することになった。会談の話題は北朝鮮問題であった。金大中大統領の太陽政策とともに日本が北朝鮮との交渉を進めることが可能かどうかをさぐるのが村山元総理のお考えだった。そこで北朝鮮問題で運動団体を立ち上げることを村山元総理と相談していた私は、とくにお願いして、会談に同席させていただくことになった。私は旧知の金大中氏が大統領になってから直接お話しする機会がなかったので、これが絶好の機会だと思ったのである。四日午後四時、村山元総理とともに大統領官邸、青瓦台に入った。会談には小倉和夫駐韓日本大使が同席され、四時三〇分ごろからはじまった。

はじめは北朝鮮問題について話され、ついで慰安婦問題について話された。村山元総理は、自分は戦後五〇年のけじめとして戦後のこされてきた「慰安婦」問題を取り上げて解決しようと考え、政府の中で議論を重ねて、政府と国民が一緒になってお詫びと償いをするものとしてアジア女性基金をつくったと言われた。一九九五年八月一五日に全国紙にこのような広告を出したとして、朝日新聞の全面広告のコピーを広げて、大統領に示された。だから、なんとか理解していただきたいと村山元総理は言い添えた。

ついで私が次のように述べた。日韓共同宣言が日韓新時代を開き、本当に感謝している。しかし、「慰安婦」問題とアジア女性基金は時代から取りのこされている。韓国政府はもうこの問題は話したくないと言われるし、挺対協は基金は解散せよ、国家補償を要求すると言って、会うことも拒絶しておられる。被害者のハルモニは基金の方式の転換に反対して、支給の再開を求めてこられる。というわけで、この問題はこれまでと同じ対立の中にある。日韓新時代においては、この問題を解決しなければならない。アジア女性基金は歴史の被害者に対するお詫びと償いの事業を進める、日本政府が責任をもつ唯一の団体だから、日本の中では重要な役割を担っている。というわけで、この問題を解決するには、日韓共同宣言の精神で解決する他ない。その精神とは、対決的な批判ではなく、相互信頼と対話である。日韓両国の政府、両国民の話し合いでなんとか現在の対立から抜け出したいと願っている。

これに対して、金大中大統領は次のように述べられた。「これは善意で進められたことだということはよくわかっています。和田先生は古くからの知り合いで、善意でされていることはわかっています。この問題については、日本に行く前、私には大きな圧力がかかりました。拉致事件を取り上げて話すべきだという意見がありましたが、それは私の個人の事件ですから、取り上げないことにしました。しかし、挺身隊問題について相当な圧力がありました。しかし、この問題も取り上げないことにしたのです。政府は被害者に支援金を渡しましたので、それ以上日本から受け取るなとか、受け取れとかは言わない方針です。言われるように、運動団体や被害者とよく話してみて、受け取りたいと言うなら受け取ればいいいし、慰霊塔を立てるのがいいと言えばそれを立てるのもいいいし、その他の方法があればそれでもいいでしょう。一回で話がつかなければ、二回、三回と話してみたらよいのではないでしょうか。」

ここで村山元総理が謝辞を述べられ、会見は五時一五分に終わった。金大中大統領としては、慰安婦問題の解決のための交渉をしてくれるつもりはないということであった。

韓国事業転換の決定

結局、基金としては、韓国事業のこれからを外務省の判断に委ねざるをえなかった。一九九九年一月二八日の理事会では、外務省の佐藤アジア大洋州局地域政策課課長が政府決定の三項目を報告した。(1)基金は韓国事業を一月末で転換する、(2)政府資金による医療福祉支援の残金、一〇〇人分三億円により韓国の老人医療福祉事業に医療器材を提供すること、(3)転換にあたりこれまで申請の出ている受け取り希望者には静かに償い事業を実施する。これが理事会で承認された。佐藤課長は韓国側にこの決定を通知した。

このような重大な決定が三者懇なしに理事会で決定されたということは深刻なことであったので、四人の理事でない基金の関係者が、韓国側の回答を聞き基金のその後の進め方について議論するための三者懇の開催を求めた。その結果、二月一〇日に三者懇が開かれた。席上反対意見も出たが、申請者一七名プラスアルファへの支給を韓国側への説明なしに実施すること、医療器材受け入れの件で大韓赤十字との交渉を進めることが合意された。

私は、そうすることがやむを得ないことであるのは認めていたが、慰安婦問題での日本国家国民の謝罪と償いはこのままでは消えてしまう、韓国の被害者のために寄付をしてくれた国民の気持ちがどうなるのか、老人医療福祉事業に器財を寄付するということが報道されれば、韓国世論の反発は必至ではないか、韓国でこれまで二五人に実施して、いま二〇人近くに実施することを黙って進めていいのか、大統領には事後的にでも通知すべきではないのか、そういう意見を提出した。

基金は韓国事業の転換を公表するための文案をめぐって相当に検討したが、なかなか意見の合意がえられなかった。

申請が出ている受け取り希望者への支給は実施された。このとき実施したのは二三人である。このときには、政府の承認を得て、医療福祉支援三〇〇万円はアジア女性基金から直接慰安婦被害者の銀行口座に送金されるようになった。つまり、五〇〇万円が一度に支給されたのである。政府と国民が協力して償いの事業をするという形が実現されるにいたったのだった。どさくさまぎれにでもこれが可能であるのなら、どうして、最初から公然と広く知らせて、実行できなかったのかと思った。当然に非常に苦労した「アジアとの対話を進める会」は閉鎖されるにいたった。

挺対協との秘密会談

金大中大統領が運動団体と話せと言われたのだから、挺身隊問題対策協議会と話し合いをしたいと思ったが、それは絶望的に難しかった。だが、一九九九年春に助け船を出してくれたのが隅谷三喜男先生であった。

話は、一九九八年のはじめにさかのぼる。隅谷三喜男先生が思いがけなく、社会科学研究所の所長室に前触れなしに立ち寄られたことがあった。所長室に入ってこられた隅谷先生が「和田君、慰安婦問題はどうなっているんだ」と訊いて下さったときは、私は雷にうたれたような気持ちになったのである。先生は、アジア女性基金をめぐる対立を心配され、あえてその渦中に立って、私に救いの手を伸ばして下さったのである。私は新しく起こっている状況について先生に話して、挺対協との話し合いができないことを訴えた。先生は考えてみると約束して下さった。

秋になって、金大中大統領が訪日して画期的な日韓共同宣言が出されたところで、隅谷先生は新しい日韓関係のために、慰安婦問題での対立を解くために行動すべき時がきたと判断されたようであった。隅谷先生が池明観先生、呉在植さんに連絡して下さると、池明観先生は、一度は話し合いをしなければならないだろうと同意して下さった。九九年一月九日には挺対協から隅谷先生に返事があった。三月には先生は韓国に行って、さらに手順をまとめて下さった。先生は、話し合いは三回行われなければならないと主張され、ご自身がすべての討論に立ち会うという御決意であった。

基金の側は、韓国事業を転換すると決定したあとであったが、私としては、挺対協と話し合いをさせてもらうということは大事なことであったので、運営審議会に報告し、さらに一月二七日、原理事長にこのことを報告し、これが理事会にも報告され承認された。

挺対協は会うことを完全に秘密にする、合意ができずに終われば、会ったこと自体をなかったことにするという条件を付けてきたので、原理事長、伊勢専務理事にそのことを報告し、基金の費用で会談を行うが、理事会には報告しないで実施する許可をえた。

一九九五年五月一日にソウルで第一回の対話が行われた。当方は大沼保昭、高崎宗司、橋本ヒロ子、和田春樹で、隅谷先生が立会人としてご自分の費用で出席された。韓国側は呉在植《オジェシク》ワールド・ヴィジョン会長、金聖在韓国神学大学教授（のち大統領補佐官、大臣）、尹貞玉、池銀姫、金允玉《キムユノク》（いずれも挺対協共同代表）、梁美康《ヤンミガン》（挺対協共同総務）の六人だった。

この第一回のソウルでの会談は、自己紹介と議論の仕方についての意見の交換にとどまった。だから六月一一日、一二日東京で行われた第二回の対話が重要なものとなった。韓国側は梁美康氏をのぞく五名、日本側は変わらず四名、それに隅谷先生だった。対話の中心は、道義的責任を認めることを評価してほしいと日本側が求めるのに対し、法的責任を認めなければ一緒にやれないと韓国側が繰り返したところにあった。

立会人の隅谷先生のお考えでは、三回の対話が必要だというものだったが、挺対協側は三度目の対話には応じられないということで、二回で終わった。

挺対協といかなる合意にも達しなかったので、会った事実も消さなければならず、理事会に報告もしないままになった。

韓国事業の停止

ところが、この年六月二三日、韓国で医療福祉支援プログラムを実施してもらう団体として期待していた韓国赤十字社が引き受けられないと最終的に回答してきた。この結果、七月八日の三者懇で、二月一〇日の理事会決定を「取り消す」ことになった。韓国事業の転換は断念する。事業は転換以前の状態にもどるが、支給は申請があっても差しひかえるという結論になった。つまり、基金の韓国事業は停止状態に置かれたのである。この合意が七月三〇日の理事会で承認された。

ふり返えれば、金大中大統領と小渕首相が行った日韓関係の画期的な整理では、慰安婦問題の解決は棚上げされただけで、韓国の被害者・挺対協とアジア女性基金との対立はつづき、アジア女性基金から受け取った被害者も社会的認知を受けないという苦痛の中に立ちつくしているという状態であったのである。

歴史資料委員会の活動成果

資料委員会では、各人がテーマを決めて、調査をした。当時は東京大学の大学院生であった浅野豊美氏（現在は早稲田大学教授）はアメリカの国立文書館へ行き、雲南、ビルマの最前線の慰安婦について米軍の資料を調査し、すぐれた報告を出してくれた。高崎氏は「半島女子挺身隊」について研究し、女子挺身隊と慰安婦はまったく別ものであることを最終的に明らかにした。筑波大学の波多野澄雄氏は防衛庁防衛研究所が所蔵する陸軍省医務局医事課長金原節三の文書を調査し、報告を出してくれた。あとから協力を依頼した山本まゆみ氏とウィリアム・ブラッドリー・ホートン氏はオランダ人慰安婦の問題についてオランダの公文書館の調査を行い、貴重な報告を出してくれた。

私は、五巻の基金版資料集をもとにすると、慰安婦と慰安所についてどのようなことが明らかになるのかをまとめた報告を出した。私の報告は、「政府発表文書にみる『慰安所』と『慰安婦』――『政府調査「従軍慰安婦」関係資料集成』を読む」と題する論文として、のちに述べる『「慰安婦」問題調査報告・1999』の巻頭にのせられた。

実は一九九九年に資料委員会のメンバーの報告、論文をまとめて、『「慰安婦」問題調査報告・1999』を出すときに問題が起こった。秦郁彦氏が提出したのは「『慰安婦』伝説を再考する――その数量的観察」なる論文であった。その文章の最終節は「慰安婦たちへの生活援護は、他の戦争犠牲者より手厚い」と題されていて、結びは次のようになっていた。「問題化したあと韓国では『五重取り』する例も出た。五重とは、⑴身売り時、⑵慰安所での収入、⑶韓国政府からの一時金と年金、⑷民間募金、⑸アジア女性基金からの給付金、である。」「韓国の場合、行きがかりや意地で、これ以上、女性基金からのオカネを押しつける必要はないと思う。」高崎氏と私は、アジア女性基金の刊行物に、このような主張が掲載されることは、基金の精神と活動に対する否定だと考え、この部分の全面削除を求めた。だが、秦氏は聞き入れず、対立することになった。結局、秦氏は論文を引き下げ、『調査報告・1999』は秦氏の原稿をのせないで、出版された。この騒動の結果、資料調査委員会は第一次委員会として解散とすることになった。

高崎氏はこの年八月三〇日、参加者を減らして、伊勢事務局長を委員長にかついで第二次資料調査委員会を立ち上げる案を提案したが、実現しなかった。秦氏は問題の原稿を『現代コリア』一九九九年一・二月号にのせ、さらに『諸君！』一九九九年二月号に「『アジア女性基金』に巣喰う白アリたち」という一文を書き、この経過について、和田と高崎を非難するとともに、元来、国家補償論者であるのに、両名は危機に入って種々画策し、いまは「慰安婦問題をからめた天皇訪韓プロジェクト」をねらっていると誹謗した。私たちは反論を書いたが、『諸君！』編集部によって掲載を断られた。

原理事長の死

一九九九年九月七日原理事長が亡くなられた。八六歳であった。私たちの受けた衝撃は大きかった。原理事長を偲ぶ会が一二月一二日に開かれた。私も運営審議会委員長として発言の機会を与えられた。私は二つのことを述べた（『以文會友　以友輔仁』アジア女性基金、二〇〇〇年、一二一―一二三頁）。

「募金が『基金』の償いの事業に果たして足りるかという心配がありましたが、それも原理事長は橋本総理に掛け合っていただいて、『最後は政府が責任をとる』という約束をしていただいたというふうに、私たちに話してくださいました。」

「原さんは、『基金』にきて、このような無私の姿勢をもった人々と一緒に仕事をしたのは初めてである、非常に自分はうれしいと、私たちに話して励ましてくださいました。」

原理事長のような良心的な政治家に会って、一緒に仕事ができたということは、幸福なことであった。

第8章　基金の事業の展開

村山理事長の就任

新しい歴史教科書をつくる会は一九九九年になると、西尾幹二執筆の『国民の歴史』なる大部の本を出版し、それを大量に国内に頒布するようにした。公称では七二万部を発行したということになっている。全国すべての県に支部を設けて、地方自治体への働きかけも積極的に行った。かつてない反動派の強力な運動であった。

そういう憂慮すべき雰囲気の中で、二〇〇〇年九月に村山富市元総理がアジア女性基金の理事長に就任した。原理事長が亡くなられてから、必死で次期理事長選びが行われてきた。関係官庁でも基金の内部でも候補者を挙げて、議論がなされた。はじめ基金の内部から大鷹淑子理事が理事の総意で推薦されたが、ご当人の意志で断られた。二〇〇〇年二月にそのことが明らかになったあとで、外部からということで後藤田正晴元官房長官にお願いしたいということになった。しかし、固辞された。そこで、議員をおやめになったばかりの村山元総理にお願いしようということになった。しかし、社会党の支持者の女性グループで基金批判派の人々が猛烈に反対した。村山元総理が引き受けてくださるかどうかわからないという雰囲気が生まれた。そこで、二〇〇〇年四月一四日、第四六回理事会は、「村山元総理に理

研究会の後で挨拶する村山富市理事長、右はサラ・ソー、阿部浩己氏

事長就任をお願い」することを決定したが、これ以上理事長空席ではもたないと考えた理事たちは、基金の関係者の中で職を退いた人間としての私に目をつけ、村山元総理に「万一峻拒された場合には、新たに理事会を開くことなしに、和田春樹運営審議会委員長に理事長就任をお願いすることを確認した」というとんでもない付帯決議を付けたのである。

私はその決定を聞いて唖然とし、村山元総理への説得を本格的にはじめた。当時私は隅谷三喜男先生とともに日朝国交促進国民協会の設立のための努力をつづけており、早くから村山元総理を会長にお願いすることで進めていて、二〇〇〇年七月に協会創立にこぎつけるところであった。副会長は隅谷先生の他、三木睦子、明石康氏にお願いし、私が事務局長代行になって会は動き出した。そういう関係であったので、村山元総理も夏の間に腹を決められ、九月一日の第四八回理事会で、基金理事長に就任された。一つ出された条件は、私が理事となって基金のためにいっそう働くということであった。それは致し方ないことであって、私は承諾した。私は運営審議会委員長を辞任し、これ以後は理事兼運審委員として活動した。

こうして、村山富市第二代アジア女性基金理事長が出現したのである。

ただちに、「キャンペーン2000」がはじまった。これは新理事長の誕生を念頭に置いてはじめる募金のキャンペーンであって、運営審議会が五月の会合で起案し、六月の審議会で決定したものである。基金の活動の成果を発表し、新理事長就任記者会見を出発点として、大々的な印刷物の発行、事業報告会の開催で、キャンペーンをもり上げる計画であった。このキャンペーンは成功した。二〇〇〇年九月からはじめて二〇〇一年一月までに五〇〇〇万円、二〇〇二年二月までには一億円に達した。キャンペーン開始前は四億六〇〇〇万円程度であった募金額は五億六〇〇〇万円に到達したのであった。二〇〇二年二月までの募金総額一億四七九万円の内訳は、政府官庁の職場募金が四〇〇一万円、一般国民から三五七六万円、労働団体から一四九五万円、地方自治体から一三三七万円、経済団体から七〇万円であった（二〇〇二年二月一五日理事会・運審合同会議資料）。

村山元総理が基金理事長に就任した直後、一一月三〇日から一二月五日まで、村山氏は日朝国交促進国民協会訪朝団を率いて、平壌を訪問した。隅谷三喜男、三木睦子の両副会長も同行され、私が団の事務局長をつとめ、高崎宗司氏も参加してくれた。

協会の訪朝団を受け入れたのは、朝鮮対外文化連絡協会（対文協）であるが、この団体は北朝鮮の中で慰安婦問題に取り組んでいる団体であった。対文協副委員長の洪善玉《ホンソノク》女史は「従軍慰安婦」及び太平洋戦争被害者補償対策委員会委員長であり、日本部の責任者黄虎男《ファンホナム》氏はその委員会の事務局長であった。

北朝鮮では慰安婦として政府が把握している人は二一九人であるということだった。洪女史と黄氏は、村山団長と私に話があるとして、アジア女性基金を批判し、日本政府の謝罪と補償を求めるとの意見を述べられた。私たちは反論し、議論は平行線をたどった。二人は「アジア女性基金は困ります。早くそれをやめて、日朝国交促進の協会に専念して下さい」と言った。

女性国際戦犯法廷

私たちが訪朝から帰ると、「日本軍性奴隷制を裁く女性国際戦犯法廷」の開会となった。二〇〇〇年一二月八－一二日、東京の九段会館で行われたのである。

この「女性国際法廷」の準備は一九九八年に結成された「戦争と女性への暴力」日本ネットワーク（VAWW-NET JAPAN）がその年ソウルでの第五回アジア連帯会議で提案したものである。韓国挺身隊問題対策協議会の強い支持を受け、九九年二月ソウルで国際実行委員会が結成された。この「女性国際法廷」の構想の基礎には、一九六七年に開かれた「ラッセル法廷」、「ベトナムにおける戦争犯罪を裁く国際戦争犯罪法廷」があった。九九年以来一年八ヶ月の準備作業の末に開催となったのである。

「女性国際法廷」は、裁判官と検事で運営された。四人の裁判官のトップは旧ユーゴスラヴィア国際戦犯法廷（ICTY）初代所長ガブリエル・マクドナルドであり、首席検事はパトリシア・セラーズ（旧ユーゴ・ルワンダ国際戦犯法廷ジエンダー犯罪法律顧問）とウスティニア・ドルゴポル（フリンダース大学助教授）の二人であり、その他各国別に韓国から八人、北朝鮮から二人、中国二人、台湾六人、フィリピン七人、インドネシア四人、東チモール二人、オランダ一人、日本五人の計三七人の検事が出た。

弁護士は置かれていない。その代わりにアミカス・キュリー（法廷助言者ないし参考人）として弁護士の今村嗣夫が四点にわたって「法廷」のあり方についてありうべき批判を代弁した。

私は申し込みをして、三日間傍聴した。この催しの規模、参加者の熱意は強い印象を与えた。休憩中に私は関係者の控え室に行って、北朝鮮からの参加者に挨拶した。対外文化連絡協会の日本部の責任者黄虎男氏が検事として参加していた。私は平壌で会ったばかりの黄氏に挨拶し、参加に感謝の言葉を述べた。北朝鮮からの代表の中に朴永心《パクヨンシム》ハルモニがいた。ビルマのミッチーナー近くで保護された妊娠中の慰安婦をとった有名な写真があるが、彼女がその当人だということが近年明らかになったのだった。

この「法廷」は昭和天皇、松井石根、畑俊六、寺内寿一、板垣征四郎、東條英機、梅津美治郎、小林躋造、安藤利吉、山下奉文の個人一〇人と日本政府を被告として起訴した。一〇人全員がすでに死亡しており、うち松井、板垣、東条、山下の四人は極東戦犯法廷で絞首刑の判決を受け、畑と梅津は終身刑で獄死している。なぜこれらの人物に起訴がしぼられたかは説明がなかった。

「法廷」の審理は三日間で、ラッセル法廷一六日間と比較すれば、なんとも短かった。しかし、八ヵ国六四人という被害者がこの特別な「国際法廷」空間の中で自らの経験について陳述したことは強い印象を与えた。被害者自身にとっても、ある種の癒しの作用があったと考えられる。この点が「女性国際法廷」の意義の第一であった。

一二月一二日に、判事は判決に代えて「認定の概要」なる文書を発表し、結論的に天皇裕仁は、人道に対する罪の訴因一と訴因二である性奴隷制と強姦について責任があり有罪であると認定し、同訴因三のマパニケでの集団強姦についても有罪であると認定した。また日本政府について「慰安所」制度の設置と運営について国家責任を負うと判定し、一連の勧告を行った。その他の被告については刑事責任を認定するための証拠を消化できないとの理由で、最終判決を三月はじめに発表するとした。

傍聴者は拍手によって審議に積極的に介入した。とくに天皇有罪の発表のさいには、歓声と拍手は鳴りやまなかったと言われる。日本軍の責任者の有罪がこの国際的な市民裁判の場で宣言されたことによって、その場に参席した慰安婦被害者が名誉回復、精神的な解放を感じることができたということが大きな事件であったと考えられる。

法廷の審理のレベルにはばらつきが大きかった。慰安婦の数については、裁判長マクドナルドの開廷宣言の中で「歴史の中で無視された、日本軍の性奴隷にされ、強姦され、そして殺された二〇万人以上の女性たちがいます」という一句があった。判決に代わる「認定の概要」にも、「少なく見積もって二〇万人の少女や女性たちに日本軍が組織的に行った強かん、性奴隷制、人身売買、拷問、その他の性暴力の恐怖」とある。この点では検証がなされず、認識の前進がない。

韓国・朝鮮については、やはり北朝鮮からの朴永心ハルモニの参加が大きな意味をもった。拉孟で保護された「慰安婦」四人の有名な写真の中で、妊娠している人が朴永心ハルモニであった。研究の積み重ねの上で問題がはっきりし、その主人公が「法廷」に来て、その姿を見せたということは「慰安婦」問題に関心をもつ者みなにとって重要な事件であった。

準備の過程で新たに研究が進んだのは中国の状況である。「法廷」では山西省で抗日武装闘争をしていて日本軍に捕らえられ、レイプされ、洞窟に閉じこめられて、継続的にレイプされた万愛花氏が証言したが、『法廷の記録』第四巻（緑風出版）には、石田米子、大森典子氏の論文「中国山西省における

1944年9月、拉孟で保護された朝鮮人慰安婦。右端が朴永心さん

日本軍性暴力の実態」が収められている。現地調査に基づく力作であり、前線地帯における「村の『慰安所』」とも言うべきもの」について多くの事例を示している。

フィリピンでは、一九四四年一一月二三日に山下奉文第一四方面軍司令官指揮下の部隊が行った共産ゲリラ討伐作戦の一環としてのマパニケ村の集団レイプ事件が明らかにされた。「法廷」にも、同事件の関係者が八人出席して証言し、資料調査によって事件の全貌が明らかにされたのは意義が大きい。しかし、日本軍将兵が行った無数のレイプ事件のうちこの件だけが特別に取り出されて、この慰安婦制度、「性奴隷制」裁判の訴因の三に挙げられた理由は説明されていない。さらに、この個別犯罪行為の実行犯である戦車第二師団（撃兵団、司令官岩仲義治）の討伐部隊（隊長鹿江武平）が特定されているのに、その指揮官も討伐に加わった兵士も告発されず、天皇と山下奉文だけをこの件で起訴したことは理解に苦しむことである。

法廷が日本人慰安婦の問題を取り上げた点は一歩前進だと評価できる。日本人慰安婦も軍の慰安所にいる限り、軍の特別な権力のもとにあるわけであって、自由はさらに失われ、環境はさらに劣悪になったと考えられる。慰安所に対する批判と反省は日本人慰安婦についても及ぼされる。しかし、公娼制度自体については、批判は道徳的、政治的なものとして可能である。

「女性国際法廷」は、レイプの問題と「慰安婦」問題を並べて、区別せずに論じたことが特徴である。その結果は「慰安所」を「レイプ・センター」とみるマクドゥーガル報告に近い考えが示されているように思われた。判決に代わる「認定の概要」では、「『慰安所』、より正確には性奴隷制施設」と述べている。この「概要」における「慰安婦制度」の説明には、単純化の傾向が現れている。「その他の複数の性奴隷制施設、また複雑な人身売買ネットワークがつくられた」、「女性たちの奴隷化には、反復的強かん、身体損傷、その他の拷問が含まれていた。……ネズミやシラミ、伝染病、汚物に取り巻かれた環境で生きていたことを、女性たちは証言している」という判定も、一面的である。

やはり日本軍が戦場で行ったレイプ、慰安所、レイプした女性を兵営などの場所に拉致監禁して一定期間継続的にレイプするという準「慰安所」現象の三つを区別しなければならないであろう。最後のものは「レイプ・センター」だと言っていい。そして、慰安所も、時期と場所によって、軍管理の公娼施設と性奴隷制施設の間で変化したとみることができる。

「女性国際法廷」は、言うまでもなく、責任ある個人を告発して、有罪を宣告し、社会的制裁を与えようとしたものである。しかし、そこには問題があった。

「法廷」憲章によれば、「法廷」は「強かん、性奴隷制その他のあらゆる形態の性暴力、奴隷化、拷問、強制移送、迫害、殺人、殲滅を含みますが、それらに限定されません」と述べている。そしてこの「犯罪を計画し、扇動し、命令した者、また他の如何なる形でも計画、準備や実行を幇助・扇動した者」、その「犯罪の証拠を隠した者」は個人として刑事責任を問われるとしている。さらに部下が犯罪を犯したさい、上司や上官がその部下が「行おうとしていることを知っていたか、知るべき事情があったのに、その防止や抑止のために必要で適切な手段を講じなかった場合」には、そのような上司や上官は刑事責任を免れないとしている。

ここで強姦をふくめ、これらの犯罪を実行した者の刑事責任について言及していないのは、それは自明であるからと考えないとつじつまが合わない。強姦は平時、戦時を問わず、犯罪であり、強姦した者が犯罪者である。

ところで、「女性国際法廷」では、二人の日本人兵士が証言した。彼らは「慰安所」に行ったと認め、中国人女性を強姦したと述べた。この証言はよくぞ証言してくれたという意味で、きわめて好意的に受け止められ、会場では拍手がおこった。しかし、「慰安所」へ行ったということは別にしても、強姦は犯罪である以上、時効の問題はあるが、彼らは犯罪者である。「女性国際法廷」が、証言すれば刑事責任を免責するという判定を下さないままに証言をさせたのは、手続き的に問題がある。

つまり、強姦した者の責任を問わないで、それをやめさせるように努力しなかった天皇は有罪だというのでは、法的な平等は守られるのであろうか。戦時の日本軍の性暴力問題は、兵士個人の問題であり、日本軍の問題であり、日本国家の問題である。どの要素も消すことはできない。国家は女性の肉体を凌辱できないのである。だからこそ、戦時の性暴力問題では、日本の国家責任だけでなく、一般兵士の責任、国民の責任も問われているのである。

最後に天皇に対する有罪「判決」について感想がある。あの昭和の戦争について天皇に責任があることは正当な判断力をもつ人なら何人もこれを認めると思う。法的な面からはさまざまな議論があるかもしれないが、道義的、政治的には責任は免れない。そのようなことは戦争が終わった直後の天皇退位論に表現されていた。天皇は戦争の責任をとって退位すべきであったのである。天皇を戦争犯罪人の中に名指すということなら、一九四五年一二月八日共立講堂で行われた「人民大会」で、共産党の志賀義雄が行っている。そのときも、大きな喝采が起こった。それから五五年たって、戦時性暴力を止めなかった責任があるということで天皇は有罪だと宣言するということは、あまりに安易なことである。天皇にはより重い責任があるのである。戦後の日本国家はすべての責任を軍部に負わせ、天皇にも、国民にも責任はないとするところから出発した。今日天皇の責任を問題にするならば、自分たち国民の責任も明らかにするということでなければならないはずである。

女性国際戦犯法廷の意義はさまざまあったと言いうる。しかし、日本政府にアジア女性基金に代わる措置をとらせるような圧力にはならなかったことは間違いない。

以上のような考えを私は、二〇〇一年三月一－二日に開かれたアジア女性基金主催のラウンド・テーブルでの報告「国際戦犯法廷が明らかにしたもの」で表明した。

韓国からの激励

私は二〇〇〇年六月から毎月一回ハンギョレ新聞にコラムを書くことになった。元東京特派員で、編集局長になっていた金孝淳《キムヒョスン》氏の依頼であった。ハンギョレに寄稿したことも何回もあったが、毎月一回定期的に寄稿するということははじめてであった。もちろん日本ではそのような経験はない。私は自由に自分で主題をえらんで寄稿した。慰安婦問題、アジア女性基金問題は私の大事なテーマであったが、ハンギョレ新聞の姿勢はアジア女性基金に批判的であったので、私はそのテーマだけはふれないでおこうと決めていた。私に対する批判が強いのに、あえて私をコラムニストにえらんでくれた金孝淳氏の立場を配慮したのであった。しかし、思いも及ばないことであったが、私のコラムは二〇〇〇年六月から二〇〇四年一二月まで四年間もつづいたのである。毎回私の写真入りでコラムは出たので、私は韓国で顔が知られ、道で声をかけられることもしばしばであった。

二〇〇〇年四月に、新しい歴史教科書をつくる会の教科書（扶桑社発行）が検定に提出され、その白表紙本が世間に流れて、強い反発をよんだ。なぜならその内容は、植民地支配と侵略、太平洋戦争を賛美するものだったからである。この白表紙本に検定官から年末に百数十ヶ所の修正が要求され、扶桑社側はそのすべてを受け入れて、大幅な修正をほどこした。私と高崎宗司氏は荒井信一氏ら五名の学者とともに、検定合格本を検討し、なお近現代史部分について五一点の誤りがあると指摘する声明を二〇〇一年二月二七日に発表した。韓国政府の日本歴史教科書歪曲対策班は検定合格した扶桑社教科書を検討し、三〇ヶ所の修正を要求する意見書を五月八日に発表した。これは日本の中の努力に対する支援であった。

私はそのことを二〇〇一年五月のコラムで取り上げ、韓国政府が意見書をまとめ、日本政府に送ってくれたことに対して、「心から感謝を捧げる」と書いたのである。すると、中央日報の論説委員洪垠姫《ホングンヒ》氏が中央日報の五月一七日にコラム「ファイティング！ 和田春樹」を書いて、これに反応してくれた。彼女は私が歴史教科書問題で「新しい歴史教科書をつくる会」を批判しているだけでなく、日本人の韓国に対する考え方を変えるために学問的な研究もし、運動もしていると好意的に評してくれ、次のように書いた。

「しかし、彼にとって韓国は相性抜群のパートナーではなかった。従軍慰安婦に対する賠償問題をめぐり、アジア女性基金を主唱して民間賠償の道を開いたが、韓国は日本の国家賠償を要求したことで、これを拒んだため、日本社会で困難な立場に置かれている。しかし、和田教授はこれにくじけず、『ポンプで水を汲もうとすれば、必ず一杯の呼び水を注ぎこまなければならないように、従軍慰安婦問題に対してまったく腰をあげようとしない日本を動かすためには必要な試みだった』と釈明しただけだった。」

洪記者は、和田をはげまそうと、私の住所まで書いて、手紙を送ろうと呼びかけてくれた。思いもかけないことで、ありがたいことであった。

事業終結期限を前にして

二〇〇一年の春は、各国事業の終了時期が近づいた。まっさきにきたのは、オランダ事業の終結であった。ここではMOU（合意書）に期限が二〇〇一年七月一四日と明記されていたので、そこまでに事業を終え、終了式を行うことになった。すでに七八名の方が事業を受け取っていた。二〇〇一年七月一三日オランダの事業終了式が行われ、田中真紀子外相の謝辞が紹介された。オランダ委員会は事業実施報告書を発表した。

その翌月、八月一二日には、フィリピンでの事業開始から五年の期限となる。そこで、この日の三ヶ月前には最後の広告を出した。被害者からの申請が急激に増加した。

台湾と韓国では五年の期間は二〇〇二年に終了する。台湾ではそのまま終えることが予想された。問題は韓国の事業である。韓国では二〇〇二年一月に九八年の広告で公示された申請受付締切日がくる。しかし、この間事業は中止状態に置かれていたので、五年の事業期間が終わったとは言えない。どうするのかという問題が存在した。

私は二〇〇一年六月四日の五七回運営審議会で「韓国事業の終結に向けてのメモ」を出した。私が問題と考えていたのは、基金事業を受け取った韓国の被害者ハルモニに対する社会的認知をうることが必要だ、それなくしては、韓国で何人に実施したということも発表できない、ということだった。だから、最後に「事態を打開する努力」が必要だと考えた。

ここで私が注目したのは、フィリピンでの申請者が急増しているという事情であった。フィリピンの事業は二〇〇一年八月一二日に申請が締め切られ、申請者数は最終的に五一八人に上った。この締め切り時までに審査が終わったのは、一六四人であった。一三二人が認定を受け、却下されたのは三二人にすぎなかった。したがって、認定率は八〇％となる。これを機械的に五一八人にあてはめると、認定者総数は四一四人、これから認定が出る人が二八二人程度と考えられた。いままで基金を受け取った韓国、台湾、フィリピンの被害者の総数が二一三だから、二八二人をプラスすれば、総数は四九五人程度になる。償い金は一人二〇〇万円だから、九億九〇〇〇万円が必要になる。募金額は五億六〇〇〇万円なので、実に四億三〇〇〇万が不足することになる計算だ。そうなれば、原理事長が橋本総理からとりつけた約束を実行してもらう、政府に不足分を拠出してもらう他ない。政府が償い金に国庫から資金を出すのである。

その状況の中で、韓国であらたに五〇人ほどでも受け取る人が出てくれれば、その人々への償い金は全額政府の資金からのものになる。このことが公示され、アジア女性基金の基本コンセプトの変化が明らかになった場合には、挺対協は拒否的な態度をくずしてくれないだろうか。そのような考えを私は挺対協にぶつけて、交渉してみたいと考えたのである。好転があれば、村山理事長と金大中大統領の会談を行い、合意を図ることができると確信していた。

私は自分の考えを運営審議会に話して、承認をえた。私はある程度のところまで外務省にも話した。その上で八月三一日に韓国へ向かった。大使館で杉山晋輔公使と会い、挺対協との話し合いを求めるという願いを話すと支持してもらえたので、うれしく思った。私はかねてからの因縁あさからぬ呉在植氏と池明観氏と話したが、呉氏はまだ時期が早いという判断だった。池氏からははっきりした意見は聞けなかった。そこで私は最後に挺対協の代表金允玉氏と話した。彼女は「私たちの立場はご存知でしょう」と言い、「なぜ法的責任が認められないのか」と言われたが、なんらかの歩みよりが必要だということを認め、「どのようにしたら、受け入れられるか、自分たちも考えてみましょう」と言ってくれた。私は希望をもった。

そこで、次には、挺対協の代表全員と会いたいと考え、打診した。このときは代表は金允玉氏の他に、鄭鎮星ソウル大教授と池銀姫・韓国女性団体連絡会会長であった。鄭氏は私のかねてからの知り合いであったから、彼女に連絡すると、一〇月一七日に会いましょう、国民基金の将来について話し合おうという返事であった。ただし、池銀姫氏が訪米中なので、その帰国を待たなければ返事ができないということだった。しかし、一一月はじめに帰国した池銀姫氏はアジア女性基金関係者と会うことに反対の旨を表明し、一一月下旬に私のもとに断りの手紙が届いた。

このころには、フィリピン検察庁での認定が大急ぎで進められていたが、大量の申請者が認定を却下され、情勢は一転して、償い金の支給はほとんどの資金不足を出すことなく、終えられそうになっていた。

フィリピンでは、一一月二五日までに審査により却下された人は一八〇人（五六回理事会資料）に急増し、さらに二〇〇二年春に最終的に却下された申請者は三〇七人に増えた。締め切り以降却下されたのは二七五人で、認定されたのは、七九人にすぎなかった。この間の認定率は実に二二％に落ちたのである。最終的に被害者として認められた人は二一一人であった。こうなれば、資金不足のさいには政府が責任をとるという約束を実行してもらって基金の改造を図るという可能性はなくなった。私が最後に希望を抱いた挺対協との関係の打開を図る可能性もこれで潰えてしまった。そこで私は、一一月二七日の運営審議会で、韓国で事態を改善する可能性はないので、事業終了を告知する方式の検討に入ってほしいと提案した。

理事会、運営審議会で討議を重ねた結果、二〇〇二年一月、九八年の広告で公示された申請受付締切日にさいして、停止状態を解除し、四ヶ月後に事業を終了することを決定した。その間に申請を出されていた被害者ハルモニ一〇人に事業を実施した。

基金に反対をしてきた運動団体は、この事業再開を非難し、すみやかなる事業終了、基金の解散を求めた。

このとき、二〇〇二年一月、私はハンギョレ新聞のコラムで村山談話について書いた。

「慰安婦問題での不幸な対立を思うとき、私が心から願うのは、右翼の攻撃にさらされている村山談話、河野談話、橋本書簡を守るのに、韓国からの応援をえたいということだ。これらを守るのは、ここから出発して、前進するためである。村山談話を血の通ったもの、生きたものに発展させなければ、日朝国交樹立はできない。」

挺対協はこれを見逃さなかった。共同代表の金允玉氏が「和田教授への手紙」をハンギョレの三月一二日号に投稿したのである。韓国民主化運動当時私が果たした「肯定的な役割を高く評価する一人として」この手紙を書く。あなたは村山談話について語るが、「現在の『国民基金』の理事長は村山元総理ですね」。国民基金は、「公式的な謝罪と法的国家賠償、そして責任者処罰を日本政府が絶対にしないということを前提にして」、「三政党が合意して『慰労金』的な性格のものとして設置した」ものだ。五年間の期間がすぎたのに、凍結を解除して、七〇日間事業を延長した。「最後の機会だといって金をちらつかせることは、被害者をふたたび冒瀆することとは思われないのですか。」

批判は少しも変わらず厳しかった。金允玉氏は、和田の軌跡を見ていると、「ダニエル・ベルやピーター・バーガーのような米国の進歩的知識人の新保守主義」を連想すると書いていた。しかし、結びには、「この公開書簡は、東北アジアの平和のために、日朝国交樹立のために、そして和田先生を慮る友情ゆえのものです」と書いてくれた。

私は自分の三月のコラムで返事を書いた。あらためて、基金が「不十分な内容であることは間違いない」が、日本政府が道義的責任を認めたことは一歩前進であり、基金が「お金で被害者を誘惑し、はずかしめるものであり、ただちに中止せよ」と言われるのは受け入れられないと書いた。「韓国の運動は、慰安婦問題を世界に提起し、世界の運動を指導してきた」のだから、「オランダ、フィリピンで基金を受け取った人々をも抱きかかえて行ってくださるようにお願いいたします。」

挺対協との対話の試みは、このハンギョレの紙面での往復書簡で終わったのである。

ハマー氏の質問がよびおこした波紋

二〇〇一年九月、ハマー氏は基金主催の第三回「慰安婦問題」ラウンド・テーブルに参加するために訪日され、オランダ事業について感銘深い話をされた。このさいハマー氏から三名の追加支給の可能性について打診があった。基金としては、すでに事業を終了したあとで、原則的には要請に応じられないが、スマラン事件の一六人の被害者の一人で、申請が遅れた理由も同情すべきものであり、ハマー氏がとくに救済を望んでいるということなので、その一名に限り追加支給することを受け入れた。だから、オランダの被害者で基金事業を受けた人は七九名となったのである。

ラウンド・テーブルのあとで、ハマー氏は、私に、「なぜオランダ人被害者には二〇〇万円の償い金が支払われなかったのか」と質問して、驚愕させた。私は、オランダでは国家補償に近いものをえたいという気持ちから、医療福祉支援三〇〇万円が選択されたのではないかと思ってきたので、ハマー氏の発言で、頭を殴られたような気がした。われわれはオランダの事業が決まる経過については実際は何も知らなかったことにはじめて気がついたのである。

そこで、私はこの件を調査して、われわれにもハマー氏にも説明してくれるように外務省に要請した。アジア局地域政策課が経過をしらべて、のち一一月二七日の運営審議会に報告してくれた。それによると、当初、「対日道義的債務基金」の側は、在オランダの日本大使館に対して、「『償い金』支給事業対象からはずされるのを希望しない」と明確に意志表明をしていたが、日本政府の考え方の説明を受けて、「償い金」支給事業をあきらめたことが明らかであった。日本「政府の考え方」が次のように説明されていた。

「蘭では、政府による元慰安婦の認定が行われておらず、そうした中で『償い金』支給事業が行われれば、その影響がインドネシアに波及するのは必至であり（インドネシアでの事業の在り方は既に決定されていた）、そうなれば『償い金』支給事業の対象拡大で資金不足に陥り『基金』事業実施が不可能になる事を懸念した。その観点から、当初『償い金』支給事業ではなく、『尊厳事業』で対処せざるを得ないというものであったが、個々の元慰安婦に裨益するものを求める『債務基金』側の意向を踏まえ、最終的に生活支援的な『医療・福祉支援事業』を提案した。」

きわめて率直な説明である。オランダ人被害者個人に償い金二〇〇万円を出せば、インドネシアでも被害者個人に償い金二〇〇万円を出さざるをえなくなり、償い金は募金ではまかなえなくなり、「基金」事業の基本コンセプトを修正して、償い金は国民からの募金と政府の資金を合わせて支給することにならざるを得ないのだから、日本政府はオランダ側に償い金を出さない方式を受け入れてくれるよう求めたということだったのである。

これは私に大きな衝撃を与えた。しかし、すべては後の祭りであった。私は黙って報告を聞く以外にはなかった。ハマー女史には説明の手紙が送られた。それは発見できていない。

立法解決を求める動き

アジア女性基金は内閣、行政府が慰安婦問題に対応したものであったので、それを否定した運動が立法府、国会に目を向けて、そこに解決を期待したのは自然なことであった。関釜裁判の第一審の勝利判決のあとで、立法解決を求める運動が本格化した。一九九八年九月三〇日には、「恒久平和のために真相究明法の成立を目指す議員連盟」の設立集会が開かれた。鯨岡兵輔（自民）、鳩山由紀夫（民主）、浜四津敏子（公明）、土井たか子（社民）、武村正義（さきがけ）の五氏が呼びかけ人となり、共産党議員も加わり、三三名の議員、代理二〇名が出席した。加盟議員は一〇月一三日現在、自民九、民主四八、公明一八、自由一、共産五、社民一七、さきがけ一、無所属二、計一〇一名であった。この議連がめざしたのは、「国立国会図書館法の一部を改正する法律要綱」の検討から立法案をつくり上げることだった。国会図書館内に「恒久平和調査局」を設置し、国や軍が関与した戦時の不法不当行為を調査することとされた。一一月に議連の会長には浜四津氏と鳩山氏が就任したが、この議連の活動家として目立ったのは、自民党の馳浩氏であった。

法案はついにまとめられ、一九九九年八月一〇日に鳩山由紀夫他二名の提案で衆議院に提出された。

調査局が調査する事項が定められていて、今次大戦の原因、強制労働者動員、慰安婦、生物化学兵器の開発、朝鮮台湾人が受けたその他の戦争被害などがあげられていた。

この法案は衆議院に提出されたが、議員運営委員会で合意が生まれず、委員会に付託されることはなく会期が終わって、閉会中審査、継続審査が決められ、それが審査されなかったという報告がなされて廃案になった。二〇〇〇年一一月二〇日にはふたたび提案されたが、このときも議運から出ることなく、閉会中審査になり、廃案になった。

ところで、これとは別に緑風会の本岡昭次議員が中心となって慰安婦問題についての解決促進の法案が準備された。この法案準備については、参議院の法制局との話し合いが難しかったようである。日韓条約時の協定で国家補償はできないという立場を法制局はおろさないので、差し出される支給金は道義的責任の線上で出されることにされた。韓国の挺対協は法的責任論に固執していたが、日本の運動体が支持することと法律に基づく支払いであるということで賛成したと言われている。

法案の基本的な形は、二〇〇〇年四月一〇日本岡昭次外五名が参議院に提出した「戦時性的強制被害者問題解決の促進に関する法律案」に示された。この法案は、「今次の大戦及びそれに至る一連の事変等に係る時期において、旧陸海軍の関与の下に、女性に対して組織的かつ継続的な性的な行為の強制が行われ、これによりそれらの女性の尊厳と名誉が著しく害された事実を踏まえ、そのような事実について謝罪の意を表し、及びそれらの女性の名誉等の回復に資するための措置を我が国の責任において講ずることが緊要な課題となっていることにかんがみ、これに対処するために必要な基本的事項を定める」としている。そして第三条では、「政府は……戦時における性的強制により戦時性的強制被害者の尊厳と名誉が害された事実について謝罪の意を表し及びその名誉等の回復に資するために必要な措置を講ずるものとする」とし、その二項において「前項の措置には、戦時性的強制被害者に対する金銭の支給を含むものとする」とした。さらに第八条で、「政府は、……問題解決の促進を図るために必要な財政上又は法制上の措置その他の措置を講ずるものとする」と定めている。このような措置を講ずる機関として、内閣総理大臣を会長とする戦時性的強制被害者問題解決促進会議を総理府に設置すると定めている。

これをアジア女性基金と比べると、被害者の定義はほとんど違いがない。アジア女性基金の定義は、「かっての戦争の時代に、日本軍の慰安所で将兵に性的な奉仕を強いられた女性たち」であった。謝罪は政府の謝罪と総理の謝罪で違いはない。政府資金による「金銭の支給」ということははっきりしているが、その性格は「賠償」でも、「補償」でもない。謝罪の意を表し、名誉回復に資するための支払いである。基金の「償い金（贖罪金）」とさほどの違いはない。ただし、政府資金を償い金には入れないとした基金の基本コンセプトとははっきり異なっている。

最初に提案された二〇〇〇年四月の本岡外五名の法案は廃案となった。そこで、一〇月三〇日、民主党本岡昭次外五名、共産党吉川春子外二名、社民党清水澄子外一名がそれぞれ、「戦時性的強制被害者問題解決の促進に関する法律案」を参議院に提出した。ほぼ同じ内容であるが、本岡らの案は日本人慰安婦を対象者からのぞく規定をもりこんでいたのに、吉川案と清水案はそのような除外規定をもりこまず、すべての慰安婦を対象としていた。

これらの三案はすべて廃案になったので、三党合同の提案にして再々提出すべきだという意見が高まった。そこで、共産党と社民党が譲歩して、民主党案で統一することになった。

二〇〇一年三月二一日にはじめて三党合同で本岡昭次外三名発議の「戦時性的強制被害者問題の解決の促進に関する法律案」が提案され、内閣委員会に付託された。六月一九日、本岡議員が趣旨説明を行った。それより先三月二九日には広島高裁で関釜裁判の控訴審判決が出て、一審判決は取り消された。原告の請求が否定され、大変苦しい状態だったところで、国会での動きにいっそう期待がかけられたものと思われる。

しかし、このときも、審議は一切なく、会期末に廃案とされた。さらに二〇〇一年一二月五日、こんどは円より子外六名発議で「戦時性的強制被害者問題の解決の促進に関する法律案」が参議院内閣委員会に付託されたが、これまた一度も審議されないまま翌日、会期終了、継続審議になった。だが、この法案が、二〇〇二年七月一八日、内閣委員会で議題に取り上げられ、本案の趣旨説明が岡崎トミ子議員から行われた。そして、異例にも七月二三日に趣旨説明に対する質疑応答が行われた。

質疑応答では、民主党の川橋幸子議員がアジア女性基金とこの法案との関係について粘り強く迫ったのが、印象的であった。川橋議員は、「アジア女性基金の枠組みが破綻に瀕しているのではないか」、寄付金が集まらなくなっていて、総じて「民間の基金の限界というものがはっきりしたということではないのか」、だから、「これで終わりというわけではなく、むしろ立法化の必要がある」、「とにかく国の責任において謝罪をする、そして金銭の支給等をする」ということになるのではないかと、政府側にも法案提案者にも主張した。これに対して提案者側の共産党の吉川春子議員は、アジア女性基金は「国家補償に代わるものではなかった」ので、受け取りを拒否されたのだ、いまや政府は「道義的責任を果たす事業から撤退した」、かくなる上は「法的な枠組みを作ってこの責任を果たすという道に進む」のであると答弁している。吉川氏も法案が用意しているものは「国家補償」、「法的責任」を果たすものとは言えず、「法的枠組み」とだけ言ったのである。川橋氏は、くいさがって、「私も、法的枠組みを作る、国の責任というこの一点を明白にすることによって、アジア女性基金が本来ねらった償い事業というものは生きてくると思います」と述べて、あらためて、基金と法案の関係について質問した。この質問に対する吉川議員の答弁は注目すべきものであった。

「アジア女性基金の償い金は全額国民のカンパによるものであり、政府の補償とは性格は違いますが、既にアジア女性基金の償い金を受給した被害者については、本法による補償金との二重の受給にならないように調整するものといたします。」

この討論からは、アジア女性基金と問題解決促進法案とは、法的には基本的な同一線上の事業であることが明らかになる。つまり、法的な責任に基づく措置ではなく、法的な賠償の支払いや責任者の処罰などを伴わない、道義的責任を前提とする措置であったのである。その上で、立法化によって、「法的枠組み」を与え、アジア女性基金を改善する案であったのである。

提案者の岡崎トミ子氏らは、この日の会議に被害者を招いて証言を聞くように提案したが、受け入れられなかった。そこで、在日の被害者宋神道ハルモニを傍聴席に招き、彼女の証言を岡崎議員が代読するということをした。それは慰安婦問題が一九九〇年に提起されて以来、はじめての事件であった。福島瑞穂議員はこの審議の中で二度にわたって、「今日は……国会の中においてやはり非常に画期的な日である」と語ったが、慰安婦問題のあるべき解決を求めて運動してきた人々にとって夢にみた達成の日であった。

しかし、もとより議会の多数を占める与党自民党と民主党の一部の反対派はこの法案の成立は阻止するかまえであったから、法案の審議はこの日限りのものになることがわかっていた。法案は継続審議となった。そして、その年の年末、一二月一二日に法案の二度目の審議が行われた。アジア女性基金に関わった中央大学教授横田洋三と法的解決を訴えてきた弁護士で、神戸大学助教授戸塚悦朗の二人の参考人からの意見聴取が行われたのである。横田は法案には、「一般論として妥当な内容を含んでいると判断」したが、法案の成立、その措置の実現は「適当でない」と反対した。つまりアジア女性基金の実績をどうみているか、その上で何を要求しているのかがはっきりしないという批判であった。横田は、アジア女性基金は法的責任を認めた措置ではないと批判を受けてきたが、この法案も従来からの批判に答えるものになっていないと指摘した。さらにこの席で横田が基金の実施数三六四は「韓国、台湾、フィリピンの政府又は支援団体のNGOが確認している被害者……の、半数まではいきませんが、四〇%ぐらいの方」にあたるのではないかと理解していると述べたのが注目された。

戸塚は、法案提案者の意見を支持する主張を述べ、法案の成立を訴えた。

これをもって法案の審議は終わった。法案は継続審議となり、廃案となった。二〇〇三年一月三一日にはまた岡崎トミ子他一一名で参議院に提案された。二〇〇四年には二回、二〇〇五、二〇〇六年には一回ずつ提案が行われた。しかし、法案が審議されることは二度となかった。

以上からわかるように、提案された戦時性的被害者（慰安婦）問題解決促進法案は、法的責任論に基づく解決法案ではなかったが、日本の国会に提案することのできた、アジア女性基金を改善する新しい解決案であった。韓国の運動団体もふくめ、広く支持を集めたこの案が、国会で実現されれば、意義深い打開策になり得たはずである。しかし、自民党が優勢を占める国会は、二度の審議だけで、この提案を廃案とした。国会は立法解決の道を拒否したのである。

二〇〇四年パンフレットの刊行

新しい募金運動「キャンペーン2000」を構想したとき、キャンペーンの資料として、基金のパンフレット第三号、基金活動報告のパンフレットを出すことを考えた。私が原案を作成するということで、二〇〇〇年八月になんとか下書きをまとめたが、分量が相当長くなった。となれば、検証に時間を要するということで、もうキャンペーンに役立てることは不可能となった。原稿が基金内部、政府関係部局でも議論される過程で、政府側からは、これは和田春樹の論文として発表したらいいのではないかという意見が述べられた。しかし、私は基金の活動の基礎となっている慰安婦問題認識、そして、基金が実施した事業の経過をまとめる文書を個人の作品にすることは基金の責任回避となると考え、あくまでも基金の文書としてまとめることを主張した。ようやくそれが認められ、パンフレット『「慰安婦」問題とアジア女性基金』がまとめられて、一年後、二〇〇一年九月の第五四回理事会に提出された。このときからさらに基金内部での検討、外務省での検討がつづけられた。やがて、パンフレットは、二〇〇二年の基金の償い事業の終わりに向けてまとめられるもののようになり、二〇〇三年一月外務省から修正の入ったものが送られてきて、最後は二〇〇三年八月の点検版となった。パンフレットはついに二〇〇四年一月、日本語版と英語版で出版された。

その内容は、まず「『慰安婦』とは」と「『慰安婦』の数」の二つの章で、基金の慰安婦問題についての認識を述べている。それは、これまでの基金のパンフレットで示した「慰安婦」についての定義からはじまっている。

「いわゆる『従軍慰安婦』とは、かっての戦争の時代に、日本軍の慰安所に集められ、将兵に性的な行為を強いられた女性たちのことです。このような慰安所の開設が日本軍当局の要請ではじめておこなわれたのは、中国での戦争の過程でのことです。」

「慰安所では、女性たちは多数の将兵に対する性的な行為を強いられ、人間としての尊厳を踏みにじられました。」

「慰安婦」の数に関連して、パンフレットは、いわゆるマクドゥーガル報告を批判した。一九九八年六月二二日、国連人権委員会マイノリティ差別防止・保護小委員会特別報告者ゲイ・マクドゥーガル氏は同小委員会に報告「奴隷制の現代的形態――軍事衝突の間における組織的強姦、性的奴隷制、及び奴隷制的慣行」を提出し、それに付録として報告「第二次大戦中の慰安所にたいする日本政府の法的責任についての分析」を付した。その中で、氏は「日本政府と日本軍は一九三二年から四五年の間に全アジアのレイプ・センター rape centresでの性奴隷制を二〇万以上の女性に強制した」とし、「これらの女性の二五パーセントしかこのような日常的虐待に堪えて生き残れなかったと言われる」と述べ、その根拠として「第二次大戦中に一四万五〇〇〇人の朝鮮人性奴隷が死んだという日本の自民党国会議員荒船清十郎の一九七五年の声明」があると指摘したのである。

慰安所をひとしく「レイプ・センター」と呼ぶことも当をえていないが、慰安婦にされた者は二〇万人以上だと断定するだけの根拠がないことも、これまでの研究を参照すれば、明らかになる。さらに、総数のそのほぼ四分の三、一四万五〇〇〇人が死んだ、彼女たちはみな朝鮮人慰安婦であったというのもまったく根拠のない主張である。

マクドゥーガル女史はこの主張をカレン・パーカー、ジェニファー・チュウの論文（Karen Parker and Jennifer F. Chew, Compensation for Japan's World War II War-Rape Victims, *Hastings International and Comparative Law Review*, Vol.17, No. 3, Spring, 1994, University of California, p. 499）からとったのだが、原著者はこのことを日本のある女性国会議員から聞いたと書いているだけである。実はこの主張の根拠は自民党代議士荒船清十郎氏が一九六五年一一月二〇日に選挙区の集会で行った例の放言なのである。私は金一勉が最初に引用したことを書いた第一章（一九頁）でこの放言を紹介しておいた。核心は「朝鮮の慰安婦が十四万二〇〇〇人死んでいる。日本の軍人がやり殺してしまったのだ」というものである。

日韓条約締結時に韓国側は、韓国人労務者、軍人軍属の合計は一〇三万二六八四人であり、うち負傷ないし死亡したのは一〇万二六〇三人だと指摘した。慰安婦のことは一切持ち出していない。あげられた数字はすべて荒船が勝手に並べた数字である。パーカーたちはこれを伝聞によって取り上げ、当然なすべきソースの検討を行わなかった。「国連機関の委嘱を受けた責任ある特別報告者マクドゥーガル氏がこのような信頼できない資料に依拠したことは、はなはだ残念なことです」と基金のパンフレットは指摘した。

このパンフレットをつくるには長い年月がかかり、非常な苦労を要したのであったが、外務省と基金の合意によってこのパンフレットを出したことによって、アジア女性基金は慰安婦問題について、政府・官僚とも合意した認識をもつことができたのである。その意味で、大きな意義ある作業となったのである。

基金の終了の時期について

実施した償い事業が終了すると、基金の存続が問題となったのは当然のことであった。基金の内部でも、政府部内においても、償い事業を実施できていない国をどうするかということはすでに問題にならない雰囲気が濃厚であった。進められてきたオランダ、韓国、台湾、フィリピン、インドネシアの事業が終われば、償い事業は即終了だと考えられていたのである。

二〇〇二年五月一四日に理事会、運営審議会の合同会議をひらき、「償い事業終了後のアジア女性基金のあり方」について、運営審議会で議論することを決定した。六月一八日の運営審議会では、償い事業が終わってもフォローアップ事業は必要であり、歴史の教訓とする事業、国際機関での基金の事業の説明などは、基金の活動の継続を必要としている、だから、インドネシア事業の終結時までは継続し、そのさいにその後のことを再検討するのがよいという結論を出した。

これは明らかに正論であったので、理事会は報告を受けたが、議論を行うことができず、先延ばしにされた。それで、二〇〇三年二月にいたり、政府の見解を聞くということになった。二月二一日の理事会で、外務省から、償い事業が終われば予算は縮小される、組織の縮小が求められるので、「これも一つの区切り」だという見解が表明された。理事会は引きつづきの検討を決めた。外務省はこれで終わろうという考えであったが、さすがに基金の中では、まだ終われないという気分もあったのである。

償い事業が行われていない国の中で北朝鮮の問題はとくに私たちの心にかかっていた。基金がスタートしたときは、北朝鮮との国交交渉は長く凍結されていたが、二〇〇二年九月に小泉首相が訪朝して、日朝平壌宣言が出され、国交正常化の早期実現が目標に掲げられた。とすれば、北朝鮮の慰安婦被害者に対しても工夫することがあってよいのではないかということが問題となる。二〇〇三年五月一九日、小泉首相が償い事業終了にあたり基金関係者の努力をねぎらう食事会をしてくれた。その席で私は、北朝鮮と中国の慰安婦被害者に対する措置を考えてほしいと発言した。その席には谷内正太郎官房副長官補も出席していた。

六月九日の基金の理事会では、二月二一日の理事会で表明された外務省見解をもとに議論された運営審議会の討論の内容が紹介されて、基金の今後について議論がなされた。外務省からは、さらにインドネシア事業が終われば、外務省と基金の関わりにも「一つの目処」をつけてほしいという考えが表明された。それと関連して、北朝鮮については、「平和条約が締結された後に問題が出てきて」、「清算問題」が議論になるのが、これまでのケースであった、北朝鮮がどうなるかは「別次元」のことである、「これまでと同じような展開になることはないと想像している」との意見が述べられた。

結局二〇〇三年一〇月一六日、「アジア女性基金の今後のあり方について」という理事懇談会が開かれ、意見が述べ合われた。償い事業の終了をもって、基金は解散するという意見が大勢を占めた。被害者が一人でも生きておられるなら継続すべきであるという意見を述べた方は一人であった。私は、日本政府の事業の総括が出ていない、「韓国では、過半数の人たちが受け取られなかったという事実を、日本政府がどう考えるのか示すべきだと思う。また北朝鮮の慰安婦問題がどう扱われるのか、外務省の見通しを出してもらいたい。これらの点がはっきりした時点で、基金の今後の方向を出せるのではないか」と主張した。しかし、私は、自分たちはこうしていこうと提案する気力を失っていた。「基金は政府がつくった組織なので、政府が方針を出すべきである」という自分の言葉を記録の中に発見して、身がすくむ思いである。

二〇〇四年一月二七日、基金の理事会は、インドネシア事業の最終年度となる平成一八年度（二〇〇七年三月）を一つの区切りとして、基金の組織を解散すると決定した。

国際シンポジウム「道義的責任と和解の実現」

基金は二〇〇五年一月一五日に国連大学で、国際シンポジウム「道義的責任と和解の実現――戦争と紛争をめぐって」を開催した。これは伊勢桃代事務局長が中心になって、組織したシンポジウムで、南アフリカ、ルワンダ、アフガニスタン、カンボジア、東ティモール、ドイツから代表が参加した。

基金からは、私が「道義的責任論とアジア女性基金」と題して報告した。思い切った道義的責任論の主張をしたのである。まず私は法的責任論の狭さを指摘した。

「法的責任論は日本政府の責任を追及する被害者の運動、支援者の運動を支えてきました。しかし、この人々が国会に「慰安婦」問題の調査法案を提出するという運動を開始すると、法的責任論をおろさざるをえなくなりました。」

「『慰安婦』制度というものを、強制連行、性サービスの強制、性奴隷制、レイプ・センターという認識で一律に見ることに無理があると言えます。とくにユーゴでの内戦でみられた戦略的レイプとの連想で日本軍の「慰安所」を考えることは、不可能だと言えるでしょう。国内にあった売春制度をその経営にあたっていた業者を動かして、国外にもっていくというところから、この制度が始まっています。日本人の「慰安婦」の多くは、おそらく最後まで合意や契約で東南アジアへ出掛けていったと考えられます。韓国、台湾の女性たちの中にもそういう人もいたし、欺かれて連れて行かれた人もいたし、拉致されたに等しい人もいたでしょう。中国では、売春婦にならなければならなくなった人もいたし、前線で兵士に暴力的に村から拉致されて、監禁され、レイプされつづけた人もいたと思われます。フィリピンでアジア女性基金から事業をうけた人の大半が、このような前線での拉致、監禁、レイプの被害者たちです。彼女たちはまさに性奴隷であり、レイプ・センターに閉じこめられていたといえるでしょう。オランダの収容所の中から強制的に慰安所に連行された人々がオランダでアジア女性基金の事業をうけた人々でした。結局、「慰安婦」のありようは多様であり、時と場所、出自民族によっても違いがあります。この状態に対して法律的に一律に対処すれば、個別的な証明が必要とされます。それはほとんど不可能なことです。

反動派の弁護論は法的責任論に対抗するものとして現れました。証拠がなければ、事実はないというわけです。法的責任はなく、いっさいの責任はないというのです。被害者をあらためて辱めることがなされています。」

「さらに法律的な問題とすると、慰安所組織の責任者の犯罪責任を問題にするだけでなく、慰安所を訪問した日本人軍人すべての犯罪責任を問うことになります。国家には肉体はないのです。「慰安婦」に対する加害者は兵士一人一人だということになります。『女性国際戦犯裁判』では、兵士たちが免責されることが明確にされない下で、『慰安所』の組織者だけが責任を問われましたが、これは法律的にはおかしいことでしょう。そして、『慰安所』に行った兵士軍人を『レイプ』犯だと認定すると、日本軍兵士による戦場レイプという犯罪行為との区別がつかなくなります。」「『慰安所』に行った兵士を『レイプ犯』と呼ぶことは、元兵士たちを動揺させ、その人々の居直りをもたらしかねないといえます。反動の弁護士たちがその感情に乗ずるということもおこりえます。」

「法的責任論に立つ運動の具体的な成果は、アジア女性基金の償い事業を韓国、台湾で妨げたということに現れました。しかし、法的責任論への固執と道義的責任論への軽視の結果は、この人々とアジア女性基金、さらにアジア女性基金に拠金した日本の市民、アジア女性基金の事業を受け入れた被害者との対立が残りました。」

次に私は「道義的責任論の功罪」を論じた。

たしかに「日本政府周辺の道義的責任論は法的責任を回避し、国家補償を回避するための論理であるという批判を全面的に退けることは難しいと認めなければなりません。道義的責任論の一角には、責任をあいまいにして逃れるという姿勢があったことはたしかです。」

「しかし、他方では、道義的責任論は法的責任論よりも深くて、広いと考えられます。慰安婦問題のような事実関係の複雑な問題に対しては、道義的責任論がはるかに効果的に対応を可能にするということもあります。法的責任論では、立ち往生してしまうような問題に対して、道義的責任論では柔軟に対応が出来るのです。そもそも法的責任論というものは、限定的な責任論です。しかし、道義的責任論は、原則的に無限定責任論です。非情な弁護論に立ち向かう際にも道義的責任論は力を発揮することができます。

なによりも道義的責任論でこそ、謝罪が第一にみちびかれます。罪に問われ、処罰をうけ、補償をしても、謝罪はないということは、刑事事件ではよくあることです。しかし、道義的責任を感じればこそ、謝罪し、反省し、和解に向かって努力するということが可能になるのです。その意味で言えば、法的責任論は道義的責任論をみちびくための手段であるというのが正しいかもしれません。

道義的責任論に立って、謝罪がなされるとすれば、『償い』も出てくるのです。日本政府とアジア女性基金は『補償』と『償い』を分けており、英語では前者をcompensationとし、後者をatonementと訳し、分けています。」

「道義的責任論は、また一時的、一回的なものではなく、期限のない、永遠のものだということができます。謝罪と反省を不断に進めることが可能になります。また道義的責任論は境界線がないので、慰安婦問題だけでなく、強制連行労働者の問題にも拡大していけるはずです。

民族と民族、国民と国民とのあいだの加害の歴史を克服する際には、道義的責任論がもっとも建設的だと言えます。加害の事実の認定に立って、道義的責任論に立って謝罪することが、相手民族の苦痛、相手国民のトラウマを癒し、ともに加害と受苦の記憶を克服して、和解を作りだすことができるのです。」

シンポジウムの席で、私の発題は討議の対象にならなかった。本当の意味で、法的責任論者との討論は、前にも後にも一度も行われなかった。法的責任論か道義的責任論かの論議はついに解決をみないままであった。

第9章　基金の専務理事として

私が専務理事を引き受けた経緯

二〇〇四年春に、理事の中から基金の事務局改造案が出てきて、波紋がひろがった。結局一九九七年から専務理事・事務局長をつとめてきた伊勢桃代氏が二〇〇五年三月で辞職することになった。私は、事務局改造の動きにはまったく関係していなかったが、伊勢氏の後任をさがすのに協力を求められた。最初の候補は、自治労から運営審議会委員に出ていて韓国事業のチームに入っていた中嶋滋氏だった。彼とはなんどか話したが、連合からILOに送られているという立場を考えて断られた。ついで元新聞記者で、補償問題に関心の深いO氏が候補にあがったが、この人も結局は断った。そのうちに、村山理事長、石原副理事長から私にやってほしいという説得があったが、私はただちにお断りした。二〇〇五年五月に東京で日露戦争一〇〇年の国際シンポジウムがあり、私はそこで報告し、論文を提出することを求められていた。そのためには、一度ならず、ロシアの文書館で調査研究しなければならなかったのである。それに基金ではずっとボランティアで働いてきた私としては、いまここで有給のポストに就く考えにはなれなかった。

基金は二〇〇五年一月にいたり、二〇〇七年をもって解散することを決定した。私としては、あと二年なのに、どうして伊勢氏をやめざるを得なくしたのかと思っていた。二月になって、こうなれば、外務省から事務局長を推薦してもらう他ないと理事長、副理事長が考えていると伝えると、事務局長えらびのプロジェクトチームの人々が猛烈に反対した。この件で深刻な対立が基金の中で生じる形勢をみて、私は自分が事務局長をやる他ないと考えるにいたったのである。

事務局改造案では二人の部長も交代させるということになっていて、部長たちも六月までつとめて、退職するということになった。その話が伝わると、業務部長の松田瑞穂氏を支持するお二人の運営審議会委員が連結辞職するという行動に出て、動揺が広がった。

そういう中、私は二〇〇五年四月から専務理事代行になったのである。代行と名乗って、フルタイムの専務理事ではないと示そうとなおも思ったのは、ノーマルな給料をもらうことを避けるためであった。それは、秦郁彦氏から私と高崎宗司氏は「『アジア女性基金』に巣喰う白アリたち」と罵倒されていたからである（『諸君！』一九九九年二月号）。秦氏の言いたいのは、私たちは基金の中に忍びこんでいる国家補償派だということだが、今度は、基金が解散に向かうとき、基金に就職して給料を稼いで、名誉教授が税金泥棒になったなどと罵倒されるのではないか、そんな口実を与えたくないという気持ちだったのである。だから、週二日、パートタイムでつとめて、基金の職員の中ではもっとも給与の少ない人と同じ程度のものをもらうことにしようとしたのである。しかし、基金はこの段階でも年間一億円をこえる国庫補助金で維持されている財団法人で、その会計の責任者は専務理事を兼任する事務局長なのである。そのことがわかって、この年の秋から、私は、専務理事代行ではなく専務理事となり、事務局長就任も引き受けることになったのである。給与は一ヶ月二〇万円ほどをもらっていた。

四月から、業務部長には、事務局の中から岡檀氏が昇格し、六月に外務省から着任した総務部長の峰岸良夫氏とともに、私を助けてくれることになった。こうして、大変な二年間がはじまった。私はかねて計画していたロシアでの研究旅行をとりやめる考えはなく、四月一〇日にはロシアに出発し、五月一日に帰国して、基金に出勤したのである。

インドネシア事業の新展開

基金の専務理事代行としての私の初仕事は五月二九日から六月二日までのインドネシアへの出張であった。六月に退職する松田業務部長、それに間仲事務局員、外務省の係官が同行した。

基金のインドネシア事業はこの国の高齢者福祉施設建設に対して総額三億八千万円の資金援助を行うことを約束した事業である。基金では、毎年、人を派遣して、施設の建設の様子を視察してきたのであった。すでにこの段階では、四二ヶ所の施設が建てられていて、今後のこる二年のうちに、あと二〇ヶ所の施設を建てる計画が組まれているというところであった。計画はほとんど固まっているが、数ヶ所未決定のものがのこっていると聞いていた。

出発に先だって、松田部長は、インドネシアの与党連合国会議員ヌールシャバニ女史から基金にチマヒにいる五〇人ほどの慰安婦被害者のための高齢者施設を建設してほしいという要望の手紙が届いていると私に話し、この件を進めることが今回の訪問の課題だと思うと説明した。これはよいニュースであった。私は大いに期待をもって出発したのだった。

ジャカルタについて、翌日、女性議員ヌールシャバニ氏を訪問し、話し合いを行った。バンドン近郊のチマヒ地区の五八名の慰安婦被害者が合意して、高齢者福祉施設建設を要望している。これをインドネシア政府にとりついでほしい。土地は自分が州知事に提供を働きかける。運営は入居者の意志を尊重するものにしたい。こういう話を聞いて、簡単な要望書を出してくれれば、社会省に取りつぐと回答した。ヌールシャバニ氏は女性国際戦犯法廷にも参加した人で、アジア女性基金には批判的な人であった。その人がこういう提案をしてくれたことはありがたいことだった。

六月二日にインドネシア社会省のプジ局長と面談し、老人福祉施設建設の実績と今後の計画について聞いた。ブリタール市での慰安婦被害者に関連する施設の増改築の話があることが紹介された。元慰安婦の娘が自宅で被害者の世話をしていた敷地内に、社会省が四部屋を増築し、現在一二名が入居している。そこにさらに増築の希望が出ているとのことだった。ヌールシャバニ議員の要望書を取りついで、検討を求めると、局長はこのような申し出を歓迎する、協力して検討したいという返事をえた。社会省も、非政府の運動を敵視していたスハルト時代と違い、慰安婦被害者のためになんとかしたいという気持ちになっているように感じられた。

建設された高齢者施設を見て回るのは、松田部長と手分けして、私は間仲さんとスラバヤ市から車で二時間、五時間の距離にある二ヶ所、マタラム市の中心部にある一ヶ所、計三ヶ所を訪問した。しかし、地方をめぐって視察に行く途中では、車の事故を心配する状況もあり、私は若い事務局員がこのような視察をつづけていて、万一事故にあった場合にどのような手当が用意されているのか不安になった。建設された施設はみなきれいで、しっかり運営されているようで、入居者も明るい表情で、うれしい気持ちになった。基金の医療福祉支援がインドネシアの老人福祉事業の強化に貢献していることはたしかであった。

実際インドネシア社会省も好意的に対応してくれて、最終年度に四つの施設がブリタール、バンドゥン、チマヒ、パスルアンにつくられた。私は、二〇〇六年三月と一〇月、二〇〇七年一月にも、インドネシアに行った。この最後の訪問は、ブリタールとチマヒの施設を見に行ったものである。

国際シンポジウム「過去へのまなざし」

二〇〇五年のアジア女性基金の最初の企画は、国際シンポジウム「過去へのまなざし」であった。これは大沼保昭氏が全面的にプロデュースした企てで、大きな成功をおさめたと言えるだろう。

まず七月一六日は箱根で専門家会議を行った。そこにはオランダのハマー氏、アメリカのサラ・ソー、韓国の李元雄、中国の宋志勇、東京大学の田中明彦、基金の有馬、横田、和田、それに一七日のパネリストたちが参加した。

一七日は国連大学の国際会議場で、アメリカの入江昭、ドイツのフランク・エルベ（元駐日大使）、中国の葛剣雄（復旦大教授）、上野千鶴子、船橋洋一、大沼保昭の六人がパネリストであった。一七日のシンポジウムの内容は『朝日新聞』七月三一日付の二つの面の上段に大きく報じられた。このとき、上野氏が「アジア女性基金が果たした役割を歴史的に判定すべき時がきた」として、次の二点で、基金に積極的な評価を行ったことが大きな反響をよんだ。上野氏は、基金成立時に、自社さ政権のもとで、「今のうちに戦後補償の一角を解決したい」という政治判断をもって行動した基金関係者の「政治的リアリズムは、正しかったと認めざるを得ない」とし、さらに、「歴代首相のおわびの手紙を出すなど、……その限界内で最大限の努力をしたことは評価したい」と述べたのである。しかし、上野氏は「国家が犯した罪は国家が償うべきで、民がかわって償うのは、責任の所在をあいまいにする」と基金の基本的コンセプトを批判し、韓国での拒否を当然視し、「対立と混乱」をひきおこした責任が基金にあると認めた。はなはだ行き届いた評価を出していただいたと思う。

意見広告の挫折

二〇〇五年一〇月には、小泉首相は自民党の幹事長安倍晋三を内閣官房長官に引き上げた。後継者の地位を与えたのである。安倍氏の地位が党内、閣内で上がるとともに、彼が代表する歴史修正主義の流れが政権与党と政府をひたすようになった。アジア女性基金にとって安閑としておれない状況が生まれつつあったのである。

基金の予算には、広告費という項目があって、さまざまな目的で使われていた。二〇〇五年度の予算にも、シンポジウム開催費四九八万円に比べて、断然多くの四七五〇万円が一般広報啓発費として組まれていた。その中に新聞広告の予算がふくまれていた。私はこの予算を使い、基金としてその活動を総括する意見広告を出すのがよいと判断した。解散と同時に、解散の発表のように新聞広告を出すということも考えられたが、そのときはむしろ事務的な告示にならざるをえないので、基金の事業の意味をふり返るような、内容のある広告は解散一年前に出すのが現実的であると考えたのである。

二〇〇六年一月、私は案をつくって、有馬、大沼、下村理事と高崎運審委員長、横田運審委員に送って意見を求めた。まずタイトルとして、「歴史を見つめ、和解の明日を」と「和解を通じて東アジアの協力を」の二案を考え、それぞれ「慰安婦問題10年の取り組みから」という副題を付ける。最初のリードの文章としては、以下の文章を書いた。

「かってアジアの全域に日本兵の慰安婦とされた多くの女性たちがいた。戦後五〇年生存していた被害者に日本政府と国民は謝罪と償いの努力をはじめた。それを受け入れた人々はそれなりの心のやすらぎをえて、微笑んでくれた。しかし、受け入れなかった人々もいる。当事者以外の人々の理解もなお不十分だ。しかし、侵略と植民地支配がつくりだした傷跡を克服するために、十年前に決断したこの道をためらわずに進んでいこう。隣人との和解なしには協力と共生の東アジアはない。」

この写真の横にフィリピンでのお渡しの時の写真を大きく入れるという考えだった。このあとは、まず村山談話とアジア女性基金について、慰安婦とはいかなる存在か、河野談話からアジア女性基金の誕生、基金を受け止めた被害者の数、総理大臣のお詫びの手紙全文、基金理事長の手紙の一部、基金を受け止めた被害者の言葉、基金の解散に向けた歩み、フォローアップの事業の必要性などについて文章を入れることにして、その文章の案を付けた。

このような案を二〇〇六年一月二五日の第八五回理事会に提出したが、理事会では、これでは文章が長すぎて、誰も読まないというような意見が出て、よく考え直してほしいという注文がつき、案のとりまとめを六人委員会で進めることになった。この日話題になったのは、二〇〇五年一二月二七日に閣議決定された内閣府作成の第二次男女共同参画基本計画から「慰安婦」問題に関する言及が落とされ、アジア女性基金は女性の名誉と尊厳に関する今日的な問題への対応に取り組んでいる、平成一九年に解散するということだけが述べられているということであった。安倍晋三新内閣官房長官の影響であるのか

広告　女性のためのアジア平和国民基金（アジア女性基金）

歴史を見つめ和解の明日を

─慰安婦問題10年の取り組みから

かってアジアの全域に日本兵の慰安婦とされた多くの女性たちがいた。

戦後五〇年生存していた被害者に日本政府と国民は謝罪と償いの努力をはじめた。

それを受け入れた人々はそれなりの心のやすらぎをえて、涙を流し、微笑んでもくれた。

しかし、受け入れなかった人々がいる。

当事者以外の人々の理解もなお不十分だ。

しかし、侵略と植民地支配がつくりだした傷跡を克服するために十年前に決断したこの道は必要な道だった。

隣人との和解なしにはわたしたちはアジアの中に生きられえない。

掲載中止となった新聞広告案

どうかわからないが、厳しい状況が迫っていることが感じられた。

私の考えは、そういう状況だからこそ、村山談話とアジア女性基金の基本的な主張をいま一度社会に発信して、それを守ることが必要だというものであった。だから総理のお詫びの手紙の全文はぜひとも広告におさめたかったのである。広告は朝日新聞にのせることにして、一月三〇日にはエイジェントと一面広告の契約を結んだ。費用は二〇七九万円であった。文章を半分以下の分量に縮小した修正案をつくって、ふたたび検討にまわした。

その過程で、二月一五日、外務省で修正案についての意見を訊くと、外務省が深刻な憂慮をもっていることがわかった。端的に言えば、官邸と自民党がこのような広告に反発するのではないかということであった。総理のお詫びの手紙を勝手に広告にのせることにも疑義が呈された。広告を朝日新聞一紙にのせるのも問題であるようだった。私は深刻な事態であることを認識した。

翌日、シンポジウムのプロジェクトチームの会合があったが、その最後のところで、新聞広告問題を相談した。そこでわれわれの間にある深刻な意見の対立が露呈して、感情的な言葉のやりとりから、下村満子理事が理事辞任の意志を表明する事態に発展した。こうなれば、万事休すである。私は二月二三日、村山理事長と相談して、新聞広告掲載中止を決断した。エイジェントにある程度の違約金を払って、契約を取り消しにしてもらった。使わなかった広告費一九五〇万円を年度末に返却することにした。私としては、実に残念な結果であった。下村理事は説得むなしく辞任された。

二〇〇六年三月一八日、アジア女性基金セミナーと銘打って、慰安婦問題についての新しい論者二人、アメリカからサラ・ソー氏と韓国から朴裕河《パクユハ》氏を招いて、研究会を行った。

サラ・ソー氏はサンフランシスコ州立大の文化人類学の助教授であった。九六年から慰安婦問題の研究をはじめ、最初挺対協の運動を研究していたが、一九九七年秋から五ヶ月間東京に来て、私が所長をしていた東大の社会科学研究所の外国人研究員となって研究した。二〇〇〇年に最初の論文"From Imperial Gifts to Sex Slaves: Theorizing Symbolic Representations of the "Comfort Women"" を私の研究所の雑誌 *Social Science Japan Journal* に発表した。

彼女は慰安婦がきわめて多様な存在形式を示したことに注目した。まずこの論文では、吉見説にならって、慰安婦制度は三段階をとって発展したとした。第一段階は一九三二年の上海事変以降で、都市の商業的な売春施設が利用されていた。第二段階は、三七年の南京侵入後で、軍が慰安所開設にのりだし、朝鮮台湾から女性達を集めた。第三段階は一九四一年以降で、東南アジアに朝鮮人女性が連れて行かれたが、現地で女性たちが暴力的に慰安婦にさせられたケースがあった。さらに慰安婦については三つのイメージがあるとし、「帝国のプレゼント」のイメージは家父長的ファシズムがつくりだしたもの、「軍隊売春婦」のイメージは日本軍の「男権主義的セクシズム」がつくりだしたたものであり、「性奴隷」のイメージはフェミニスト人道主義がつくりだしたものだが、いずれも部分的真実を反映しているとみていた。

彼女は研究を進める過程で、挺対協の運動を批判的にみるようになり、逆にアジア女性基金については積極的な面もあると考えるようになった。

朴裕河氏は日本で慶応大学を卒業、早稲田大学大学院を終えた日本文学を研究する韓国の世宗大学の教授である。「反日ナショナリズム」に批判の目を向け、二〇〇五年一〇月『和解のために――教科書・慰安婦・靖国・独島』(韓国語版)を出版した。二〇〇四年から東大の小森陽一氏と組んで、「韓日、連帯21」なる団体を立ち上げ、シンポジウムを主催していた。二〇〇五年一二月にソウルでの「韓日連帯21」第二回シンポジウムでアジア女性基金について報告するように、私は招かれた。そこではじめて朴氏と知り合いになった。その折、新著の寄贈を受け、早速読んで、私はその重要性を認めた。

この本は、韓日間の葛藤をなす歴史問題について、「相互の接近」を図らないと韓日間に和解がなく不安定な関係がつづく、とみるところから出発していた。朴氏のみるところ、韓国の側の対日批判は日本が「過去を反省していない」と決めつけるもので、日本の中の反省の努力を理解していない。これでは本当の批判にならない。また日本の中の良心派は反省の徹底化を主張して、国内の分裂を進めるだけで、和解に近づけられないのではないか。彼女は、日韓の間に立ち、右と左の間に立つ意志を隠していない。この本では、靖国問題も、独島=竹島問題も論じられていて、それぞれ彼女の提案する解決の方策については異論がありうるが、慰安婦問題について論じた部分が本書のもっとも重要な部分であることは間違いない。

その中で私の注意をもっともひいたのは、尹貞玉先生に対する次のような厳しい批判であった。「『挺対協』関係者が金を受領した人々をさして、『罪を認めない同情金を受け取れば、被害者はみずから志願して赴いた公娼になる』(尹貞玉、一九九七年二月……)と非難したことは、『慰安婦』を支援する彼女たちにすら、『慰安婦』に対する偏見があったことを示すものだ。」朴氏は、韓国人で尹先生を批判した最初の人であった。

朴氏は、アジア女性基金に「不十分さ」があるとしても、挺対協がそこにある誠意を否定し、「公式謝罪と法的賠償を回避するため」の非道徳的なものだと主張するのに反対している。

さらに朴裕河氏は、基金に拠金した一般国民の手紙を引用し、「『政府』と『国家』の補償ばかりを主張する声は、……基金に醵金した日本人の声、国家をこえて『個人』として責任を負おうとする意識から顔を背けることになる」と書いていたのである。

他方で彼女は、慰安婦像の固定化に反対し、慰安婦の経験が一様でないことを強調するが、それは決して「日本の責任を免責するためではない」、韓国の中にも差別や加害があることを認める必要があると主張している。

私はこの本の翻訳出版を推進した。友人の佐藤久氏の訳で、平凡社から、二〇〇六年一一月に出ることになるのである。

そういう注目すべき二人を招いたセミナーであったが、多くの人には来てもらえなかった。鈴木裕子氏、李順愛氏、朝日新聞の本田雅和記者などの顔が見えた。セミナーでのサラ・ソーさんの主張は印象的であった。

彼女は、挺対協が韓日二国間の論戦を普遍的な女性の人権問題に高めることに貢献したと認め、日本政府がアジア女性基金を設立するように追いこんだのも挺対協の功績だと評価した。しかし、彼女は、挺対協の「フェミナショナリストの立場」は「朝鮮社会における慰安婦の悲劇の歴史性を歪めている。一九九〇年代の前半から、韓国の活動家たちは日本軍隊慰安婦制度を『戦争犯罪』であると定義したばかりでなく、『慰安婦』は『挺身隊』であったとする誤った一般認識を強化し続けた」と批判した。

国際的には、日本軍隊慰安婦制度はいまや「軍隊性奴隷制」と言われるようになったが、専門的研究によって、「軍隊慰安婦制度は商業的セックスと性奴隷制の両方の次元を包含していた」ことが明らかになっている、「多様で、部分的な真実」のために、国際論争の参加者たちは違った話題と関心をもち、合意が生まれないところで、明確な問題解決方法が見つからず、一五年の努力も結実をえていないのだと主張した。

サラ・ソー氏は、アジア女性基金については、日本政府が戦後の補償請求は条約と協定で「解決済み」であると主張してきたにもかかわらず、「被害者に与えた苦難に対して道義的責任を認めた」ことを評価した。彼女は最後にこう言った。

「まとめると、日本軍の慰安婦制度の本質に関する二つのファンダメンタリスト的な見解が朝鮮海峡をはさんで存在し続けている。」「日韓両国のファンダメンタリストらがかき立てるナショナリストとしての誇りと対抗的偏見はこの地域の平和と安全を増進しえない。慰安婦問題は、今となっては目立って政治化してしまっており、政治問題の決着には外交が必要である。日韓両政府は、前者はアジア女性基金に、後者は挺対協の陰にそれぞれ隠れて、問題解決の努力を一〇年以上も怠ってきた。両国政府はこの問題に外交的に取り組む義務がある。しかし、慰安婦問題について日本社会が深い内部分裂を起こし、また慰安婦問題についての部分的な真実が国境を越えて広まっているので、外交が力を発揮する前に、まず両国における『国内和解』のプロセスに取り組まなければならない。真の和解のためには、両国は、日本の軍隊慰安婦制度は商業的セックスと犯罪的セックスの間にまたがる多種多様な男権主義的性行動を許容したことを認めなければならない。」「日本軍隊慰安婦制度が実現された状況の構造を真摯に省察することのみが、植民地支配者の側と植民地化された側としての日韓のもつれた二国の歴史における悲劇の一章について、本当に傷を癒す対話につながる。そうした対話的な反省は、また、この二隣国間の永続する和解へと続く困難な道のりを整える助けにもなるのである。」

サラ・ソー氏の主張は朴裕河氏の主張に呼応するものがあった。彼女の研究の集大成である著書は二〇〇八年に出版される（*The Comfort Women: Sexual Violence and Postcolonial Memory in Korea and Japan*, University of Chicago Press, 2008）。

朴裕河氏は「基金が失敗なら挺対協も失敗」したのだと主張し、挺対協も「一五年間の試行錯誤を含めた功罪を明らかにすべき」だと述べた。挺対協は一五年の努力にもかかわらず、アジア女性基金をより望ましいものに改善改良することもできなかったし、日本政府をして、アジア女性基金に代わる新たな措置を実施させることもできなかった。朴裕河氏の批判がそのことをさしているのであれば、正しい議論だと私は思った。

いまからふり返ってあのセミナーは重要なセミナーであったと考える。

中国慰安婦裁判弁護士の訪問

二〇〇六年五月二九日、私は弁護士の大森典子、川上詩朗氏の訪問を受けた。二人の話は中国の慰安婦問題に関わっていた。

中国は慰安婦問題の原点であり、中国の被害者のために事業を実施したいというのは基金のスタート時からの全体了解であった。外務省が中国政府と接触した感触は、最初に一九九五年一一月二四日の運営審議会に伝えられているが、「各個人を対象とするのではなく、全体としてのプログラムを考えるべき」であり、そのための中国側受け入れ機関を中国政府が検討中であることが報告されていた。

中国政府は、一九七二年の日中共同声明で「戦争賠償の請求を放棄する」と表明したことを前提に、個人被害者へのいかなる支払いも必要ないという態度をとっていたようだ。日本の外務省にとっても、それは望ましいことだったのだろう。個人被害者に対する支払いをはじめると、慰安婦問題以外にも無数の中国人被害者が立ち上がってくるだろうと考えられ、混乱が生じるので、そうしない方がいい、という態度だったと思われる。

そこで、一九九六年には、中国は外務省の区分では、インドネシアと並んで政府が慰安婦に対する償い事業に否定的である第二グループの国に入れられた。予算的には、九六年度には、中国への医療福祉支援拠出金として五〇〇〇万円、九七年度には九五〇〇万円が計上されていた。しかし、九六–九七年に行われた交渉は実らず、外務省は慰安婦への償いに代わる措置として、女子教育支援プロジェクトなどを提案したようだが、中国政府は一貫して関心を示さなかったと聞いていた。一九九七年一一月一一日第三一回理事会で、外務省より「個々の慰安婦の認定作業は不可能なため、インドネシアをモデルとした事業を提案、協議中であるが、中国政府側の態度は固く、引き続き交渉が必要」との報告があったのを最後に、まったく議論されないままとなった。それでも北京訪問の旅費は二〇〇三年（平成一五年）度まで計上されていた。

しかし、中国にも日本の裁判所に訴訟を提起した被害者がいた。一九九五年から山西省盂県の被害者が四名がまず提訴し、九六年にも二名が提訴した。九八年には一〇名の提訴が行われた。この他に海南島の被害者八人の提訴がなされたので、全部で原告は二四人であった。特徴的なことは、山西省盂県の事態は、日本軍が中国の奥地に侵入し、共産党の村を襲い、女性を拉致して、自分たちの拠点に連行して、監禁し、連続レイプしたという准慰安所のケースであったということである。九八年に提訴した万愛花は共産党村の副村長であった人で、フィリピンのロサ・ヘンソンにひとしい存在であった。山西省の第一と第二の訴訟は地裁レベルで二〇〇一年、二〇〇二年に敗訴となり、高裁レベルでは二〇〇四年に敗訴になった。

この状況で、山西省の二つの訴訟の担当弁護士の大森、川上氏が、二〇〇六年五月にアジア女性基金を訪問してきたのである。二人は、このまま最高裁で敗訴が確定するのを避けて、最高裁に「和解協議」を求める上申書を出したい、そのためにアジア女性基金の協力を得たいとして、相談に来たのであった。二人の弁護士は国家補償を求めてきたアジア女性基金反対派であったが、ここにいたり、最高裁での和解という形が得られるなら、その和解勧告の中にアジア女性基金を通じての支援を入れてもらいたいと要請したい、基金はどのように考えられるかと問いかけてきた。

私は、基金の事業について説明した。とくにオランダのケースをくわしく説明した。そして、次のように考えを述べた。アジア女性基金は中国もふくめて事業実施したいと考えてきた。日本政府が中国政府と交渉した結果を聞かされたが、事業は実施できないという結論であった。それを残念に思っている。したがって、最高裁から和解のために協力要請がくるという展開になれば、外務省と協議をしながら、理事長、理事会が真剣に検討することは間違いない。総理の「お詫びの手紙」を出すことはできるし、オランダ方式での医療福祉支援三〇〇万円の支払いは考えられるのではないか。基金の側では実行のための障害はない。

私は、このような思い切った提案を大森弁護士らがするということは、訴訟を支援する運動団体が最高裁での和解協議のためにアジア女性基金に協力を求めることを承認しているのだと理解した。それだけにこれは重要な機会であると考えた。

この会見について理事長に報告し、外務省にも報告した。大森氏からは、私が会見で話したことを報告書にして最高裁に提出してもいいかというので、同意した。六月六日、大森弁護士から、六月二日付けで最高裁から国側にこの件で打診するとの連絡があったことを伝えてきた。だが、打診を受けた法務省は、最高裁で勝訴目前であるのになぜ和解しなければならないのかわからないという態度で、外務省にも圧力をかけたと言われる。結局国側が拒否したため、和解にはならなかった。中国人原告の訴えは最高裁で棄却されたのである。

そのことを聞いたとき、私は、アジア女性基金に直接申請を出してくれないか、そうしたら、検討する用意があると申し出た。しかし、それは無理だという返事であった。

以上の経過は、実に残念な結果であり、アジア女性基金は中国の被害者に対して何もしないままに終わることになったのである。

インドネシアからの新たな申請

さらに、二〇〇六年五月二四日付けで、インドネシアの南スラウェシ州元従軍慰安婦基金会長ダーマウィ氏から同州内の元慰安婦へのアジア女性基金の支給を求める以下のような要請が届いた。

「南スラウェシ州の元従軍慰安婦に対する補償金を、アジア女性基金の仲介で日本政府に提案しようとする私共の試みに関し、私共では、南スラウェシ州政府に審議を要請しました。この提案に対し州政府は、添付の『支持の手紙』の記述通り、積極的に強い支持を示しました。これを受け、南スラウェシ州の従軍慰安婦を代表し、以下を期待しております。

1、アジア女性基金から要請があった必要なデータはすべて完成させ、南スラウェシ州政府からの説明の手紙、そして補償金支払のための法的根拠を入手しましたことを考慮し、私共は、補償金支払ができるだけ早く行われることを期待します。

2、私共は、老人のための社会福祉サービスに関し、一九九七年三月二五日付でインドネシア共和国社会省とアジア女性基金の間に締結された覚書に異議はありません。私共にとって重要なのは、元従軍慰安婦各人への補償金の直接支払いです。

3、支払は元従軍慰安婦各人に対し、州政府により正式に認められた元従軍慰安婦基金の仲介で行われるべきです。

ご配慮に深く感謝します。

南スラウェシ州元従軍慰安婦基金

M・ダーマウィ」

手紙には、南スラウェシ州知事によってこの問題の交渉における州政府代表に任命されたバダン・ケサチュアン・バングサ（内容不明）会長マカサール氏の手紙が添えられていた。「私共は、アジア女性基金を通じ日本政府が南スラウェシの一六九六名の元従軍慰安婦に対し補償金を支払うことを強く支持する」と書かれていた。手紙はともにインドネシア語で、慰安婦被害者についての資料は付されていなかった。

しかし、これは衝撃的な事態であった。一六九六名の慰安婦ということも驚くべき規模であった。しかし、もはやどうにもならない。私は、六月二二日に次のような返事を出した。

基金としては、一九九七年三月二五日のMOU（覚書）に基づいて事業をしてきて、本年末には事業を完了する。そして基金自体が明年三月には解散される。「貴下がアジア女性基金に要望されることはMOUをこえることであり、基金がこの問題で貴下と直接協議することは想定されていない。」したがって、インドネシア政府と協議し、貴下の要望を日本政府に取りついでくれるように求めたらどうか。

この回答とスラウェシ州からの手紙をインドネシア社会省にも送った。インドネシアの被害者からの基金を受け取りたいという要望がはじめて基金に直接伝えられたのだが、すでに基金は解散まで一年を切った最終段階にあり、このインドネシアからの要望に対応できなかったのである。

その後一〇月六日になって、京都大学東南アジア研究所所長の水野広祐教授、村井吉敬上智大学教授、高木健一弁護士の三名が基金を訪問し、スラウェシの組織の要望について説明してくれた。水野教授はスラウェシ州での補償運動がとくに活発で、七〇〇〇ケースあった被害者のうち、インタビューを行って精査した一六九六人のケースを確認したと聞いていると述べた。私の方からは出した回答について説明した。高木弁護士は、現状で基金の回答以上のものは引き出せないとすれば、個人に対する支給を求めて訴訟を起こすほかないと言われた。私は基金としてはなんとも言えないと答えた。心中わずかながら期待を抱いたところがなかったと言えば嘘になる。しかし、この件はそれきりになってしまった。インドネシアに行ったさい、社会省との話し合いでこのことはもち出さなかったし、スラウェシ州を訪問することもしなかった。基金は解散を前にして、問題から逃げたと言われても仕方ない。

安倍首相への質問状

二〇〇六年九月安倍晋三氏はついに自民党総裁となった。私はこの事態に、『世界』一〇月号に「拝啓　安倍晋三様」ではじまる公開書簡形式の論文「安倍晋三氏の歴史観を問う」を発表した。基金の専務理事だから、私は安倍氏を批判はしなかった。ただ事実を指摘した。人は誰でも二人の祖父をもつ。安倍氏は母方の祖父岸信介氏に心酔しているようだが、父方の祖父安倍寛氏、翼賛選挙に抗して議員となり、東条首相を批判して和平を求めたもう一人の祖父のことも忘れずに、日本の歴史全体を引き受けて進むべきではないか。そして、次のことを質問した。

「安倍さんのこれまでの活動を想起するとき、どうしてもうかがいたいことがでてくるのです。これだけは、はっきりしていただきたいと思うことです。

第一は、安倍さんは、総理におなりになったら、村山談話を堅持すると誓約されますか。

第二に、安倍さんは、総理におなりになったら、慰安婦問題での河野談話を堅持され、歴代総理が署名された慰安婦被害者に対する「お詫びの手紙」の精神を継承されますか。

第三に、安倍さんは、総理におなりなったら、日朝平壌宣言を堅持されますか。

もし安倍さんが総理になって、このような日本国家の基本方針を改められることになれば、国家は混乱します。アジア諸国は、日本に対して決定的な不信をいだくことになり、国際関係がゆがみます。日本の国益は深く傷つけられるでしょう。そのような事態はぜひとも避けていただきたいと思います。」

一〇月二日、所信表明演説に対する代表質問に答えて、安倍首相は村山談話を踏襲すると答弁した。もとより、それだけではすまない。衆議院予算委員会では、一〇月五日、菅直人氏が村山談話に加えて、河野談話の継承についても迫った。安倍首相は河野談話も「政府として出され、現在の政府にも受け継がれている」と答えざるを得なかった（朝日、六日）。ここにまでいたると、驚きが走った。毎日新聞のコラムは安倍氏の「変節か」と書き（九日）、朝日新聞の社説は「拝啓　安倍晋三様」「君子豹変ですか」と揶揄した（一二日）。安倍首相は志位和夫氏の質問に、慰安婦の連行について「狭義の強制性」を「事実で裏付けるものは出てきていない」と留保をつけたが（東京、七日）、この印象は変わらなかった。

安倍氏のブレーンたちは河野談話の継承を表明した首相に不満だった。中西輝政、岡崎久彦、櫻井よしこ、西岡力、島田洋一、葛西敬之、八木秀次氏らの中には「失望した」とはっきり言う人が出てきた（読売、一〇月二二日）。たまりかねて安倍氏の同志、下村博文官房副長官が一〇月二五日、河野談話について「もう少し事実関係をよく研究し」、再検討する必要があると講演した（読売、二六日）。

一二月一三日、自民党内の「日本の前途と歴史教育を考える議員の会」（会長中山成彬元文科相）が活動を再開した（産経、一四日）。

そこに出てくるのが、マイケル・ホンダ議員提出の慰安婦問題の決議案である。これは二〇〇七年一月三一日に提出された。この決議案は、前年九月下院外交委員会で採択された決議とはまったく異なった内容のものであった。「慰安婦の苦難について、こころからのお詫びと反省を表明した」河野談話を評価し、その「内容を薄めたり、撤回したりすることを願望する旨表明している」日本の公務員や民間の要職にある者の動きに反対し、アジア女性基金の設立と活動を評価し、それが三月三一日に解散してしまうことを憂慮して、安倍内閣が謝罪の公式声明を出し、慰安婦問題を否定する主張に反論するように求めるものであった。河野談話とアジア女性基金についてこれほどの評価が示されたのははじめてである。日本政府のこれまでの努力を安倍首相が継承するということが信じられない、継承するというならいっそう明確な公式声明を出せ、というのがこの決議案の意味であった。どういうブレーンが用意したかわからないが、政治的に考え抜かれた決議案であった。

二月、「日本の前途と歴史教育を考える議員の会」は、河野談話見直しの提言を月内に首相に提出することを決定した（毎日、一〇日）。三月一日安倍首相が日本軍による「強制性を裏付けるものはなかった」とあらためて発言した（毎日、二日）ことが火を燃え上がらせた。安倍首相が河野談話見直しの動きを支持しているとの印象を受けて、米国のメディアは強く反発した。安倍首相は、さらに三月五日には、「官憲が家の中にまで入って連れて行ったという強制性はなかった」、「米下院の決議案は客観的な事実に基づいていない」とまで答弁した。三月八日安倍首相は、記者団に「自民党が今後、調査、研究をしていくので、資料の提出、提供で協力していく」と約束した（産経、九日）。

ついにアメリカから決定的な批判が出た。"Shinzo Abe's Double Talk"（安倍晋三の二枚舌）と題された『ワシントン・ポスト』紙三月二四日号の社説である。この社説は、六者協議での最強硬派は日本であり、日本は拉致被害者について情報が出ない限り、北朝鮮との関係改善の「いかなる協議も拒否する」としている、他方で、「奇妙で不快なことは」、安倍が第二次大戦中、「数万人の女性」を慰安婦にしたことの「責任を日本が受け入れたことを後退させるキャンペーンを並行して行っている」ことである、と述べている。この社説は安倍首相が拉致問題で北朝鮮の加害を糾弾しながら、慰安婦問題での日本の加害責任からのがれようとしていることを「二枚舌」と批判した。

このような大騒動の中アジア女性基金は解散を迎えるのである。

アジア女性基金の解散の公示

アジア女性基金は解散を前にして、最後のシンポジウムを二〇〇六年一一月一九日にＪＩＣＡの国際会議場で開催した。この日のシンポジウムでは、第一部で、活動報告と関係者の思いが語られた。私が専務理事として最後の活動報告を行い、有馬真喜子、金平輝子氏らが話した。第二部では、六人のゲスト・スピーカー（ローソン社長新浪剛史、作家高樹のぶ子、マンガ家槇村さとる、韓国人教授朴裕河、中国人作家莫邦富、アメリカ人教授ケント・カルダーの各氏）から「未来への提言」をしていただいた。

私は、活動報告の最初で次のように述べた。

「『従軍慰安婦』と呼ばれる人々の問題が社会的に浮上したのは、一九九〇年のことだった。宮澤内閣はすばやく対応し、九一年一二月政府資料の調査が開始された。ソウルで被害者一六人からの聞き取りも実施された。その結果が一九九三年八月四日の河野洋平官房長官談話となったのである。河野談話の認識と判断は村山内閣から安倍内閣まで歴代の内閣が継承した政府の公式的な立場であり、それこそアジア女性基金の活動の基本前提にほかならない。」

河野談話を否定することを願っていることが明らかな首相のもとで、アジア女性基金は河野談話の実践であり、取り消すことは不可能だと主張したのである。

アジア女性基金の事業の基本的な内容については、私は次のように述べた。

「慰安婦問題に対する謝罪と反省をどのような政策に表すかということは村山内閣において決定され、一九九五年六月一四日、五十嵐官房長官から発表された。慰安婦とされた方々への償いと今日的な女性の尊厳を守るために基金が設立されることになった。理事会と運営審議会は一九九五年七月一九日に構成された。基金の本質は、政府の決定によって設立された、政府の政策を実施するための、政府予算によって運営維持される事業体であった。基金の中では、純然たる民間のボランティアである呼びかけ人、理事、運営審議会委員が、有給の事務局長および職員とともに活動した。

まず基金の呼びかけ人による『呼びかけ文』と村山総理の『ごあいさつ』が一九九五年八月一五日の朝、全国紙六紙に全面広告の形で発表された。この広告において『基金は政府と国民の協力で』というスローガンが掲げられた。その日、発表された村山総理談話とアジア女性基金はかくしてひとつに結ばれた。八月一五日の六紙全面広告は日本政府と基金の謝罪と償いの不退転の意思を内外に宣明したのである。

基金の国民的償い事業のかたちは一九九六年九月になって定式化された。まず、第一の柱は、総理の手紙を被害者個人にお渡しすることである。基金は、これに理事長の手紙を添えることにした。第二の柱は国民募金から償い金を支給することである。一人あたり二〇〇万円と決定された。第三は、医療福祉支援事業である。これは政府がその責任を果たすために、政府資金により、基金を通じて被害者に対して医療福祉支援事業を実施するものだとの位置づけが与えられた。この規模は、各国の物価水準を勘案して決定され、韓国と台湾、それにオランダについては、一人あたり三〇〇万円相当、フィリピンについては一二〇万円相当と定められた。」

村山談話とアジア女性基金がひとつに結ばれたものであり、八月一五日の六紙全面広告は政府と基金の「謝罪と償いの不退転の意思」を宣明したものだというところに、私としては強い思いをこめたつもりであった。それ以外は、事実関係を淡々と述べたもので、問題点も反省点も一切指摘していない。基金が首相のお詫びの手紙を掲げながら、償い金には政府の金は入っていない、全額国民からの醵金から出していると説明したところに、基金事業の根本的な問題があったことについては、私の報告で語ることはできなかった。

基金の事業の実施については、「基金はすべての国の『慰安婦』に対して事業を行うつもりであり、さしあたり条件が整っていたフィリピン、韓国、台湾に対する事業を考えることから出発した」と前提の考えを説明した。これは、最終的結果の確認として、次のように述べたことに対応している。「アジア女性基金はフィリピン、韓国、台湾、オランダ、インドネシアに対して償いの事業を実施した。このうち韓国、台湾では、慰安婦と認定された人々の過半が基金の事業を受け取らなかった。インドネシアでは、個人に対する償いの事業はついにおこなわれなかった。さらに中国、北朝鮮など、上記の国・地域以外の被害者に対しては、事業を実施することはできなかった。その意味で言えば、アジア女性基金を通じる日本政府の対処はなお未解決な部分をのこしたと言わざるを得ない。」

私は、慰安婦被害者に対する謝罪と償いの課題は、いまだ達成されていないということを強調したかったのである。総括的に次のようにまとめている。

「フィリピン・韓国・台湾でのアジア女性基金の事業は予定された事業実施期間五年が過ぎたところで二〇〇二年九月終了された。その時点で基金はこの二国一地域で二八五人に事業を実施したと発表した。国民からの募金は全額が被害者に渡されたことになる。」

基金では、韓国での事業実施の数を公表しないでおくと決定していたので、国別の実施内訳は、フィリピンの二一一人についても、台湾の一三人についても、発表されないことになった。しかも、基金からは送金したのに申請者本人のところには届いていないという訴えがあったこととの関連で、韓国での実施数を六一人とするのか、それとも六〇人とするのかも確定していなかった。それで、基金としては、二一一人プラス一三人プラス六一人で、合計二八五人実施という数を国別内訳は明かさないまま発表する他ないということになったのである。

韓国と台湾に対する事業の評価については、「慰安婦と認定された人々の過半が基金の事業を受け取らなかった」と書いているが、登録被害者は韓国が二〇〇二年当時二〇七人、台湾が三三人であったので、事業を受け取った人は、韓国が登録被害者の三分の一以下、台湾が四割弱であったのである。その数字をストレートに示すことを基金は回避したのである。

ともあれ、「アジア女性基金を通じる日本政府の対処はなお未解決な部分をのこしたと言わざるを得ない」という総括の言葉はそれなりに明解であったと考える。曖昧さはのこるが、慰安婦被害者に対する謝罪と償いの事業はいまだ終わっていないということを基金は最後に発表したのである。

では、のこされた課題としては、謝罪と償いの事業を完成するためになさねばならないことが指摘されなければならない。しかし、解散していくアジア女性基金としては、そのことを挙げることはできなかった。私の報告は最後にのこされた課題について述べたが、それは次のような内容であった。

「基金の終了は『慰安婦』問題の終わりを意味しない。生きのこった被害者たちはいま生涯の最後の時期をすごしておられる。この方たちの心のやすらぎとくらしの安定のために、日本の政府と国民はひきつづき注意をはらいつづけていかなければならない。基金の事業の実施が政府と社会の公認を得られなかった韓国と台湾では、基金の終了にあたって基金事業を受け取った被害者に対する寛容をお願いしたい。基金は終了後にアフターケアの事業を立ち上げるように努力をはらってきた。政府の形を変えた支援措置が望まれるところである。『慰安婦』問題を歴史の教訓とすることはひきつづき国の課題である。基金はデジタル記念館『慰安婦問題とアジア女性基金』をネット上に立ち上げ、あとにのこそうとしている。」

二〇〇六年一一月一九日のシンポジウムでは、参加して下さった六人のゲストはアジア女性基金の活動について温かい評価を述べてくださった。会場からの声の中で、「なぜここで解散してしまうのか」という言葉が聞かれたのが、印象にのこっている。問題は解決していないのに、どうして解散してしまうのか。その問いは私の胸に突き刺さった。

基金を記録する——オーラルヒストリー

基金が解散するにあたって、アジア女性基金が慰安婦問題をどのように考え、どのような事業をしたのかを記録し、公開し、資料をのこすために、いくつかのプロジェクトが考えられた。

まず第一はパンフレット『「慰安婦」問題とアジア女性基金』の刊行である。これは基本的に二〇〇四年に出したパンフレットに若干の補足を加え、二〇〇四年版は日本語版と英語版を別々に出したものを、今回は合本にして、まとめて出版した。部数は二〇〇〇部印刷し、全国の公共機関、図書館に送った。

第二のプロジェクトは基金関係者のオーラルヒストリーを聞き、それをまとめて、書籍にすることである。このことは基金の記録としてのこすこととして、早くから議論されてきた。二〇〇五年五月になって、「アジア女性基金事業をふりかえる『オーラルヒストリー』計画」を新たに立案した。このために二三人から話を聞いた。

オランダ事業の責任者ハマー女史からは、二〇〇五年七月日本にシンポジウム出席をお願いしたときに、インタビューした。彼女は戦争のはじまる直前に生まれ、両親とともにインドネシアで日本軍により収容所に入れられ、四六年に五歳でオランダに帰った。だから彼女にとって収容所生活の記憶は鮮明ではなかったが、両親の日本に対する憎しみの感情は現実のものだった。インタビューの終わりに、彼女は、アジア女性基金のために仕事をさせてもらってうれしかった、「なぜなら、私はこの活動を通じて自分の両親の対しても何かができたと感じることができたからです」と語った。

「そして、この仕事は私自身、私の心にとっても何か癒しにも似た安堵を与えてくれた気がします。私はもはや日本人を憎んでいないと言うことができます。それは私にとって喜ばしいことです。これも何千人といる被害者の一人の物語です。」

フィリピンの運動、リラ・ピリピーナを創設した人権活動家ネリア・サンチョ氏から話を聞くためには、二〇〇六年三月、フィリピン・チームの方々と一緒にマニラまで行った。ネリアの立場はきわめて明快であった。彼女は本当に大事なことを語ってくれた。

「私は、日本政府がフィリピン人慰安婦と他の犠牲者へ法的な補償を支払うべきだと考えています。その補償は、日本政府から来るべきものであり、……各犠牲者を認定して謝罪するとともに、個々の犠牲者に向けられるべきなのです。しかし、また慰安婦であった彼女たちには彼女ら自身の思考、彼女自身の決定を行う自身のメカニズムがあるのです。私は、彼女たちが自分たちにとって何がよいと理解する能力をもっていると尊重されなければならないと考えています。たとえそれが私あるいは私たち自身の意見と違っても、私たちは彼女たちの決定を受け入れなければならないと信じています。」

自分たちは国家補償を要求する運動をつづけながら、被害者たちがアジア女性基金を受け取ると決めれば、その意志を尊重し、申請書類づくりを助けてくれたのである。その支援がなければ、フィリピンの事業実施は不可能であった。ネリア・サンチョ氏のこの言葉はフィリピンの運動をつらぬく人権の感覚、民主主義の精神を示していた。私は深い感銘を受けた。

台湾の事業を助けてくれた高名な弁護士頼浩敏氏には二〇〇六年二月に台北市の弁護士事務所でインタビューした。頼氏は東京大学大学院で平野龍一教授のもとで学んだ人であって、日本に対しては好意的な見方をもっていた。慰安婦問題については、被害者の「心身をいたわってあげる」ということがもっとも大事だと考えて、窮地にたっていたアジア女性基金の事業のための台湾の窓口の役割を引き受けてくださった方であった。そのために攻撃を受けたこともあったが、自分はまったく問題にしていないと悠然たる態度を示された。そして、自分としては「この仕事に参与することが出来たことは生涯の誇りだと思っております」と語られた。頼氏はその四年後、二〇一〇年台湾の司法機関のトップ、司法院長に就任された。

内閣外政審議室審議官であった美根慶樹氏はジュネーヴ駐在の軍縮大使であったので、二〇〇五年八月ジュネーヴ人権小委員会傍聴に行った折に大使公邸でインタビューした。アジア女性基金とともに、村山談話の作成にも関与されたことを話されて、以来、談話の英訳をいつも手帳にはさんで身につけておられると言われた。一九九五年の精神がこの外交官を支えているということを知って、強い親近感を感じた。二〇一四年には北朝鮮訪問に同行していただくことになる。氏は帰国後、北朝鮮との交渉の大使となられた。

五十嵐広三元官房長官　2005年10月6日

話を聞いた人の中で、発表できなくなった方が三人いた。一人は五十嵐広三官房長官である。アジア女性基金の生みの親であれば、氏のオーラルヒストリーを欠くことはできない。しかし、五十嵐氏は、テープ起こしをしたものをお送りして、直していただいた段階で、職務上の守秘義務と関連するので、非公開にしてほしいと言われた。それで二〇年間非公開とするということで、国会図書館憲政資料室にお預けすることにした。ところが、憲政資料室に願いを出す段になって、五十嵐氏からこれもやめたい、この記録は完全に抹消してほしいという申し出があり、途方にくれた。

実はインタビューのさい、同行した大沼保昭氏が議員をやめたあとの五十嵐氏が基金に協力してくれなかったことにうらみを述べる一幕があって、五十嵐氏が反論する場面があった。それが気になるということなのか、とも考えたが、最後に私が出した結論は、この拒否は、五十嵐氏にとって、アジア女性基金において自分は政治家として失敗したと考えられたからではないかということだった。いずれにしても、五十嵐氏のインタビュー拒否は私の心に深くのこった。

いま一人、谷野作太郎内閣外政審議室長である。谷野氏の場合は、発言の内容について外務省から当分のあいだ発表差し止めの通知があり、憲政資料室にお預けすることになった。二〇二七年に公開される。第三の人物は、韓国での事業を助けてくれた臼杵敬子氏である。彼女は最後の瞬間に取り下げると言われて、あきらめた。

『オーラルヒストリー　アジア女性基金』は二〇〇七年三月に五〇〇部印刷され、関係方面に配布された。この本には、インタビューした二〇人の他、七人の「思い出」の記をものせた。

デジタル記念館——基金をネット上に展示する

基金の解散にさいして、基金の活動を記録して、保存するのに、もっとも大きな事業となったのは、デジタル記念館「慰安婦問題とアジア女性基金」の建設、ウェッブ上の立ち上げであった。

資料の保存ということで、事務局では、基本資料の電子資料化ということを検討し、それを進めていた。そのことが大きな前提となった。さらに基金解散後には、ホームページを消してしまうのかということが話題になったとき、そのホームページの内容を改造してさらに充実させ、どこかのサーバーの上に置いて保存してもらうという考えが生まれた。まさにそのころ、国会図書館が官公庁のホームページを保存する事業を開始するというニュースが伝わった。そういう情報を基礎に、私の頭の中にデジタル記念館「慰安婦問題とアジア女性基金」のアイデアが生まれたのである。

最初のプランがつくられたのは、二〇〇五年七月のことであった。「政府とアジア女性基金の慰安婦問題取り組み事業を歴史の教訓としてのこすためのデジタル記念館の創出案」というタイトルのペーパーがのこっている。入り口の正面に村山総理談話を掲げること。第一室　慰安婦にされた数多くの女性たち、第二室　慰安婦問題が明らかになる過程、第三室　日本政府の対応とアジア女性基金の設置、第四室　オランダの被害者と基金の事業、第五室　フィリピンの被害者と基金の事業、第六室　韓国の被害者と基金の事業、第七室　台湾の被害者と基金の事業、第八室　インドネシアの被害者と基金の事業、第九室　その他の国々の被害者、第一〇室　現代における女性への暴力、図書室（アジア女性基金刊行物）、文書庫　第一セクション　慰安婦関連資料、第二セクション　基金業務資料。

当時見積もりをとったが、一社は七七五万円という制作費の見積もりを出した。デジタル記念館の構想は認められて、二〇〇六年度予算にもりこまれた。九二三万円の申請であったが、大蔵省の査定で、五〇〇万円が認められた。この製作には、私と業務部長岡檀氏があたった。五〇〇万円で製作を引き受けてくれた工房は、私たちがつぎつぎに新しい要求を出すのによく応えてくれ、本当に献身的に仕事をしてくれた。デジタル記念館の展示の内容と文章はすべて外務省に提出して、点検を受けた。基本的には基金の二〇〇四年パンフレットをもとに文章をつくったので、深刻な意見の対立は出なかった。デジタル記念館は国会図書館に永久保存してもらえることになったが、そこはサーチ・エンジンが働かないことがわかり、民間のサーバーとの間で契約を結び、一〇年間の費用前払いで委託することになった。デジタル記念館は、基金の解散時には完成せず、半年後、二〇〇七年九月になってようやく立ち上げられた。できばえは相当なものであった。内容は外務省のチェックを受け、かつ製作の費用は国費でまかなわれているので、このデジタル記念館は戦争被害者に対する謝罪と償いのためのはじめての国立博物館、ナショナル・ミュージアムだと自負した。スタートの際は、日本語版と英語版であったが、のち二〇一四年六月にいたり、外務省の働きで韓国語版が加わった。

私は、アメリカにはじめて行き、国立文書館、ナショナル・アーカイヴスに行ったとき、その壁に"Eternal Vigilance is the Cost of Liberty"（永遠の監視こそ自由の代価である）と彫りこまれているのを見た。政府の行動によって国民の自由が脅かされないようにするためには、国民はこの建物に所蔵されている政府の行動の記録文書を検証しなければならないという呼びかけである。アジア女性基金は国民の中で賛否両論があった事業であった。莫大な国費を使った事業であってみれば、国民がその活動と資料を検証することができるように可能な限り情報を公開しなければならないというのが私の願いであった。もちろんそれが十分に果たせているとは言えないだろう。しかし、重要な問題の提起にはなっていると自信をもっている。

のこった資金を活用してアフターケア事業にあてる案

医療福祉支援事業のためには、政府から一括で拠出金が出されていた。それが約二億円ほど、使いのこしが出ているということが明らかであったので、その資金を最大限使って、被害者ハルモニのために何かをのこせないかという考えが事務局から上げられ、理事会も私も相当に長い時間思案し、論議するようになった。ソウルにマンションの部屋を確保して、ハルモニたちが集まれるセンターをつくれないかということも検討したが、医療福祉支援という名目からして、そのような支出はできないということになった。それでは何が可能なのかということで、長く議論したのである。しかし結局、この検討からは何も生まれなかった。

このことと関連して、基金が解散したあと、被害者たちのためにフォローアップの事業をどのように組織するかということも議論された。このことは外務省にしっかりと要請しようということになった。フォローアップ事業の組織を立ち上げることは容易なことではなかった。結局、韓国のハルモニのためには、臼杵敬子氏と中嶋滋氏らがＮＧＯ組織をつくることを決断してくれたので、解決をみて、安堵するという結果となった。

韓国事業での事故事例

ところで、私が基金の専務理事になっていた二年間、全期間にわたって、もっとも深刻な問題でありつづけたのは、韓国の沈達蓮《シムダルヨン》ハルモニの訴えに関わる問題であった。この問題の決着は、二〇〇七年三月の基金最後の理事会の最後の時間までもちこされた。

大邱に住むこのハルモニは、一九九七年には権台任ハルモニと行動をともにしていた人であった。その彼女が、二〇〇三年に、仲介者を通じて基金に申請を出したが、「償い金」の支給を受けていないと、訴えに出たのである。ハルモニは日本の横田雄一弁護士を紹介され、横田弁護士を通じて二〇〇三年一月二〇日最初の連絡を基金にとった。これに対して、基金は「個人情報は、プライバシー保護等の観点により、ご本人以外に通知しておりません」との回答を八月四日にした。その後、横田弁護士からは同年九月二日と翌二〇〇四年一二月三〇日の二度にわたり、あらためて回答を求める手紙が届いた。問題であったのは、当初から弁護士が入り、村山理事長あてに質問がなされていたのに、事務局内部でことが処理され、理事長、理事会に報告がなされなかったことである。

二〇〇五年一月にいたり、ハルモニご本人と横田弁護士、それに大邱の運動グループの二人が基金を訪問し面会したいという申し入れがあり、これが二月一四日に実現した。伊勢桃代専務理事と二人の部長が応対し、提出された申請書類を受け取り、すでに送金したと告げ、詳細を調べるので三月まで待ってくれるようにと回答した。

沈達蓮ハルモニは第七回アジア連帯会議に参加するためもあって訪日されたのであり、この日のアジア女性基金の回答は基金批判の運動体にただちに伝えられ、問題は広く知れ渡ることになった。二月一六日、挺対協が記者会見を行い、沈達蓮ハルモニが基金を訪問して確認した結果だとして、「アジア女性基金は、中間ブローカーが提出した申請書類を受け取り、被害者本人であるかも確認せずお金を支給しているという状況が明らかになった」と非難し、謝罪を求めた。さらに二月二〇日には、沈達蓮ハルモニに同行して基金に来た、大邱の団体のアンイ・ジョンソン氏が『ハンギョレ』紙に寄稿して基金訪問時のやりとりを紹介し、「国民基金側は被害者たちに、周辺の人々を動員して懐柔と脅迫を恣意的に行い、中間ブローカーをつくりだして、手間代の名目で何百万ウォンずつ横領するのが常だった」と非難し、「国民基金はすぐに解散しなければならない」と主張した。

この段階で、基金内部でも、この問題がはじめて明らかにされ、沈達蓮氏への支給をめぐる以下の事実が知らされた。本人よりのアジア女性基金に対する申請は一九九八年七月五日に提出された。一一月六日に本人名義の新設銀行口座の通知があった。その後九九年一月二〇日振り込み口座を変更したいという願いが本人名義で提出され、本人でない第三者、男性の既設口座が指定された。基金は同年二月一二日にその口座に振り込みを行った。

この事実をふまえて、理事長、副理事長、若干の理事、事務局長により、外務省、担当者をふくめて検討がなされた。その検討の中では、基金として調査を行い、その結果に基づいて対処策を考えるべきであるという意見が述べられたが、基金が九九年に振り込んだのに、沈氏の側からの動きが四年もたってから起こされたこと、沈氏が受け取っている可能性もあること、沈氏の動きはいまや基金を批判する挺対協と一体となっていることなどを重視して、基金の活動を批判する勢力の動きを利するようなことは避けるべきであるという観点から、文書回答は基金の支給が手続きに従って適正に行われたということを確認するものにとどめるべきであるという意見が大勢を占めた。この件は三月一四日の運営審議会でも議論され、同じ方向の意見でまとめられた。

伊勢専務理事は三月三一日、文書回答を出した。それは、「アジア女性基金の償い事業に対する申請の受理と事業の実施については、当方の関与する範囲において、適正に行われたことを再度確認いたしました」と述べるものであった。そして、この日をもって伊勢専務理事は退職したため、問題は後任の専務理事である私に、最初の日からかかってくることになったのである。

この文書回答が送られると、四月七日、横田弁護士から、償い金の実施日、銀行振り込みの口座資料、総理の手紙の送付先などについて、一週間のうちに報告してほしいという要請が届いた。これは当然の要求であると考えられた。四月一〇日、私は回答の延期を通知して、予定通りモスクワへ出発した。

五月一日に帰国すると、九日、横田弁護士から、沈達蓮ハルモニが再度訪日するので基金を訪問して回答を聞きたいという連絡が届いていた。しかし、私は、事態について、基本的な資料にも接することができないままであった。そこで二月の面会が基金非難の宣伝に使われたことを挙げて、会えないとする回答を五月一八日に出した。そこにも三月の文書回答の文言を繰り返した。要するに、しっかりした調査をしなければならないのに、それができないので、逃げざるをえなかったのである。

ところで、韓国事業を実行してきたチームが、ここにきて、韓国内の事情を把握するために行動をはじめた。実行チームは、沈達蓮氏のケースを実際に担当した仲介者B氏から直接聞き取りをめざし、ようやく二〇〇五年八月九－一三日、中嶋滋氏が原田信一職員らとともに、大邱で仲介者B氏と面談した。B氏は、五〇〇万円をもってきたか、それを沈達蓮氏に渡せば解決すると言い、中嶋氏は、「限りなくクロに近いグレーだ」という印象を受けたとのことだった。変更した口座については知らないとの答えがあったとのことである。

この面談については、中嶋氏から聞いたことを私が一一月一一日の理事会で報告した。そのさい、基金の対処策としては、このままの態度をつづけるか、それとも事故が起こった可能性があるとして、沈達蓮氏に対してなんらかの措置をとるかという二つの道があることが指摘された。しかし、このさい、実行チームはいま一人の関係者、ソウルの元慰安婦C氏に聞き取りをしたいとの態度を表明したので、その結果を待つことになった。

二〇〇六年二月七日、関係者がソウルでC氏と面談した。その結果、沈達蓮氏は一九九七年秋に基金を受け取りたいという希望をC氏に表明したこと、C氏がB氏に対してこの沈氏の希望を伝え、連絡をとるように勧め、そのことを沈氏にも伝えたこと、一九九九年秋にC氏が沈氏に会ったとき、沈氏から、B氏に書類と印鑑を渡して手続きを頼んだが、「二年経っても書類も返してくれないしお金も送ってこない、お金を送るか書類を返してくれるように……言ってくれ」と言われたこと、自分はB氏に電話をしたところ、「わかった」と言われたことが伝えられた。

この面談の結果は二〇〇六年三月一〇日の理事会で原田職員より報告され、再度B氏に面会して尋ねる希望が表明された。理事会は、B氏に再度接触してもらい、事実関係の確認をしてもらうこと、その上でどうするか協議することで合意した。しかし、B氏に接触することは不可能になっており、果たされなかった。

二〇〇六年一二月一八日、中嶋滋氏がこの件での調査結果を基金理事会で報告した。申請協力者と紹介者から聞き取りをしたが、沈達蓮ハルモニの「主張が事実か否かは判明しなかった」、確認された方式でなされた「事業実施に瑕疵があったわけではない」、基金は申請者と申請協力者の間の問題には介入できない、本人に振り込み口座の通知をする必要はなく、事業実施人数を一人減らすというようなことはすべきでないということが主張された。

この報告についての議論が理事会でなされた。二〇〇七年一月一一日の理事会で、私は、基金の事業実施に瑕疵がなかったという主張に異議を唱えた。本人名義でないところに振り込んだことは問題であろう。そういう振り込みの例が他にどれだけあるか、検証する必要がある。沈達蓮氏が受け取っていないということは確証されていないかもしれないが、沈氏が紹介者にも、送金がないと訴えていたことが明らかになっていることは重要だ、法律家の判断を仰ぐべきだ。しかし、私の主張は、高崎宗司氏の支持をえただけで、理事会では支持されなかった。理事会の多数意見は、中嶋報告を受け入れて、問題を解決とする方向に向かった。

そこで私は、二月二日の理事会の決定としては、次のようにまとめることを提案せざるをえなかった。

「遺憾ながら、討議の結果として、アジア女性基金支給金を受け取っていないという沈達蓮氏の申し立てが資料的に裏付けられたという結論にはいたらなかった。ここにおいて理事会は本件の審議を終えることとする。」

問題は、この件はすでに知れ渡っていたので、基金の最終記者会見でも質問が出ることが予測されたことである。そこで二月二日決定と同趣旨の想定問答が準備された。

二〇〇七年三月二四日、基金の解散前の最後の理事会の席でのことであった。事業報告、会計報告を一括して提案どおり決め、デジタル記念館のためのサーバーの一〇年間借用契約も承認され、基本財産など残金三一〇〇万円の処理（中嶋、臼杵氏のアフターケア団体に二〇〇〇万円、法務省傘下の人権団体に一〇〇〇万円を寄付する）ことを決めた。最後に、夜の一〇時近くになっていたが、私は、沈達蓮ハルモニに手紙を出す件をもち出して、基金がとりまとめた最終結論を伝え、送金した銀行口座を知らせることを提案した。

議論をしてみると、理事会のメンバーたちは、いまさら、にべもない基金の最終結論を知らせて、ハルモニの感情を害することは避けるべきであり、銀行口座も知らせない方がいいという意見であった。ただ一人高崎宗司運営審議会委員長は、自分はこの議題が出るので、辞表を書いて懐に入れて出席しようと思ってきた、自分は和田の提案に賛成すると発言した。私は繰り返し、基金が決定した最終結論がどんなに空しいものであっても、その決定に責任をとり、ご本人に知らせるべきだ、銀行口座を知らせないということはありえないと述べた。しかし、理事会の空気は変わらなかった。

最後に私は言った。専務理事に対する手紙が来ているわけだから、専務理事が答えなければならない義務があると考えている。だから、もし専務理事が答える必要がないというのなら、専務理事を解任していただくしかない。私は非常手段を口にした。私が専務理事をやめれば、基金の解散は大混乱におちいってしまう。理事長も副理事長もあわてて取りなし、この問題の決定は、理事長、副理事長と私の三者協議に委ねることになった。

理事会終了後、私の文案を理事長、副理事長と外務省課長に示して、承認を得た。三月二八日、私は、横田弁護士気付けで沈達蓮ハルモニに手紙を送り、合わせて銀行口座を通知した。

「この間、関係者からの聴き取りなどの調査を進めてきました。そのかたわら、理事会では問題に関する討議を重ねてまいりました。調査は長引き、討議は長くつづきました。そのような努力がこの二年間つづけられたにもかかわらず、結局のところ、理事会は、あなたの申し立てが資料的に裏付けられたという結論には至りませんでした。この点の最終的な確認は、本年二月二日の理事会でなされました。このことをお伝えいたします。」

たしかにむごい結論であった。銀行口座の通知はなされたが、私は謝罪することも許されていなかった。次のように手紙を結ぶだけだった。

「当基金は数日後、三月三一日をもって解散いたすこととなりました。したがって、これがあなたにお送りするアジア女性基金からの最後の手紙です。あらためて二〇〇三年の最初のご照会以来、あなたが繰り返し問いただされた問題に対して、基金として、このようにしかお答えできないことはまことに残念です。あなたのことは基金に関係した者は忘れることはありません。お元気でお過ごしになられるようにお祈り申し上げます。」

ところで、基金事務所を閉鎖するにあたり、新たな展開があった。基金終了の資料の整理のさい、私は三月二九日の夜になってはじめて、会計所管の医療福祉支援のファイルを見るチャンスをえた。それによると、当初の支給者二四人、一九九九年二月に支給した一五人、合わせて三九人のうち、本人名義でない口座に送金しているのは沈達蓮ハルモニただ一人であったのである。当然、この異常な送金の形について検証がなされるべきであったのだ。つづいて九九年四月に六人のグループに支給がなされたが、このグループからは本人名義でない、しかも二人の人物の口座に分けて送金してほしいという願いが出されている。その願いには五〇〇万円を自分の口座に一括して送金されると不安があるとの理由が述べられていた。協力者がその要請を伝えたので、事務局では、外務省課長と相談し、協力者より念書をとっている。基金は指定口座に振り込むが、問題が起きても関知しないと確認させたのだ。のち六人のハルモニは、連名でお金を受け取った、総理の手紙もたしかに受け取ったと礼状を原理事長あてに差し出している。その後基金は一四人のハルモニに事業を実施しているが、全員本人名義の口座に送金していた。

だから、沈ハルモニの場合、「偶発的な手違いで」口座が「使用不可能になったため」という理由で、本人以外の口座に振り込むことを求められ、そのまま送金してしまったことは、明らかに慎重さを欠いたことであり、基金の対処に瑕疵があったと言わざるを得ない。資料が隠されていたとしても、専務理事の私が資料を点検して、問題を明らかにすべきであった。私の責任は大きいと言わなければならない。

三月三一日、私は全理事にこの遅すぎた発見を報告し、「すべては後の祭りです。沈ハルモニの件は基金の汚点としてのこりました」と書き送った。

私は、沈達蓮ハルモニに基金の送金が届かなかったことは一〇〇パーセントのたしかさで言えると結論した。基金の公式報告では三八五人に事業を実施したということになっている。これが不幸なことに虚偽をふくむことになってしまった。実際に事業を受け取ったのは、二国一地域では三八四人、韓国は六一人ではなく、六〇人である。このことも基金の成果にのこる傷となったのである。

村山理事長告訴される

基金が解散する一〇日前、基金に内容配達証明便で、石川の教育を考える県民の会会長諸橋茂一なる人物から、質問書が届いた。村山理事長が総理時代に村山談話を出したことが「我が国の名誉と誇りを大きく傷つけたのみならず、我が国の国益を大きく損なった」「国賊行為」であるとした上で、「慰安婦」は「そもそも（当時は合法であった）『売春』をして破格の収入を得ていた」のに、その人々のために多額のお金を与える「組織を運営する為に」「多額の国費を無駄遣いをしたことは国費の濫用であり、全く言語道断である」と決めつけている。そして、河野談話の根拠を示せ、軍が慰安婦の募集に加担した証拠を示せ、村山談話を出した根拠を示せ、アメリカは原爆と焼夷弾で民間人を殺傷したのは悪くないのか、排日移民法は悪くないのか、日本の大東亜戦争のおかげで独立できたと感謝しているアジアの指導者が多くいるのをどう思うのか云々と多くの質問を並べて、回答せよと迫っていた。

インターネットを調べてみると、この人物は、石川県金沢市に住む会社の社長で、石川県の歴史修正主義グループの中心的人物であることがわかった。質問に回答しなければ法的手段に訴えると書いてあったので、質問には答えず、訴訟になったときの対策を外務省とも相談して考えることにした。いずれか信頼できる弁護士事務所にあらかじめ訴訟費用を払っておいて、最後まで訴訟代理人をつとめてもらうことになった。

はたせるかな、基金が解散したあと、四月一一日付けの口頭弁論期日呼び出し及び答弁書催告状なるものが東京地裁民事部から届いた。三月二九日付けで、諸橋茂一は、河野談話は破綻している、その談話に基づいて事業をし、国費五〇億円を乱費したので、国庫に一六〇万円を返納し、この人物の精神的苦痛に対して一〇万円の慰謝料を払えという損害賠償等請求の訴訟を村山富市理事長あてに起こしたのである。五月一七日に法廷に来て口頭弁論をせよという呼び出しであった。この人物は、同時に河野洋平氏に対しても、同種損害賠償請求の訴訟を起こしていた。この種の訴訟には習熟している人とみえ、弁護士を立てず、本人訴訟でやってきたのである。「請求の原因」という文書には、マイク・ホンダの決議案の根拠は河野談話であるとして、河野談話の根拠は「元慰安婦（と称する）女性達（一六人）からの一方的な聞き取り調査だけ」であり、裏付け調査は行われておらず、強制的に連行されたという文書・書類はなく、強制性を認めれば韓国側の補償要求は引き下げられるだろうと考えて、韓国側に譲歩したのだと主張していた。そして「慰安婦とは即ち売春婦」であったとの加瀬英明の文章を引用していた。

これは、慰安婦問題に関する日本政府とアジア女性基金の見解に対する正面からの攻撃であった。当然ながら反論がなされるべきであったが、こちらはすでに解散してしまって、存在していない組織である。そこで、実質的な議論を一切せず、形式的な議論で門前払いをすることにした。丸の内の法律事務所がそのように訴訟に対応した。弁護士たちは五月一七日の口頭弁論では暫定的な答弁を行った上、第二回の口頭弁論に向かって、六月一五日に準備書面（1）を出した。被告であるアジア女性基金は解散しているので当事者能力を喪失していること、訴えは「河野談話」の是非を直接的な理由とするものであるが、同談話は内閣官房長官が職務として発表したもので、政治問題であり、民事訴訟で解決することが適当とは考えられないことを指摘して、本件訴えの却下を求めた。とくに第二点と関連して、河野洋平氏に対する訴えが東京地裁で五月九日の判決で却下されていることが指摘されている。

六月二一日の第二回の口頭弁論では、原告は村山理事長の出廷を求めたが、裁判官は応じなかった。東京地裁の判決は七月五日に出て、原告の敗訴であった。しかし、当然のごとく、この人物は東京高裁に控訴した。東京高裁も一〇月三一日、原告敗訴の判決を出した。それでもしつこくこの人物は最高裁に上告した。最高裁小法廷は二〇〇八年二月二八日、上告棄却の決定を下した。最高裁の棄却の理由は、本件は民事事件を最高裁に上告することが許される場合に該当しないというものだった。

要するに、これは訴訟として成り立たない事柄を訴訟として、アジア女性基金に精神的、物質的損害を与えたいやがらせであった。国がこのために多額の弁護士費用（九五万円）を使わなければならなかったのはまことに遺憾なことであった。

第10章　アジア女性基金の評価とその後

アジア女性基金の評価

アジア女性基金は、日本の戦争によって損害と苦痛を与えたアジアの被害者に対して、謝罪し、贖罪の措置を実行した日本政府・国民共同の前代未聞のプロジェクトであった。戦後五〇年の機会に永久執権党であった自由民主党と万年野党であった日本社会党が合意して、日本の政治家、官僚、市民のぎりぎりの努力を結集したものであったことは間違いない。

アジア女性基金は「民間基金」と呼ばれることが多かったが、性格規定としては正しくない。基金は内閣の決定によって設置された財団法人であり、河野談話に基づいて、慰安婦問題に対する謝罪に基づく償いの措置を実施するための官民協力の機関であった。基金の意思決定機関には、政府の内閣外政審議室、外務省アジア局地域政策課の担当者が陪席し、基金の公表文書はすべてこれら監督官庁の検討をへて出された。何よりも、基金の事業費は償い金の支給をのぞいて、すべて政府からの補助金、拠出金によってまかなわれており、その面からは準政府機関であると言ってもよい。基金の存在の全期間における収入五四億六五七〇万円のうち政府補助金・拠出金は四八億一四九〇万円、国民からの寄付金は六億四〇四万円であった（巻末の「付録　アジア女性基金の会計報告」参照）。

この事業の前に壁となって立ちはだかっていたのは、サンフランシスコ平和条約をはじめとする戦後の諸条約・諸協定によって、日本国家の戦後賠償、財産・請求権支払い義務の処理は終わっており、外国人戦争被害者に対する補償支払いはできないという戦後日本国家の強固な観念であった。慰安婦問題を突きつけられた宮澤内閣は、この観念にもかかわらず、慰安婦被害者に対する謝罪と償いの努力が必要だとして、模索を開始し、村山自社さきがけ連立内閣は結論を出すべく、努力した。しかし、この内閣をしても、国家と行政当局が固守している基本観念をやぶることはできず、村山政権は、国民からの募金を行う基金の設立に向かった。五十嵐官房長官は基金に政府の資金と国民からの醵金を集めて償い金を被害者に差し出すことを追求したが、それも断念せざるをえなかった。ついにアジア女性基金の基本的コンセプトは一九九五年七月、次のようなものに決まった。（1）総理のお詫びの手紙を出す。（2）償い金を国民からの募金によって差し出す。（3）医療福祉支援を被害者のために実施する団体がいれば、政府の資金を提供する。

この基本コンセプトは、政府の基金構想を最初に伝えた一九九四年八月一九日の朝日新聞が「民間基金で見舞金、政府は事務費のみ」と歪曲した報道をしたことを裏付けたものと受け取られ、あらためて韓国の被害者たちと日本・韓国の運動団体の強い反発を呼んだ。総理が謝罪すると言っているのに、政府は「償い金」に一銭も出さず、国民から集めた金だけで「償い金」を出すという方式は、韓国と台湾においては、総理の謝罪の不誠実さを印象づけるばかりであったのである。反発と拒否が広がったのは理解できると言わざるを得ない。

それだけではない。一九九六年六月、基金が償い金を一律二〇〇万円とすると決めた瞬間に、この方式による事業の現実性、安定性が保証されないことが明らかとなった。基金は当初、韓国、フィリピン、台湾の二国一地域を対象として事業を開始しようとしていたのだが、そこで対象となる被害者の数を考えると、国民募金だけで償い金二〇〇万円を支払うことは不可能だと判断されたからである。当時は、基金がフィリピンの被害者に対して最初の事業を実施する前であった。だから、その時点で、事業の基本コンセプトを修正すべきであったのだし、修正して出直すことは時間的に十分に可能でもあったのである。第一次の対象、二国一地域だけでも、被害者の全員に償い金を渡すことができないことを承知の上で、事業をスタートさせたのは、国家の名誉をかけた事業としては明らかに無責任な進め方であった。

第一グループですら、事業が満足に行えないならば、後続グループには事業を実施できないことになる。事実、償い金二〇〇万円の支給は韓国、フィリピン、台湾に対してのみ実施され、インドネシア、オランダにはもはやその形では実施されず、中国、北朝鮮、マレーシアなどには一切事業は実施されなかったのである。この点でアジア女性基金は、関係者のあらゆる善意にもかかわらず、基本的な欠陥のある事業であったと言わざるを得ない。

この欠陥が明るみに出ることなく、基金が二国一地域に対して事業を終えることができたのは、ひとえに韓国と台湾において、対象とされる被害者の大多数が受け取りを拒否したからであった。

にもかかわらず、アジア女性基金はフィリピンとオランダでは対象とされた被害者の多くに償い事業を受けとめていただき、一定の成功をおさめることができた。それは「償い」事業が日本政府、国民からのatonement（贖罪）の事業であると説明されたことで、キリスト教国である両国の人々には、不満があっても、事業は受け入れられたのだと解釈できる。逆に言えば、韓国と台湾には、「償い」事業だという表現にこめられたぎりぎりの誠意も伝わらなかったということである。

なお医療福祉支援は、事業が進むにつれて、現金一括支給ということになり、韓国の被害者には、政府から三〇〇万円、国民募金からは二〇〇万円、合わせて五〇〇万円が支払われた。しかし、こうした変化は、無視されるか、便宜主義と反感をもって受け取られ、最初の印象は変わらなかった。挺対協の最終的な認識では、「国民基金は政府が組織の運営費と人件費を負担し、国民募金形式で基金をつくり、被害者に金〔「慰労金」と理解されている——和田〕を支給する方式だった。これとは別に、健康維持及び住宅支援費に該当する金額は政府が直接国民基金に伝達したのち、これを基金側から被害者に伝達するようにした」というものだった（『挺対協二〇年史』二〇四頁）。

挺対協は、最後までアジア女性基金の事業を拒否して、日本政府が慰安婦問題は戦争犯罪であることを認め、法的責任を認め、公的謝罪と法的賠償と責任者の処罰を行うことを要求しつづけた。

これは、国連機関での国際法的な議論によって、日本に圧力を加え、自分たちが望む正義、最大限の要求を受け入れさせようとしたものであった。しかし、敬服すべき努力が払われたにもかかわらず、国連とその機関はなおしかるべき世界政府ではなく、安保理事会常任理事国である大国が談合し、自分たちの認める正義を選択的に実現するにすぎない。普遍的な国際法的正義はいまだ十分には確立していない。女性に対する戦時性暴力の顕著な事例とみられたボスニア゠ヘルツェゴヴィナ戦争の事例は、NATOによるセルビアの軍事的圧服を基礎とする旧ユーゴスラヴィア国際戦犯法廷（ICTY）において選択的に裁かれるにすぎなかった。リンダ・チャベス、クマラスワミ、マクドゥーガルらの報告は十分な深みのある研究ではなく、日本政府を説得する圧倒的な力をもち得なかった。

基金は、政府が「道義的責任」を認めているということを重視し、その可能性を最大限汲みつくそうとした。それは積極的な営為であったのだが、政府と基金が被害者に対面して、「道義的責任」を言いはることは、実は「法的責任」は認めないと強調するにひとしく、被害者の感情を逆なですることになっていることに注意が向けられていなかったと言わねばならない。被害者に対しては、「責任」を認めて、謝罪するという以外はないのだということを理解すべきであったのである。

アジア女性基金は、このような誤りと事業の欠陥の故に、韓国と台湾では、被害者の過半に受け入れられず、目的を達することができず、国民的和解に貢献できなかった。もとより、韓国、台湾でも、アジア女性基金の事業を受け止めて、心の安らぎをえた被害者がいたことを無視することも正しいことではない。フィリピン、オランダにおいては、とくにそのことが強調されなければならないだろう。

さらにいまからふり返れば、アジア女性基金の歴史的な意義については、別の面から語ることができる。日本が過去に行った侵略戦争と植民地支配について正しい認識をもち、被害と苦痛を与えた近隣諸国に謝罪をし、被害者に対する償いの努力をするという国民的な課題に顔を向け、行動を開始したのは、一九九五年のことであった。この年村山談話によって日本国家の歴史認識が確立され、日本の戦争と支配によって最大の苦しみを受けた慰安婦被害者に対してアジア女性基金の事業がはじまった。この方向へ日本国家が進みはじめると、それに反対する歴史修正主義勢力も動きはじめた。一九九五年には、自民党内に生まれた奥野誠亮会長の「終戦五〇周年国会議員連盟」の活動があり、自民党国会議員の六割弱が加盟した。しかし、この議連は、国会決議も、村山談話もはばむことはできなかった。ところが、一九九七年にはふたたび自民党内に、中川昭一、安倍晋三を中心とする「日本の前途と歴史教育を考える若手議員の会」が生まれ、慰安婦問題への取り組みに反発し、河野談話の撤回をめざした。これも党内の一部造反にとどまり、自民党内閣の総理は橋本、小渕、森、小泉と四代にわたって村山談話、河野談話を継承し、アジア女性基金の事業のために慰安婦被害者に対する「お詫びの手紙」に署名しつづけた。九九年ごろからは、「新しい歴史教科書をつくる会」の活発な運動が国民世論に一定の影響を及ぼしたが、彼らの教科書は教科書の世界にどれほども参入することはなかった。だが、二〇〇〇年には歴史修正主義者の安倍晋三氏は官房副長官となり、二〇〇三年には自民党幹事長、二〇〇五年には内閣官房長官と権力の階段をかけ上がり、ついに二〇〇六年には自民党総裁、内閣総理大臣になったのである。

アジア女性基金が生まれてから、基金は、一二年間、確立された日本国家の歴史認識を守る砦として機能してきた。この間、河野談話を再検証せよ、破棄せよという歴史修正主義派の圧力に対して、河野談話を守り抜いてきたのは、河野談話に立脚して、総理の謝罪の手紙を出し、韓国、フィリピン、台湾の二八四人にその手紙を届け、オランダの七九人に橋本総理の謝罪の手紙の写しを届け、謝罪に基づく償い金と医療福祉支援の支払いを行ったアジア女性基金であった。アジア女性基金が存在し、事業をつづける限りは、河野談話を破棄することはできなかったのである。名高いマイケル・ホンダ議員の二〇〇七年の米議会の決議は、河野談話はよい談話だが、官房長官談話であり、アジア女性基金はよい事業をしてきたが、解散してしまうので、日本政府の慰安婦問題に対する姿勢が変わる可能性がある、だから、安倍総理ははっきりと慰安婦問題に対する謝罪の表明を行うべきだと求めたのである。

だが、安倍氏に代表される歴史修正主義的な傾向が社会の中に瀰漫してきて、ついに安倍氏が総理になるという事態に立ちいたったのは、なぜか。私は、アジア女性基金路線を日本政府が選択した結果、これをめぐって植民地支配への反省・謝罪をめざす勢力、慰安婦問題の解決をめざしてきた勢力が分裂し、対立をつづけたことも一つの原因であると考える。アジア女性基金が国民の醵金を集め、さらに莫大な国費を使い、努力をしたにもかかわらず、韓国での基金の事業は失敗し、韓国国民との和解にも前進できなかったことが、謝罪と償いの努力に対する日本国民の支持を減退させたことも見落とせない。歴史修正主義派はこのことで逆に元気づき、活動を活発化させたのである。このことは、一九九〇年以来二五年間にわたり日本の地で慰安婦問題の解決を主張してきたすべての人がはっきりと見つめなければならない事実である。

歴史修正主義者の意見をはねかえし、その影響力を押さえこみ、過去の侵略戦争と植民地支配に対する国民的反省を堅持し、慰安婦問題への謝罪と償いの原則を押し進めていくためには、日本政府が積極的な方向をとるなら支持を与え、否定的な政策を実施するなら批判していくという建設的な態度をとることが必要である。政府に何かをさせるというなら、そのように行動するほかないのである。あらためて、アジア女性基金のほぼ一二年におよぶ事業は、そこにふくまれるよき要素を取り出し、誤りと欠陥を克服することによって、今後のために活かしていくべき貴重な歴史の過程、国民的な努力の経験であると言いたいと思う。

アジア女性基金解散直後

アジア女性基金が解散してから一〇年が経過しようとしている。二〇一五年一二月の日韓政府合意までのこの期間は、日本と韓国の間では、アジア女性基金では解決できなかった慰安婦問題を解決するために新たな努力をする期間、そのことの関係でアジア女性基金の経験をどのように評価するのかを考える期間であったと言うことができる。もとよりそれとともに、われわれは、慰安婦問題を早く忘れたい、河野談話は再検討し、撤回したいという歴史修正主義派の意見がますます広がっていくのを見た。アジア女性基金が語られるとき、アジア女性基金で十分に努力した、あるいは必要以上にやりすぎた、もう何もする必要がないと主張する意見にもぶつかった。他方で、韓国では、日本大使館の前では、毎週水曜日の慰安婦問題解決のデモがつづけられていたのである。

さて、アジア女性基金が解散した直後から、第一次安倍政権は混乱し、崩壊に向かった。二〇〇七年四月末、安倍首相は訪米してブッシュ大統領と議会指導者に会い、慰安婦問題に対する反省の言葉を述べてまわった。ところが、六月一四日に『ワシントン・ポスト』紙に慰安婦問題に関する意見広告“The Facts”がのせられた。安倍氏のブレーンと目されている櫻井よしこらが執筆し、同じくブレーンとされた西岡力、島田洋一らも連署したこの意見広告は、慰安婦とは売春婦であるという内容の意見表明であった。アメリカの雰囲気は決定的に悪化し、六月二六日米下院外交委員会はホンダ議員らの決議案を可決し、ついで下院本会議でも可決された。三ヶ月後、安倍首相は身体的な条件の悪化によって首相ポストを投げ出すにいたった。自民党の総裁選で、対北朝鮮政策で安倍首相の圧力一辺倒の立場を批判し、対話の必要性を説いた福田康夫が当選し、新しい首相になった。

アジア女性基金の活動の総括については、基金の呼びかけ人で、理事の大沼保昭が中公新書『「慰安婦」問題とは何だったのか』を六月に出版した。私は、同年七月一三日にドイツ文化センター主催の日独シンポジウム「和解への行動」で「アジア女性基金と和解のための今後の努力」と題して報告した

（佐藤健生、ノベルト・フライ編『過ぎ去らぬ過去との取り組み　日本とドイツ』、岩波書店、二〇一一年）。基金に批判的な立場からは、七月一六日にＶＡＷＷ-ＮＥＴ Ｊａｐａｎの総会シンポジウム「謝罪とは何か？――慰安婦問題を巡る『謝罪への抵抗』をいかに克服するか」があり、挺対協の姜恵禎《カンヘジョン》、それに西野瑠美子、金富子《キムプジャ》らが報告発言した。

この間、二〇〇七年一二月、朴裕河氏の本、『和解のために』は朝日新聞大佛次郎論壇賞を受賞していた。

民主党政権時代の試み

二〇〇九年八月になり、思いがけなく日本では政権交代が生じ、民主党政権が誕生した。アジア女性基金の時代の後期に、国会で議員立法で法案を通して政府に戦争被害を調査させ、もっとも深刻な慰安婦問題については、謝罪をして一定の支払いをすることをめざす動きがあったことはすでに述べた通りである。その立法努力の中心に立っていた民主党が政権の座に就き、九月には鳩山由紀夫総理が誕生したのである。日本の運動体がいっぺんに活気づき、大同団結したのは当然である。二〇一〇年二月「日本軍『慰安婦』問題解決全国行動２０１０」が誕生し、「立法解決」を求める運動を本格的に開始した。共同代表は花房俊雄、梁澄子《ヤンチンジャ》、事務局長は渡辺美奈であった。

しかし、鳩山首相は沖縄の普天間基地の移転問題をめぐって大揺れに揺れ、「恒久平和調査局設置法案」のことなど考える余裕もなく、政権を投げ出してしまった。小沢一郎幹事長は議員立法の動きに厳しい統制を加えたので、「戦時性的強制被害者問題解決促進法案」提出者であった千葉景子や岡崎トミ子は民主党内閣に大臣として入閣したのだが、この法案の立法化のためにまったく働くことがなかった。それで二〇一一年はじめには、「立法解決」方式は不可能であることが明らかとなった。「全国行動2010」に集まる人々の絶望は深かった。

私は、二〇一〇年が韓国併合一〇〇年にあたることから、併合条約の不義不当を確認して、日韓条約第二条についての日韓両政府の解釈の分かれを、併合条約が元来無効であったとする韓国側の解釈で統一することを求める「『韓国併合』一〇〇年日韓知識人共同声明」を韓国側の金泳鎬《キムヨンホ》、李泰鎮《イテジン》氏らと推進してきて、二〇一〇年五月と七月に、東京とソウルで発表することにこぎつけた。その努力は、民主党政権を動かし、二〇一〇年八月一〇日菅直人総理談話の発表につながったのだと考えている。だが、「政治的・軍事的背景の下、当時の韓国の人々は、その意に反して行われた植民地支配によって、国と文化を奪われ、民族の誇りを深く傷つけられました」と認めた政府は、未解決に終わっている慰安婦問題について何もしようとしなかった。

だから、二〇一一年八月三〇日韓国憲法裁判所が、慰安婦問題での韓国政府の不作為を憲法違反と判決したのは、まさに「天の助け」と思われた。韓国政府がはじめて慰安婦問題の解決のために行動を起こすことになったのである。しかし、日本側は交渉に応ぜず、憂慮が生まれた。同年一〇月一〇日、民主党の政調会長前原誠司氏が訪韓し、ソウルの記者会見で、慰安婦問題について、日本のさらなる努力が必要だと述べ、新しい基金の構想を語ったのは注目を集めた。これに対して、読売新聞は一〇月一七日の社説で、前原発言を批判し、「そもそも、アジア女性基金の創設にあたっては、歴史的事実の冷静な検証が欠けていた」、河野談話が事実に反する内容をふくみ誤解を広めた、と指摘した。読売社説の結論は、韓国には、「歴史を正しく踏まえた対応が必要だ」、つまり、いかなる新措置も不要だと主張するものだった。

私はアジア女性基金に関わった者として、このような不当な意見に対して反論しなければならないと感じた。仲介してくれる人がいて、一〇月末に前原氏と会うことができたので、氏にアジア女性基金の経験を話し、新しい措置が必要であり、基金設立を繰り返しても解決にはならないと申し入れた。そのさい、アジア女性基金の成果を説明するにあたって、韓国では六〇人に実施したにとどまり、登録被害者の三分の一に達しなかったということを明らかにした。前原氏は問題解決のために働くと約束し、私を斎藤勁官房副長官に引き合わせた。私は韓国では六〇人に実施したことを斎藤副長官にも知らせた。政府が慰安婦問題についての政策を立てるにあたって承知しておくべき基本的な事実であると考えたのである。だが、斎藤－前原の線の動きは緩慢であった。

この年一二月一四日水曜デモは一〇〇〇回に達し、挺対協は少女像を日本大使館前に設置した。その三日後の日韓首脳会談で、李明博《イミョンバク》大統領は野田首相に慰安婦問題の解決を求めて強硬な申し入れを行った。野田首相は辛うじて「知恵を出す」と回答したのである。このころ外務省では、アジア女性基金がネット上につくったデジタル記念館「慰安婦問題とアジア女性基金」の韓国語版をつくることを考え、私に協力を求めてきた。私は、村山、石原元正副理事長の了解を得て、その作業に協力することになった。そのさい私は、日本政府が慰安婦問題の解決のために新たに何事かをしないで、デジタル記念館韓国語版だけをつくるのでは日韓関係の改善にマイナスにしかならないという判断を外務省に伝えた。

二〇一二年がきて、日本政府から何も動きが示されないまま、韓国三一独立運動記念日となった。李明博大統領は、この日の記念演説で、慰安婦問題解決を促した。三月一〇日、私は同志社大学でのシンポジウム「『慰安婦』問題の解決に向けて」に参加した。志水紀代子・山下英愛両氏の呼びかけによるもので、花房恵美子、鄭柚鎮《チョンユジン》、岡野八代、朴裕河、戸塚悦朗の五氏と私が発言した。私は「慰安婦問題二〇年の明暗」と題して、報告した。

私は、韓国憲法裁判所の決定を「天の助け」と呼ぶところから話しはじめ、生存被害者がおられる間に「解決に向かっての努力」をなすことが必要だと呼びかけた。「そのためには過去二〇年間の慰安婦問題へのとりくみを全体的に検証し、その成果と失敗を総括し、その共通の認識をもって、新しい前進策が見いだされなければならない。その方策は、正義と和解をめざし、被害者が受けいれ、日韓の運動団体、世論が認めうる、現実的に実現可能な方策でなければならないだろう。」

私は、アジア女性基金の側、日本政府の側の反省を一段と厳しくした。まず五十嵐官房長官が、一九九四年八月一九日の朝日新聞のスクープ記事、「元慰安婦に『見舞金』」、「民間募金で基金構想、政府は事務費のみ」が出たとき、ただちに記者会見を開いて、「見舞金」という言葉を峻拒しなかったことは大きな失敗であったと指摘した。さらに、基金は「償い」事業、「償い金」と言い、英語ではそれをatonementと訳し「贖罪」という意味を伝えたが、韓国と台湾では「補償」はできないと言いながら、「償う」という言葉を韓国語で「보상」(補償)、中国語では「補償」(bǔcháng)と訳し、真意を伝えることに失敗したことを指摘した。その上で、このとき、次のことをはじめて指摘した。「償い金は国民募金から、医療福祉支援は政府資金で、という区分がきわめて厳格に守られ、それが政府資金は償い金には当てることができない、つまり政府は償いのために何もさし出す気がないということの表現として

受け取られ、被害者の感情を傷つけ続けたということが存在した。道義的な責任論からして、国家が個人に償い金を支払うことができないというのはおかしいのである。現に政府資金から医療福祉支援という名目では現金が個人に支払われたのである。さらに不足額が生じれば、償い金を政府が負担するという確約が与えられていた。それができるなら、償い金を政府資金と国民拠金を合わせて負担することがどうしてできなかったのか。」(『シンポジウム記録「慰安婦」問題の解決に向けて』白澤社、二〇一二年)。

実は私の前に報告した関釜裁判を支援する会の花房恵美子氏も、朝日新聞の一九九四年八月一九日の記事が慰安婦被害者に呼びおこした激しい憤りについて話されたのであった。私たちは同じ問題にぶつかっていたことを確認した。その席で、花房夫人は、夫の花房俊雄氏が共同代表をしている「全国行動2010」のニュース(二〇一二年二月号)を私に下さった。そこに、問題解決のための花房代表名の提言がのせられていた。私は、それをみて、驚きを禁じ得なかった。

花房俊雄共同代表は、政府間協議での政治決断による解決を求めるとして、①被害者の心に響く謝罪、②政府資金による「償い金」の支給、③人道支援という考えの拒絶、の三項目を提案していた。これは画期的な新提案であった。私は、この提案を知ると、ただちにその重要性を認識し、斎藤勁官房副長官に伝え、韓国側の関係者にも伝えた。問題は、この提案は日本の「全国行動2010」だけの方針で、韓国の挺対協の賛成は得られていなかったと考えられることであった。

四月には、日本外務省の佐々江事務次官が訪韓し、韓国外務省に対して、いわゆる佐々江私案を出して、打診した。駐韓大使が総理の謝罪の手紙と一定の金額を被害者に届けるという案であったようだが、人道支援という点を強調したため、韓国側から支持が得られなかったようだ。ついで四月二〇日、斎藤副官房長官が訪韓し、千英宇《チョンヨンウ》外交安保首席秘書官と会い、慰安婦問題について協議した（朝日、四月二一日、北海道新聞、五月一二日）。しかし、こちらも打開の糸口は見つからなかったようだ。

前進のないことに業を煮やした李明博大統領が、八月一〇日独島を訪問する挙に出て、日韓関係が極度に険悪となった。八月一四日には、李明博大統領は忠清大学で、天皇が訪韓を望めば謝罪が必要だとやや不用意な発言をして、これに日本の世論が過剰に反応した。八月二四日は、衆議院で、竹島不法占拠即刻停止、天皇に関する発言の撤回を要求する決議が採択されたのである。

李大統領は八月一五日の記念演説で、ひたすら慰安婦問題で責任ある措置を望むと演説し、この間の言動が慰安婦問題での解決を求めて、日本側に圧力をかけようとしたものであることが明らかとなった。日韓間の対立は、ヴラジヴォストークでのAPEC首脳会談ののちに、やや緩和された。この機をとらえて、斎藤官房副長官は花房提案に基づいて解決を進めることを決断し、私は解決案づくりに協力した。斎藤官房副長官は一〇月二六日溜池の全日空ホテルで李大統領の特使李東官《イドングァン》大使と会談し、解決案に合意するにいたった。その内容は、①日韓首脳会談で合意し、合意内容を首脳会談コミュニケで発表する。②首相の新しい謝罪文では、「道義的」という言葉を冠さず、「責任を認める」と表現する、③駐韓大使が首相の謝罪文と国費からの謝罪金を被害者に届ける、④第三次日韓歴史共同研究委員会を立ち上げて、そこに慰安婦問題小委員会をつくり、日韓共同で慰安婦問題の真相究明にあたる。この合意案は、李大統領によって承認されていたが、野田首相は拒否し、そのまま流れてしまったのである。野田首相は解散総選挙に進み、大敗して、政権の座を明け渡した。

のちに野田氏は「斎藤さんと外務省も頭の体操レベルでの提示は韓国側にしている。その中の一つの話を斎藤さんは言っているのかもしれないが、それを僕が認めて、これでやれと言った話ではないですね」と語っている（毎日新聞、二〇一四年一月一〇日）。情けない元首相の弁である。

安倍第二次政権のもとで

民主党政権が終わって、自民党が政権をとりもどした。しかも、歴史修正主義者安倍晋三氏の捲土重来の第二期政権である。慰安婦問題の解決はこれで絶望的になったとみなが思った。なにしろ、安倍氏は総裁選挙中に、河野談話、村山談話の再検証を主張しており、総理になった直後の産経新聞とのインタヴューでもその方針を明言したのである。しかし、この方針に対する米国の批判は最初から厳しかった。ニューヨーク・タイムスは数日後に、社説「日本の歴史を否定する新たな試み」を掲載し（二〇一三年一月三日号）、河野談話、村山談話に関する安倍首相の表明を厳しく批判した。

二〇一三年二月には韓国で初の女性大統領朴槿恵《パククネ》氏が就任し、慰安婦被害者のために解決を求める方針を明確にし、ついには安倍首相が考えを変えない限り、日韓首脳会談を拒否するとして、圧力をかけるにいたった。韓国政府としてはかつてない強硬な交渉圧力である。

安倍首相はアメリカからの批判をもしばしば受けた結果、五月になると、安倍内閣として村山談話を継承すると国会で表明することを強いられた。しかし、韓国からの声には耳をかさず、慰安婦問題については、河野談話再検証の動きに好意的な態度をみせつづけていた。結果として、韓国からの批判がつづいた。すると、日本の大手出版社が出す週刊誌二誌が一三年一一月から翌一四年二月まで、実に五ヶ月間にわたり、朴槿恵大統領に対する個人攻撃のキャンペーンを組織する事態となった。当然ながら、日韓関係は極度に険悪化した。

二〇一三年一一月、私は、アジア女性基金では、韓国との間の慰安婦問題の解決が果たされていないから、「韓国から、憲法裁判所の判決以来、日本政府に対する新たな措置を求める要請がよせられたのは当然であり、アジア女性基金が存在しない以上、日本政府は新しい総理の謝罪の手紙を用意し、政府資金から『償い』(atonement) 金を届けるよう智恵を出し誠意をつくすべきであるという趣旨の投書を朝日新聞に送ったが、掲載してもらえなかった。

だが、二〇一四年二月にいたり、私は毎日新聞に寄稿することを許された。そこで、思い切って、アジア女性基金の国別事業実施人数を発表することにした。実は、韓国での実施の人数は、ソウルの日本大使館からリークされ、二〇一二年秋に、北海道新聞が最初に報道し（九月二八日）、二〇一三年一月一九日には、産経新聞の特派員黒田勝弘氏が報道した。どちらも六一人に実施したという数字が出されていた。実際は、六〇人であったということは、すでに説明した通りだが、私としては、真実を公開するときがきていると考えたのである。私は、村山、石原両正副理事長に報告し、外務省にも通知して、二〇一四年二月、毎日新聞夕刊への寄稿の中で、フィリピン二一一人、台湾一三人、韓国六〇人に実施したことをはじめて明らかにした。毎日新聞が、この公表の独自の意義を認めて、二月二七日夕刊に報道記事としたのである。私の寄稿自体は三月五日の夕刊にのせられた。「アジア女性基金検証必要」「慰安婦問題解決へ日本は一層努力を」と見出しが付けられていた。

アメリカは引き続き事態を憂慮していた。オバマ大統領は、二〇一四年三月ハーグでの核安全サミットのさい、米韓日の首脳会談をさせようと望み、そのために介入した。その結果、ついに三月一四日安倍首相は、国会で河野談話継承を明言することになった。

　この間、韓国で、二冊目の本、『帝国の慰安婦』を二〇一三年八月に出版していた朴裕河氏は、二〇一四年四月二九日、ソウルで、「慰安婦問題、第三の声」というシンポジウムを開くことを決め、私に参加を求めた。慰安婦問題の解決を「一日でも早く」と望む立場から、元慰安婦たちの声を新しく聞くこと、韓国側が日本に対する正確な認識に基づいて正確な批判をすることによって、日韓の対立状態に突破口を開くことを呼びかけるという趣旨の会合であった。私は「慰安婦問題をめぐる現在の状況と過去の経験」と題する報告をした。

　その中で私は、民主党政権末期の解決のための幻の合意についてはじめて紹介し、「被害者、支援団体、韓国政府が受け入れ、日本政府が実行できる新しい解決策をみつけることは」「不可能ではないと言える。過去の検証と今日の模索がさらに進められなければならない」と訴えた。

　この会議は韓国のメディアには好意をもって迎えられ、韓国日報は「慰安婦問題解決のための最後の機会」、「当事者の心を癒やすことができる方法を探すべき」と見出しを付けて報道した（四月三〇日）。中央日報ノ・ジェヒョン記者のコラムも、立法解決が不可能であることを認めずに、その要求を繰り返すなら、生存ハルモニに「解決は求めないでいただきたいと言うにひとしい」という私の批判を正しいと論評してくれた。

　この会議のあとに、二つの事件が起こった。まず六月二日、第一二回日本軍「慰安婦」問題アジア連帯会議が東京で開かれ、慰安婦問題解決の画期的な新提案を採択した。これは日本の「全国行動」と韓国挺対協の共同提案に基づくものであった。①河野談話の継承発展に基づく解決、②日本政府の責任を認めた謝罪、加害事実の承認（軍が慰安所を設置、管理したこと、そこで意に反して慰安婦・性奴隷にされたこと、植民地、占領地、日本などで被害は異なるが、甚大な被害がいまもつづいていること、これは「重大な人権侵害」であったこと）、③ひるがえすことのできない方法で謝罪を表明すること、④「謝罪の証としての賠償」、⑤真相究明と再発防止。このような内容で朴槿恵大統領と安倍首相が合意して解決してほしいという提案である。法的責任、法的謝罪、責任者処罰という言葉はここにはまったくない。「謝罪の証としての賠償」ということは政府資金による支払いということを意味するにすぎない。私は花房俊雄氏からこの新提案のことを教えられ、その重要性をただちに認識した。

六月二〇日、政府が設置した検討チーム（委員長＝但木敬一、委員＝秋月弘子、有馬真喜子、河野真理子、秦郁彦）が河野談話の作成過程とアジア女性基金の事業を検証し、何も問題はないことを確認した。このことは、河野談話とアジア女性基金の認識と事業を日本政府も全面的に継承することを最終的に明らかにしたことになる。この確認は私を大いに安堵させた。

そこで、そのときから、私は希望をもって、アジア連帯会議の解決案の宣伝家となった。七月、私はこの案を日本外務省にも伝えた。

この大きな転機が訪れた六月に、いまひとつの残念な事件が起こっていた。六月一六日、朴裕河氏の本、『帝国の慰安婦』に対して、ナヌムの家の慰安婦ハルモニ九人が弁護士を立てて、本の記述により名誉が毀損されたとして、民事上の損害賠償と出版禁止、接近禁止を求め、合わせて刑事上の名誉毀損罪で告訴したのである。被害者ハルモニが彼女の本で感情を傷つけられたと言うのであれば、謝罪して許しを乞う以外にはない。しかし、被害者の名によるこの訴訟、とくに刑事告発には、朴氏の活動に対する牽制措置を国家に求めるという意味があるのではないかと感じられた。しかし、私は、この問題の解決のために力をさくことはできなかった。

私は、八月はじめには、『世界』九月号に「慰安婦問題——現在の争点と打開への道」を書いて、アジア連帯会議の提案を紹介した。「この六月二日決議の中に韓国と日本の運動団体が今日いかなる解決策を求めているかがはっきりと提示されているとすれば、それは韓国と日本の国民的な話し合いの中心に置いて検討されるべき文書であると感じられる。」そして、日韓両国政府に次のように訴えた。

「慰安婦問題が提起されてから、二五年、四分の一世紀が経過しようとしている。朴槿恵大統領が言われたように、今日健在でおられる五〇名のハルモニのために解決のための時を失ってはならないのだ。河野談話、村山談話の継承を確認して、日韓首脳会談をひらき、朴大統領は慰安婦問題の解決のために努力するとの回答を安倍首相から引き出してもらいたい。その先は両国の外務省とメディア、運動団体、専門家が被害者の声をきいて、どのような解決策が望ましいか、可能なのかを討論して、共通の答えを見つけなければならない。被害者ハルモニも、韓国と日本の運動団体も、両国のメディア、両国の外務省も合意する解決案が見いだされてこそ、安倍首相と朴大統領も合意できるのである。」

私はアジア連帯会議の提案を韓国でも宣伝した。八月二二日には、東北アジア歴史財団に村山富市元総理とともに招かれ、韓国の専門家、慰安婦問題運動団体の人々の前で、同じことを話した。大統領の外交安保首席秘書官朱鉄基《チュチョルギ》氏にも、孔魯明《コンノミョン》元駐日大使にも、同じことを訴えた。

ところが、この八月五日、六日に朝日新聞が突然吉田清治証言を真実と受け取った自社のかつての報道を取り消すと発表し、関連して問題処理にいくつかのミスをおかしたため、週刊誌と産経新聞、読売新聞が朝日新聞攻撃を上乗せして、慰安婦問題否定キャンペーンを数ヶ月にわたり展開した。金学順ハルモニを最初に報道した植村隆記者に対する攻撃も加えられた。一二月、朝日新聞社が依頼した第三者委員会の検証報告書が出されたが、次のような岡本行夫、北岡伸一の両氏の朝日新聞の慰安婦報道に対する否定的な意見が押し出された。「韓国における……過激な言説を、朝日新聞その他の日本メディアはいわばエンドース（裏書き）してきた。その中で指導的な位置にあったのが朝日新聞である。それは、韓国における過激な慰安婦問題批判に弾みをつけ、さらに過激化させた。」

だが、反動の嵐が荒れ狂う状況も、慰安婦問題解決への前進を押しとどめることはできなかった。年が明けると、朝日新聞騒動が嘘のように幕が引かれた。

二〇一五年春、私は、慰安婦問題の解決を求める「全国行動」の人々と話し合う機会をようやく得て、その人々の要請で彼らの集会に参加することになった。二〇一五年四月二三日、安倍首相訪米の前夜、東京で日本軍『慰安婦』問題解決全国行動と日本の戦争責任資料センターが主宰する集会「『慰安婦』問題、解決は可能だ‼」が参議院議員会館で開かれた。私は挺対協の尹美香《ユンミヒャン》氏とともに登壇して、私の考えを述べた。私は、アジア女性基金についての自身の再検討の最終結論として、国民基金の事業においては、国民募金で「償い金」を支払うという基本コンセプトに問題があった、これが「政府の責任回避をあらわすとして」、被害者と運動団体に受け入れられなかっただけでなく、「現実的に事業実施できないという欠陥が出発点で明らかになった」のに、修正を図らずに実施したことを大きな反省点として明らかにした。基金の事業は韓国六〇人、台湾一三人にとどまり、登録被害者の三分の一に届かなかった、事業は未完成のまま、国民的和解には「失敗した事業」であったと述べた。会場に集まった人々は大半がアジア女性基金を批判して、二〇年を生きてきた人々であったろう。その人々は、アジア女性基金の専務理事であった者のこの反省を聞いて、どのように思われたであろうか。自分たちの運動の反省点にも思いをめぐらせてほしいというのが私の願いだったが、その気持ちが届いたかどうかはわからない。

私は、つづけて、アジア連帯会議の提案の意義について述べ、それが、運動体が「被害者が望む所に立ち返り、考え直して、被害者の求めるものに新しい表現を与えたもの」と評価し、日本政府はこの新しい要求を受け入れうると主張した。(1)「法的な謝罪を求めると表現してきたものを、軍の慰安所に集められ、意に反して慰安婦(性奴隷)にさせられたと認めよと言い換えている」が、アジア女性基金の定義は「一定期間日本軍の慰安所等に集められ、将兵に性的奉仕を強いられた女性たち」というものなので、日本政府はこの要求を「認めることが出来るはずだ」。(2)人権侵害だということも認められる。「名誉と尊厳を深く傷つけ」「心身に癒しがたい傷を負う」ようにされた以上、「深刻な人権侵害だ」。(3)「謝罪の証として賠償を払え」と求めているのは、「謝罪の証として政府が政府の資金で被害者に一定の支払いを差し出す」ということと理解できる。もはや基金はないのだから、政府ができることはこれしかない。

尹美香氏は私の話を隣に座って、黙って聞いていた。私は、この機会に二日間、行動をともにし、彼女の講演発言を四回聞き、個人的にも話をしたが、彼女が慰安婦問題解決は可能だとして、いわば最後のチャンスとして、他ならぬ安倍首相と朴槿恵大統領との合意を求めている真剣さに打たれた。

私は、五月には『慰安婦問題の解決のために——アジア女性基金の経験から』(平凡社新書)を出版し、日韓両国の政府が真剣に交渉して、慰安婦問題の解決を図るということで合意してほしいと訴えた。アジア連帯会議の解決案が提示されているので、それを参考にして両政府は合意案をまとめてほしいとくわしく説明した。

訪米した安倍首相は、首脳会談後の記者会見で、慰安婦の動員に人身売買が行われたと発言した。人身売買は犯罪である。このとき、安倍首相は慰安婦問題の解決に踏み出すことをオバマ大統領に約束したのだろう。この訪米のあとから、韓国側との秘密交渉がはじまったと考えられる。秘密交渉は、谷内正太郎国家安全保障会議事務局長と李丙琪《イビョンギ》大統領秘書室長の間で行われたとみる根拠がある。八月一四日安倍首相は、戦後七〇年の総理談話を出した。安倍首相は、満州事変以後の日本の戦争を反省し、戦後の平和主義への転換を肯定するという立場への転換を明らかにし、その限りで村山談話を継承するとしたが、日露戦争は賛美して、朝鮮を植民地支配したことに対する反省謝罪を述べることをしなかった。その上で、戦時下、「尊厳と名誉を傷つけられた」多くの女性について、一度にわたって言及し、「忘れてはならない」、「この胸に刻み続けます」と述べた。安倍首相は明らかに米国に対しては、ポツダム宣言と極東裁判の表す歴史認識を受け入れることを表明し、韓国に対しては、植民地支配の反省は曖昧にしたまま、慰安婦問題に対する努力の用意はあるとほのめかしたのである。同年一一月谷内、李丙琪の両氏が同席した日韓首脳会談で、両首脳は慰安婦問題解決の早期妥結で合意した。

ここにいたっても、日本では、この成り行きを多くの人々が半信半疑で見守っていた。安倍首相は、結局、慰安婦問題の解決には応ぜず逃げ切るだろう、という見方が存在した。私は、一二月はじめに出た『世界』の一月号に、「問われる慰安婦問題解決案――日韓首脳会談以後を展望する」を書いて、「日本国の首相である限り、安倍首相は慰安婦問題の解決に向かって前進しなければならない」、えらび得るオプションはすでにアジア連帯会議提案によって与えられている、安倍首相はその道に進むほかないのだと主張した。

しかし、年末が近づいて、私は、安倍首相の謝罪の文面がまったく問題となっていないことに不安を感じた。被害者ハルモニがアジア連帯会議案を望んでいるとはっきり表明していないことも気になっていた。だから、私は一二月二三日に韓国の専門家会議に招かれた折、挺対協を訪問して、尹美香代表と会った。私は尹氏に私が想像する安倍首相の謝罪文案を見せた。私の案は、これまでの首相の謝罪の手紙の核心部分にアジア女性基金の慰安婦の定義を結合したものであった。

尹氏は私の案について、短かすぎる、アジア連帯会議の四項目は入っているのかと、不満であった。尹氏は、ハルモニの声については、それを出してもらうことがなかなか難しい、いま新年のメッセージを準備しているところだから、その中で考えてみようということだった。しかし、尹氏は解決を強く望んでおり、翌年二月までには日韓の協議はまとまるだろうとみていた。韓国外務部からは、協議の内容は聞いていないが、内容が挺対協の主張と隔たりが大きいので、もう少し狭まったら話をすると言われているとのことだった。

日韓外相会談合意

一二月二八日の日韓外相会談での合意は、電撃的な、突然の妥結であった。この帰結は複雑な反響を呼びおこした。

まず、韓国でも日本でもメディアはこの合意を歓迎した。政界では、日本では、ほとんどすべての政党が好意的に支持を表明した。安倍首相の支持勢力を自認していた一部の歴史修正主義的な勢力は、しばらくの沈黙ののちに、代表者が「くやしいが、政治外交的には支持する」と表明したが、大方は反発と憂慮の声をあげた。韓国では、野党の大勢は合意に批判的であった。学界の意見は、韓国では、分野ごとに意見が分かれたと聞いているが、日本では、メディアに出てくる専門家の意見は概して肯定的であった。日本の運動団体は、合意の内容に驚きを禁じ得ず、最初の声明は、日本政府がついに政府の責任を認めたということを評価するところから書きはじめて批判に及ぶ、というものであった。しかし、韓国の運動団体は、挺対協も、その他の団体も、最初の声明から強く反発し、白紙撤回を求め、無効を宣言する方向に進んだ。韓国での反対が伝わると、日本の運動体の大勢も批判的なものに変わったが、なお白紙撤回論にも、無効宣言にも同調できないという気分が存在する。

もとより少数の急進的な評論家たちは白紙撤回論を主張している。なかでも徐京植氏はハンギョレ新聞（二〇一六年三月一一日）に私に対する長文の公開書簡をのせ、白紙撤回論への同調を主張し、アジア女性基金への批判を再論した（私の反論は三月二六日の同紙にのっている）。

私の印象は、と言えば、平凡社新書の韓国語版のために書いた序文にまとめているので、その要約を掲げたい。

一二月二八日は出し抜けにやってきて、私たちみなに衝撃を与えた。それはある種の奇襲戦法であったと思う。安倍首相の謝罪の意志は伝えられたのだが、表現に不足があり、何よりも被害者に向かって謝罪が表明されていない。日本政府の資金が拠出されることになったが、それが謝罪の証だということが説明されていない。それでいて、「最終的で不可逆的な解決」ということが強調され、少女像の移動、撤去が求められている。翌日の『朝日新聞』には「被害者訪ね謝罪の言葉を」という私のコメントが掲載された。このままでは、被害者と運動団体からは受け入れられないだろうということはすぐにわかった。二五年の闘い、一三〇〇回をこえた毎週デモのあとに出た日韓両政府協議の結果がこういうものであったことは実に残念なことである。日本国家の構成員としては、あらためて無力さをかみしめ、自分の責任を痛感した。

私は自分の分析を『世界』四月号にのせた。「安倍首相の謝罪は終わっていない」という文章である。合意の発表の形式は、岸田外相と尹炳世《ユンビョンセ》外務部長官がそれぞれ会談での合意を受けて、会談後につづけて口頭発表するというものであった。正式の合意文書はつくられていない。

岸田外相は会談後、記者に向かって、次のように発表した。

「慰安婦問題は、当時の軍の関与の下に、多数の女性の名誉と尊厳を深く傷つけた問題であり、かかる観点から日本政府は責任を痛感している。安倍内閣総理大臣は、日本国の総理大臣として改めて、慰安婦として数多の苦痛を経験され、心身にわたり癒しがたい傷を負われたすべての方々に対し、心からのおわびと反省の気持ちを表明する。」

岸田外相が伝えた謝罪の文言は河野談話の結論部分を基本的に繰り返し、アジア女性基金の事業実施のさいに出された橋本首相の謝罪の手紙の主文を繰り返している。河野談話の「出身地のいかんを問わず」という一句をのぞいているが、「すべての方々（被害者）」という言葉は変わらず、意味の変化はない。なお「政府は責任を痛感している」というのは、河野談話およびこれまでの総理の謝罪の手紙にはない新しい言葉である。安倍首相はついに謝罪した。これまでの日本政府責任者のどの謝罪よりも強い謝罪である。

河野談話の結論部分を繰り返して謝罪したことは、河野談話の認識を引き受けて謝罪したことを意味し、橋本総理のお詫びの手紙の本文を繰り返して謝罪していることは、総理のお詫びの手紙とセットにして被害者に渡された、アジア女性基金理事長原文兵衛の手紙に述べられた慰安婦認識を前提にしていることを意味している。そこには、「かつて戦争の時代に、旧日本軍の関与のもと、多数の慰安所が開設され、そこに多くの女性が集められ、将兵に対する『慰安婦』にさせられました。一六、七歳の少女もふくまれる若い女性たちが、そうとも知らされずに集められたり、占領下では直接強制的な手段が用いられることもありました。貴女はそのような犠牲者のお一人だとうかがっています。これは、まことに女性の根源的な尊厳を踏みにじる残酷な行為でありました」と指摘されていたのだ。

第一二回慰安婦問題解決アジア連帯会議の決定は、四つの事実認定をふくんだ謝罪を求めていたので、このたびの合意では、そのことは完全に無視されたとして、挺対協と日本の運動団体「全国行動」からの批判が集中している。しかし、日本政府の謝罪の言葉が、河野談話とアジア女性基金の歴史認識を前提にしているとすれば、求められていた四点の事実認識はほぼ確認されているにひとしいのである。問題は認定が完全に隠されているところにある。

だが、最大の問題は、謝罪の主体である日本国総理大臣安倍晋三氏本人による謝罪の確認、安倍首相の署名した文書の公表がいまだなされていないことである。周知のように、安倍首相は、二八日夜、朴槿恵大統領と電話で会談し、謝罪の意を伝えているが、日本外務省のホームページによれば、「日本国の内閣総理大臣として改めて、慰安婦として数多の苦痛を経験され、心身にわたり癒しがたい傷を負われた全ての方々に対し、心からおわびと反省の気持ちを表明した」とのことであり、「日本政府は責任を痛感している」という新しい立場を伝えたのかどうかわからないのである。

一月四日の衆議院本会議で安倍首相は、日韓の合意については、「慰安婦問題については、将来の世代の障害にならないようにすることが重要であるとの観点から、両国間での協議を加速化することで合意し、これを踏まえ、一二月二八日に行われた日韓外相会談における合意及び私の朴槿恵大統領との首脳電話会談を通じ、この問題が最終的かつ不可逆的に解決されることになりました」と報告した。民主党岡田克也党首が一月六日の質問で、「安倍総理みずからの言葉として、この場で日韓両国民に対しはっきりと述べることを求め」ると迫ったが、「歴代の内閣が表明してきたとおり、反省とお詫びの気持ちを表明してきました。その思いに今後も揺るぎはありません」と述べるだけであった。一月一二日には、衆議院予算委員会で民主党の緒方林太郎議員がふたたび、自身の言葉で謝罪するように、四回求めたが、安倍首相は、自分が新たに謝罪の言葉を述べたら、「最終的に終了したことにならない」という異様な理屈を述べて、拒否し通したのである。

アジア女性基金のさいには、首相の謝罪の手紙は、橋本、小渕、森、小泉ら、歴代首相が自筆の署名をして、被害者一人一人の名前を書いた封筒に入れて、差し出された。オランダの事業のさいは、橋本総理のオランダ・コック首相宛の謝罪の手紙のコピーが被害者一人一人に渡された。オランダの被害者は異口同音に、「補償」の支払い以上に、橋本総理の手紙を受け取ったことがうれしかったと述べている。

三月三〇日、村山元総理は岸田外相を訪問して、日韓合意を支持する旨を伝え、総理の謝罪の手紙を駐韓大使によって被害者のもとに届けることが重要であると申し入れた。このたびの機会が最終的な解決の実施だというなら、やはり、安倍首相は岸田外相が伝えた謝罪の言葉を書き記して、その下に自らが署名した次のような手紙を作成すべきである。

慰安婦問題は、当時の軍の関与の下に、多数の女性の名誉と尊厳を深く傷つけた問題であり、かかる観点から、日本政府は責任を痛感している。

私は、日本国の内閣総理大臣として、改めて慰安婦として数多の苦痛を経験され、心身にわたり癒しがたい傷を負われた全ての方々に対し、心からのおわびと反省の気持ちを表明する。

二〇一五年一二月二八日

日本国内閣総理大臣　安倍　晋三

こうした手紙を駐韓国大使に託して、被害者ハルモニのもとに届けさせるべきである。そうしなければ、一二月合意の謝罪は完成されていないと言わざるを得ない。

とはいえ、この点での雲行きはあやしげである。二〇一六年一〇月三日の衆議院予算委員会で民進党小川淳也議員が「先ごろ、慰安婦問題に関する日韓合意に基づいて、今年八月、元慰安婦を支援する財団に一〇億円の拠出をされています。それに加えて、韓国政府からさらに安倍総理からのお詫びの手紙を求めるということがあるようでありますが、総理この件について現時点でどうお考えですか」と質問した。それに対して、岸田外相は、日韓合意は、昨年一二月の「共同発表の内容に尽きております。その後、追加の合意がなされているとは承知をしておりません」と答え、安倍首相は、「小川委員が指摘されたことはこの内容の外でございまして、我々毛頭考えていないところでございます」と答弁したのである。

この尊大な態度は、慰安婦被害者に新たに踏み込んで謝罪を表明した日本国総理大臣にふさわしくない。

一二月合意の第二の柱は、日本政府の一〇億円拠出と韓国政府が設立する財団による「名誉と尊厳の回復」に関する事業の実施であった。発表の第二項において、「日本政府の予算により、全ての元慰安婦の方々の心の傷を治癒する（癒す）措置を講ずる」と表明された。具体的には、「韓国政府が、元慰安婦の方々の支援を目的とした財団を設立し、これに日本政府の予算で資金を一括で拠出し、日韓両政府が協力し、全ての元慰安婦の方々の名誉と尊厳の回復、心の傷の治癒（癒し）のための事業を行うこととする」と述べられていた。実際に韓国政府がつくる財団は七月二八日、「和解・治癒財団」として発足した。

第二項の措置が第一項の謝罪を前提にした措置であることは明らかである以上、一〇億円は「謝罪」を表すために日本政府が差し出すものだという説明を補足することが望まれる。財団の活動目的として、日本語では「心の傷を癒す」、韓国語では「心の傷を治癒する」ことにが掲げられているが、日本語の「癒す」「癒し」の語感はきわめて軽いものであり、韓国語の「治癒」は病いや傷を直す、心と体を正常に回復させるという意味で、重い言葉である。

具体的には、財団の事業の第一は、日本総理の謝罪のハルモニへの伝達である。それなくして、被害者にとって「名誉と尊厳の回復」も、「心の傷の治癒」もありえない。

事業の第二は、謝罪の気持ちを表すための日本政府からの一定の金銭の支払いの伝達である。報道によれば、生存者には日本円で一〇〇〇万円、死亡者の遺族に二〇〇万円を差し出すことで、合意があるとのことである（読売、二〇一六年八月二五日）。

事業の第三は、生存している方であれ、亡くなった方であれ、すべての被害者ハルモニの「名誉と尊厳の回復」のために、慰霊碑の建設を進めることである。慰霊碑の建設は、挺対協の六項目要求の中に挙げられていた。

その慰霊碑問題は日本政府が日本の地に建てるものであったのだが、今日の状況では、日本に慰安婦慰霊碑を建てる条件は存在しない。まことに遺憾ながらヘイトスピーチ・デモが行われている状況では、日本に慰霊碑を建てて、国民多数がそれを守っていく体制はできない。だから、このたびの日韓合意を両国民の記憶にとどめるためにするのであれば、日本の政府の参加をえて、財団がソウルに慰霊碑を建てるのが、現実的な方策である。慰霊碑には、韓国政府の責任でまとめられた日韓の合意する慰安婦認識を記載して、慰安婦問題の説明とし、次に、上述した安倍総理の謝罪の言葉を記載し、最後に朴槿恵大統領の死者ハルモニへの慰霊と日韓の和解を願う言葉を記載することが望ましい。冒頭の慰安婦認識のパートには、アジア連帯会議の四項目をほぼもりこむように工夫すれば、慰霊碑に対する支持を広げることができるであろう。

さて、「和解・治癒財団」の「名誉と尊厳の回復、心の傷の治癒のための事業」の第四としては、慰安婦問題歴史記念館の建設が考えられる。歴史記念館は、もとより、より豊富な資料を展示し、深い歴史認識を打ち出せるので、これまた重要である。これを建設するならば、韓国の被害者だけでなく、北朝鮮、台湾、フィリピン、中国、インドネシア、オランダ、マレーシア、東チモール、日本などの被害者についても、その被害事実を確定し、展示する全アジア的な、全世界的な慰安婦記念館とすることが望ましい。そのためには、韓国国内の被害者、運動団体、専門家の協力を受けるだけでなく、国外の被害者、運動団体、専門家の協力を求めることが必要である。日本に存在するアクティブ・ミュージアム「女たちの戦争と平和資料館」などに協力を要請すべきであろう。アジア女性基金が日本政府の審査を受けてつくったデジタル・ミュージアム「慰安婦問題とアジア女性基金」も役立てていただきたい。財団が歴史記念館の設立を事業にふくめるのなら、韓国政府も資金を加え、韓国学界、運動団体の総力をあげて、日本及び世界の心ある人々の支援をえて、歴史記念館建設の実現を図ることが望まれる。

だが慰安婦問題は、韓国人被害者だけの問題ではない。一二月二八日の合意においても、安倍総理は「慰安婦として数多の苦痛を経験され、心身にわたり癒しがたい傷を負われた全ての方々」に対して謝罪を表明した。ここには当然韓国の被害者だけでなく、韓国以外の国の被害者も含まれているのである。だから今回、韓国の慰安婦被害者に対する謝罪と支払いの措置が進められ、その名誉と尊厳を回復し、心の傷を治癒する事業が行われるならば、これがアジア女性基金に代わって日本政府の行う慰安婦被害者に対する新たな謝罪と支払いの措置の基準となって、他の国の被害者にも新しい措置をとることができるはずである。

中国では、政府間の協議により、アジア女性基金はいかなる事業もなし得なかった。今日、班忠義監督が作成したドキュメンタリー映画「太陽がほしい」をみた者は、中国の被害者の痛切な声を聞いている。日本軍に占領された山西省盂県で暴力的につくられた特殊慰安所で被害を受けた万愛花さんは日本の裁判所に提訴した二四人の原告を代表する人である。彼女は二〇一三年に亡くなった。死の床で彼女は「謝罪してほしい。罪を認め頭を下げて賠償をすべきです。私が死んでも鬼になって闘う。真理を手に入れる必要がある。日本で再度訴訟を起こします」と語っていた。日本の裁判所に提訴した他の原告たちもほとんど全員がこの世を去っている。だとすれば、少なくとも中国人慰安婦訴訟原告二四人の遺族に対して、今回の新基準で日本政府は謝罪と支払いの措置をとるべきではないか。

北朝鮮では、政府に登録した被害者は二〇〇人をこえていることが知られている。その大多数も亡くなったと言われているが、なお生存しておられる被害者は一〇人はいるだろう。韓国の被害者に生存者一〇〇〇万円、死亡者遺族に二〇〇万円を支払うなら、北朝鮮の被害者には五億円以上の支払いがなされるべきである。日本政府の立場としては、この国とは国交がないから慰安婦被害者に措置はとれないというものであった。しかし、日朝平壌宣言が出て、国交早期実現が約束されてからすでに一四年が経過した。韓国の被害者のための追加的な措置がとられた現在の機会に、国交樹立のまえに、被害者が幾人かでも存命のうちに、謝罪と支払いの措置を講ずべきではないか。

もとより安倍内閣がこのような措置をとるだろうと想像することは難しい。しかし、日本国家にはかかる問題がつきつけられたままであることは動かし難い事実である。

日韓政府の一二月合意はこのようなあらたな協力の出発点だと考えることができる。アジア女性基金一二年の経験をその協力の中で活かしていくことが今日の課題であろう。

付録　アジア女性基金の会計報告

アジア女性基金は、基金の解散にあたっての会計報告をしていない。これは本来報告すべきものであったが、なぜかなされなかった。基金ののこした文書の中にも、まとまった表は一つもない。私はこれまで以下のような概略の数字をあげてきた（平凡社新書一七六−一七七頁）。

収入	
国民からの募金	五億六五〇〇万円
医療福祉支援用政府拠出金	一一億二〇〇〇万円
事務事業経費政府補助金	三五億〇五〇〇万円
計	五一億九〇〇〇万円
支出	
償い事業	
償い金　フィリピン・韓国・台湾	五億七〇〇〇万円
医療福祉支援　上記三国・オランダ	七億三〇〇〇万円
インドネシア	三億七〇〇〇万円
事務・償い事業実施、女性尊厳事業実施経費	三五億〇〇〇〇万円
計	五一億九五〇〇万円

政府も正式検証報告書「慰安婦問題を巡る日韓間のやりとりの経緯」（二〇一四年）において、「日本政府は、インドネシアでの事業をもって事業全体が終了する二〇〇七年三月末までに拠出金・補助金あわせ約四八億円を支出した」と書いている。

ここで、平成七年度から一七年度までの各年度収支決算書総括表と一八年度と清算期をカヴァーする清算決算報告書を結合させて、そこにある誤りも訂正して得られた、より実質的な数字をあげておきたい。

基金解散時点までの全期間の収支の主要な項目は次の通りであった。

収入	
寄付金収入	五億六五三五万五四六九円
基本財産取り崩し	三八六八万三七九〇円
政府補助金	三四億八四三一万二〇〇〇円
政府拠出金	一三億三〇五九万二四九七円
雑収入（利息など）	四六七六万〇七二一円
計	五四億六五七〇万四四七七円

基本財産取り崩しとは、財団法人として発足するために基本財産をととのえる必要があり、自治労や

企業から寄付を得て三八〇〇万円を獲得していたものを、償い金の支払いが不足したため、一〇〇〇万円を平成一四年度に取り崩して使い、のこりは解散にあたって、取り崩したものである。

支出

償い事業			一七億二一五二万六一三八円
	償い金		五億七〇〇八万五六一六円
	医療福祉		一一億五一四四万〇五二二円
その他事業			二一億六五九三万九九二一円
	尊厳事業		一七億二五一七万八六四八円
	基金総括		九〇一七万三八〇七円
	キャンペーン		三億　二三一万二二三九円
	運営審議会等会議費		二三四八万〇〇四四円
	海外事情調査		二四七九万五一八三円
管理費			一三億三五一九万九二三一円
	人件費		六億五五四三万八三七五円
	一般事務費		五億五八三六万九一四四円
	退職金		四八八九万九七四〇円
	退職引き当て特別		四九三七万〇七九五円

什器購入	一〇二〇万八五二六円
敷金	四三七万四二四〇円
電話加入権	五四万二一五〇円
事務所原状回復工事	三四四万六一〇〇円
清算に関する経費	四五五万〇一六一円
計	五二億二二六六万五八九〇円

最終的に、医療福祉支援のために与えられた拠出金で使わなかった額、一億八四二一万三七六二円を国庫に返還した。他にのこった金額三四四万六四八〇円は国庫に引き渡した。そして、基本財産を取り崩した金額の処理としては、慰安婦被害者へのアフター・ケアを行うNPO法人「C²SEA朋」（代表中嶋滋）へ二〇〇五万四七三〇円、法務省の外郭団体である財団法人人権教育啓発推進センターへ一〇〇二万七三六五円を寄付した。

結局、政府がアジア女性基金に支出した金額は、投入された政府資金四八億一四九〇万四四九七円から返還金一億八七六六万〇二四二円を引いた四六億二七二四万四二五五円である。

引用文献

アジア女性基金の理事会資料については、原則としてデジタル記念館「慰安婦問題とアジア女性基金」の文書庫、基金事業関連資料による。その他のアジア女性基金の資料はすべて著者所蔵の資料である。一部の資料は高木健一氏から提供を受けた。

日本の国会での政府答弁、審議については、国立国会図書館ホームページの国会会議録検索システムによっている。

韓国の慰安婦関連新聞記事については南基正、趙胤修氏の調査に負うところが大きい。

［アジア女性基金出版物］
『「従軍慰安婦」にされた方々への償いのために』アジア女性基金、一九九五年
『政府調査「従軍慰安婦」問題関係資料集成』第1‐5巻、龍渓書舎、一九九六年
女性のためのアジア平和国民基金編『「慰安婦」関係文献目録』ぎょうせい、一九九七年
『「慰安婦」問題調査報告・1999』アジア女性基金、一九九九年
・和田春樹「政府発表文書にみる『慰安所』と『慰安婦』――『政府調査「従軍慰安婦」問題関係資料集成』を読む」
・高崎宗司「『半島女子勤挺身隊』について」
『以文會友　以友輔仁――原文兵衛理事長を偲ぶ会』アジア女性基金、二〇〇〇年四月
『「慰安婦」問題とアジア女性基金』アジア女性基金、二〇〇四年
『「慰安婦」問題とアジア女性基金』アジア女性基金、二〇〇七年
『オーラルヒストリー・アジア女性基金』アジア女性基金、二〇〇七年

［挺対協出版物］
『挺身隊資料集』Ⅰ、韓国挺身隊問題対策協議会、一九九一年五月二八日（ハングル）
『挺身隊資料集』Ⅳ、韓国挺身隊問題対策協議会、一九九三年九月三〇日（ハングル）
『挺身隊資料集』Ⅴ、韓国挺身隊問題対策協議会、一九九五年三月三一日（ハングル）
『韓国挺身隊問題対策協議会二〇年史』ハヌル、二〇一四年（ハングル）

アクテイヴ・ミュージアム「女たちの戦争と平和資料館」編著『日本軍「慰安婦」問題すべての疑問に答えます』合同出版、二〇一三年
朝日新聞社第三者委員会「報告書」二〇一四年一二月二二日
荒井信一『歴史和解は可能か──東アジアでの対話を求めて』岩波書店、二〇〇六年
安藤彦太郎・寺尾五郎・宮田節子・吉岡吉典『日・朝・中三国人民連帯の歴史と理論』日本朝鮮研究所、一九六四年
林鍾国「ドキュメンタリー 女子挺身隊」、『月刊中央』一九七三年一一月号、邦訳『アジア公論』一九七四年三月号（ハングル）
上野千鶴子『ナショナリズムとジェンダー』青土社、二〇〇六年、新版 岩波現代文庫、二〇一二年
大島孝一・有光健・金英姫編『「慰安婦」への償いとは何か』明石書店、一九九六年
大沼保昭『「慰安婦」問題とは何だったのか』中公新書、二〇〇七年
大沼保昭・下村満子・和田春樹編『「慰安婦」問題とアジア女性基金』東信堂、一九九八年
韓国挺身隊問題対策協議会編『証言・強制連行された朝鮮人軍慰安婦たち』明石書店、一九九三年
（韓国）挺身隊問題実務対策班「日帝下軍隊慰安婦実態調査中間報告書」一九九二年七月
『韓日歴史懸案関連 日本軍慰安婦──研究論著目録』上下、東北アジア歴史財団、二〇〇九年
木村幹『日韓歴史認識問題とは何か』ミネルヴァ書房、二〇一四年
金一勉『天皇の軍隊と朝鮮人慰安婦』三一書房、一九七六年、（ハングル訳 林鍾国編著『挺身隊実録』日月書閣、一九八一年）
金達寿『玄海灘』筑摩書房、一九五四年
金文淑『朝鮮人慰安婦』明石書店、一九九二年
熊谷奈緒子『慰安婦問題』ちくま新書、二〇一四年
小森陽一・崔元植・朴裕河・金哲編著『東アジア歴史認識論争のメタヒストリー』青弓社、二〇〇八年
在日の慰安婦裁判を支える会編『オレの心は負けていない──在日朝鮮人「慰安婦」宋神道のたたかい』樹花舎、二〇〇七年
佐藤勝巳『わが体験的朝鮮問題』東洋経済新報社、一九七八年
佐藤健生・ノルベルト・フライ編『過ぎ去らぬ過去との取り組み──日本とドイツ』岩波書店、二〇一一年
志水紀代子・山下英愛編『シンポジウム記録「慰安婦」問題の解決に向けて──開かれた議論のために』白澤社、二〇一

二年
鈴木裕子『朝鮮人慰安婦』岩波ブックレット、一九九一年
鈴木裕子編『資料集・日本軍「慰安婦」問題と「国民基金」』梨の木舎、二〇一三年
戦後責任を問う・関釜裁判を支援する会編『関釜裁判ニュース　一九九三―二〇一三』二〇一四年
戦後五〇年国会決議を求める会・和田春樹・石坂浩一編『日本は植民地支配をどう考えてきたか』梨の木舎、一九九六年
千田夏光『従軍慰安婦――〝声なき女〟八万人の告発』双葉社、一九七三年、（ハングル訳『従軍慰安婦――声なき女八万人の告発』新現実社、一九七四年）
Soh. C. Sarah. *The Comfort Women: Sexual Violence and Postcolonial Memory in Korea and Japan*, Chicago: University of Chicago Press, 2008.
高木健一・内海愛子編『資料・戦後補償問題国会議事録第一集』編集委員会、一九九三年八月
趙世暎「実現可能な『次善』と実現不可能な『最善』の間で」、www.huffingtonpost.kr、（二〇一四年三月一日）
趙世暎『韓日関係五〇年、葛藤と協力の軌跡』大韓民国歴史博物館、二〇一四年（ハングル）、邦訳『日韓外交史』平凡社新書、二〇一五年
朝鮮総督府情報課編『新しき朝鮮』朝鮮行政学会、昭和一九年、復刻版（解説：和田春樹）、風濤社、一九八一年
土野瑞穂『「慰安婦」問題と「償い」のポリティクス――「女性のためのアジア平和国民基金」を中心に』（お茶の水女子大学大学院博士論文、二〇一四年三月）
鶴見俊輔『期待と回想』下巻、晶文社、一九九七年
鶴見俊輔・上野千鶴子・小熊英二『戦争が遺したもの――鶴見俊輔に戦後世代が聞く』新曜社、二〇〇四年
戸塚悦朗『日本が知らない戦争責任――国連の人権活動と日本軍「慰安婦」問題』現代人文社、一九九九年
日本政府検証報告書「慰安婦問題を巡る日韓間のやりとりの経緯」二〇一四年六月二〇日
秦郁彦『慰安婦と戦場の性』新潮社、一九九九年
服部龍二『歴史認識』岩波新書、二〇一五年
ハーマー、マルゲリート（村岡崇光訳）『折られた花――日本軍「慰安婦」とされたオランダ人女性たちの声』二〇一三年
朴裕河（佐藤久訳）『和解のために』平凡社、二〇〇六年
朴裕河『帝国の慰安婦――植民地支配と記憶の闘い』朝日新聞社、二〇一四年

George Hicks, *The Comfort Women*, Allen and Unwin, 1995、(ハングル訳『慰安婦』創作と批評社、一九九五年/日本語訳（浜田徹訳）『性の奴隷　従軍慰安婦』三一書房、一九九五年）
藤島宇内監修『ドキュメント朝鮮人――日本現代史の暗い影』日本読書新聞出版部、一九六五年
村山富市・和田春樹編『デジタル記念館　慰安婦問題とアジア女性基金』青灯社、二〇一四年
文玉珠『ビルマ戦線楯師団の「慰安婦」だった私』梨の木舎、一九九六年
山下英愛『ナショナリズムの狭間から――慰安婦問題へのもう一つの視座』明石書店、二〇〇八年
吉田清治『朝鮮人慰安婦と日本人――元下関労報動員部長の手記』新人物往来社、一九七七年、（ハングル訳『挺身隊狩りする人』日月書閣、一九八〇年）
吉田清治『私の戦争犯罪――朝鮮人強制連行』三一書房、一九八三年、（ハングル訳『私は朝鮮人をこのように捕まえて行った』清渓研究所、一九八九年）
吉見義明編『従軍慰安婦資料集』大月書店、一九九二年
吉見義明『従軍慰安婦』岩波新書、一九九五年
吉見義明・林博史編『共同研究日本軍慰安婦』大月書店、一九九五年
尹貞玉「梨花女子大尹貞玉教授『挺身隊』怨恨ののこる足跡取材記」（ハングル）、『ハンギョレ新聞』一九九〇年一月四日、一二日、一九日、二四日、日本語訳（山下英愛訳）『未来』一九九六-一九九九号、一九九一年五月号-八月号/（従軍慰安婦問題を考える在日同胞女性の会訳）『私たちは忘れない朝鮮人従軍慰安婦』一九九一年三月
尹美香（梁澄子訳）『20年間の水曜日――日本軍「慰安婦」ハルモニが叫ぶゆるぎない希望』東方出版、二〇一一年
廉基瑢「奪われた男女たち――ドキュメンタリー女子挺身隊と徴用」、『月刊朝鮮』一九八〇年八月号（ハングル）
渡辺美奈「『女性のためのアジア平和国民基金』――その成立過程と事業の検証」（東京大学大学院修士論文、二〇一四年三月）
『日本軍性奴隷制を裁く――二〇〇〇年女性国際戦犯法廷の記録』全六巻、緑風出版、二〇〇〇-二〇〇二年

2014年

1.30-2.2 フランスで開催された「アングレーム国際漫画祭」に韓国の慰安婦漫画が展示

2.20 衆議院予算委員会で山田宏議員が石原元官房副長官に河野談話作成過程について質問。2点の検証を政府に求める

2.28 菅義偉官房長官が「河野談話作成過程等に関する検討チーム」設置を発表

3.14 安倍首相、参議院予算委員会で、河野談話を「安倍内閣で見直すことは考えていない」と表明

6.2 日本軍慰安婦問題解決アジア連帯会議、「日本政府への提案」を採択

6.20 日本政府河野談話作成過程検証委員会、報告「慰安婦問題を巡る日韓間のやりとりの経緯」発表

8.5-6 朝日新聞、吉田清治証言を虚偽と認めるなど特集記事「慰安婦問題を考える」を2日にわたり掲載

12.22 朝日新聞社第三者委員会、検証報告書を発表

2015年

4.23 安倍首相訪米前夜、参議院議員会館で集会「『慰安婦』問題、解決は可能だ」開催

8.14 安倍首相、戦後70年総理談話を発表

11.2 日韓首脳会談開催、慰安婦問題解決の早期妥結で合意

12.28 日韓外相会談で慰安婦問題解決合意、記者会見で口頭発表、謝罪に基づき日本政府10億円と韓国財団に拠出する。これをもって問題を「最終的かつ不可逆的に解決」されるとする

2016年

6.9 日韓合意に反対する挺対協など、「正義・記憶財団」を設立

7.28 韓国政府、「和解・治癒財団」を設立

8.24 日本政府10億円を拠出することを閣議決定

10.3 安倍首相、お詫びの手紙について「毛頭考えていない」と発言

10.11 「和解・治癒財団」、「慰安婦」被害者への支給金申請受付開始を発表

2006年

4.　中学歴史教科書から「慰安婦」記述が一斉に消える
9.26　第１次安倍内閣成立
10.5　安倍晋三首相、衆議院予算委員会で「河野談話」も「現在の政府にも受け継がれている」と答弁

2007年

1.31　米下院マイケル・ホンダ議員が慰安婦問題決議案を提出
3.31　アジア女性基金解散
6.14　『ワシントン・ポスト』紙に慰安婦問題に関する意見広告“The Facts”載る
6.26　米下院外交委員会、ホンダ議員ら提案の決議案を可決
9.12　安倍首相辞任表明
9.　デジタル記念館「慰安婦問題とアジア女性基金」、ウェッブ上に開設
11.26　「慰安婦」問題解決オール連帯ネットワーク結成

2009年

9.16　鳩山内閣成立、民主党に政権交代

2010年

8.10　韓国併合100年にさいしての菅直人総理談話

2011年

8.30　韓国憲法裁判所、「慰安婦」問題が「政府の不作為による違憲状態」と判決
12.14　韓国慰安婦問題解決水曜デモ第1000回行われる、在ソウル日本大使館前に「少女像」設置
12.17-18　李大統領、京都での野田首相との首脳会談で慰安婦問題解決を強く求める

2012年

8.10　李大統領、独島（竹島）視察
10.28　斎藤官房副長官と李明博大統領特使李東官が東京で会談、慰安婦問題解決案で合意
12.26　第2次安倍内閣成立

2013年

2.25　朴槿恵が韓国大統領に就任
5.13　橋下徹大阪市長が慰安婦問題について発言し、内外に波紋を呼ぶ
5.15　安倍首相、参議院予算委員会で、村山談話を「政権としては全体として受け継いでいく」と表明
10.16　「産経新聞」、日本政府が1993年ソウルで元慰安婦16人への聞き取り調査報告書を入手し、スクープ報道。検証なく「ずさんな調査」、「河野談話根拠崩れる」と非難
12.26　安倍首相、靖国神社参拝

1998年

3.18　韓国政府、アジア女性基金を受け取らないと誓約する元「慰安婦」に3100万ウォンを支給すると発表

4.27　「関釜裁判」で山口地裁下関支部が、日本国に対し「立法不作為による国家賠償を認め」、元慰安婦3名に各々30万円の賠償金支払いを命じる判決

6.6　VAWW-NET Japan（「戦争と女性への暴力」日本ネットワーク）発足（代表：松井やより）

7.15　橋本首相、オランダのコックス首相に慰安婦問題でお詫びの手紙を送る。オランダ・アジア女性基金事業実施委員会設立。同委員会とアジア女性基金、覚書締結。

8.8　国連差別防止・少数者保護委員会（人権小委員会）のマクドガル氏が特別報告書提出

1999年

8.-　中学校歴史教科書4社が慰安婦記述を削除

2000年

4.13　扶桑社が「つくる会」作成の2002年度用中学校歴史教科書を文部省に検定申請

12.8-12　東京・九段会館で「女性国際戦犯法廷」開催

2001年

1.30　女性国際戦犯法廷を特集したNHK番組「問われる戦時性暴力」の番組改変事件

3.21　参議院に「戦時性的強制被害者問題の解決の促進に関する法律」案（慰安婦法案）、民主・社民・共産の野党3党女性議員が共同提出、内閣委員会に付託される

3.29　関釜裁判控訴審で広島高裁は元慰安婦たちの損害賠償請求を棄却し、逆転敗訴

5.8　韓国政府、日本政府に対して中学校歴史教科書の記述修正を要求

5.16　中国政府、歴史教科書問題について日本政府に申し入れ

7.14　アジア女性基金のオランダ事業終結

2002年

2002年度中学歴史教科書の「慰安婦」記述、8社中3社となる

9.17　日朝首脳会談で「平壌宣言」発表

9.30　アジア女性基金、「償い金」事業終了

2004年

11.29　金学順裁判、最高裁で棄却

2005年

8.1　東京にアクティブ・ミュージアム「女たちの戦争と平和資料館」（略称WAM）開館

7.19　「女性のためのアジア平和国民基金」（以下、アジア女性基金）発足。韓国・挺対協など内外43団体が基金発足に反対する声明発表
8.7　中国人「慰安婦」損害賠償請求訴訟（第一次）提訴
8.15　6紙の朝刊にアジア女性基金の全面広告、戦後50周年にさいし村山「総理談話」発表
9.4-15　第4回世界女性会議、北京で開催
12.22　アジア女性基金の募金額1億2906万円となる

1996年

1.4　クマラスワミ特別報告官、国連人権委員会に慰安婦問題に関する報告書提出、日本政府に国際法違反の法的責任を受け入れよと勧告
2.23　中国人「慰安婦」損害賠償請求訴訟（第二次）提訴
3.　国際労働機関（ILO)、慰安婦は性奴隷であり、強制労働条約違反とする見解を発表
4.29　国連人権委員会、クマラスワミ報告書全体に留意する（take note）との決議採択
4.　月末のアジア女性基金の募金額3億3000万円となる
6.4　アジア女性基金、元慰安婦への「償い金」を一人当たり200万円とすることを決定
6.27　97年度用中学校社会科教科書の検定結果が公表。7冊すべてが慰安婦に関して記述
7.20　自由主義史観研究会、中学校教科書からの慰安婦記述削除要求など、歴史教科書批判を全国規模で展開することを決定
8.14　アジア女性基金、フィリピンの元慰安婦3人への償い金伝達式を実施
10.18　韓国で「日本軍“慰安婦”問題の正しい解決のための市民連帯」発足。アジア女性基金に対抗し、被害者支援の募金活動開始
11.11　アジア女性基金、「慰安婦」関係資料委員会設置
12.2　「新しい歴史教科書をつくる会」設立記者会見

1997年

1.11　アジア女性基金、韓国の元慰安婦7人への償い金支給を開始。
2.27　自由民主党内に「日本の前途と歴史教育を考える若手議員の会」結成（事務局長：安倍晋三）
3　アジア女性基金、『政府調査「従軍慰安婦」関係資料集成』全5巻刊行
3.25　アジア女性基金、インドネシア政府と高齢者社会福祉支援事業について覚書に署名
5.30　「日本を守る国民会議」と「日本を守る会」を統合して「日本会議」（会長：塚本幸一）が発足
12.16　元「慰安婦」の金学順が死去
12.　台湾政府、日本政府による補償の立替金として各被害者に50万元（約200万円）支給

2.25　金泳三韓国大統領就任
4.2　マリア・ロサ・ヘンソンらフィリピン人元慰安婦、東京地裁に提訴
4.5　在日の元慰安婦の宋神道、東京地裁に提訴
4.21　「日本の戦争責任資料センター」発足（代表：荒井信一）
6.9　ヴィーンで「国際世界人権会議」
6.11　韓国で「日帝下日本軍慰安婦に対する生活安定支援法」制定。93年8月より元慰安婦に一時金、生活費支給など開始
6.18　宮澤内閣への不信任案可決、国会解散
8.4　日本政府、第2次調査結果発表。河野洋平官房長官談話
8.6　細川護煕を首相とする非自民連立内閣成立
8.10　細川首相、記者会見で「侵略戦争であった」ことを認める発言
8.24　細川首相「戦後補償問題」「法的立場の見直しは考えていない」と発言
9.13　「日本は侵略国ではない」細川内閣糾弾国民集会
11.16　細川首相、慶州で「植民地支配」と「創氏改名」に言及

1994年

2.7　挺対協、東京地裁に責任者処罰公訴告発状を提出、受理されず
3.1　戦争責任資料センター、「従軍慰安婦」問題に関する第一次報告書発表
4.28　羽田内閣成立
8.19　朝日新聞が村山内閣の「民間募金による『見舞金』支給」構想決定と報道
8.22　元慰安婦と支援35団体が「民間募金構想撤回と被害者個人への謝罪と補償を求める共同声明」を発表
8.31　村山首相、平和友好交流計画などについての「総理の談話」を発表
9.8　与党戦後五十年問題三党プロジェクト・チーム初会合
10.21　慰安婦問題等小委員会第1回会合
11.22　ICJ（国際法律家委員会）が報告書を発表。慰安婦被害者には個人補償請求権があると結論。日本政府に行政機関の設置、立法措置、仲裁裁判に応ずべきと勧告
11.30　毎日新聞に半面広告「わたしたちは『民間基金』による『見舞金』ではなく、日本政府の直接謝罪と補償を求めています」
12.1　戦争謝罪国会決議案に反対するため自民党内に「終戦50周年国会議員連盟」（会長：奥野誠亮）が発足

1995年

4.7　五十嵐官房長官が記者会見で「女性のためのアジア平和友好基金」（仮称）設立の方針と準備状況を発表
6.9　衆議院本会議で「戦後50年国会決議」採択
6.13　五十嵐官房長官、「女性のためのアジア平和国民基金」（仮称）の設置を公表

関連年表（1990-2016）

1990年

1.4-24　尹貞玉「挺身隊『怨念ののこる足跡』取材記」が韓国の『ハンギョレ新聞』に4回連載

6.6　参議院予算委員会で清水労働省職業安定局長、慰安婦は「民間の業者が軍とともに連れ歩いた」「調査はできかねる」と答弁

10.17　韓国女性団体連合、韓国教会女性連合会など37の女性団体が、日本政府に公開書簡を送付、6項目要求提示

11.16　韓国の37女性団体が「韓国挺身隊問題対策協議会」（以下、挺対協）を結成

1991年

8.14　金学順が韓国で初めて元慰安婦として名乗りを上げ、記者会見

12.6　金学順ら元慰安婦3名が、軍人・軍属らとともに、日本政府の謝罪と補償を求めて東京地裁に提訴

12.7　韓日アジア局長会談で韓国外務省金錫友局長、慰安婦問題真相究明を要請

12.12　日本政府関係省庁会議で慰安婦問題の資料調査を指示

1992年

1.8　挺対協、日本大使館前で第1回目の「水曜デモ」

1.11　吉見義明教授が防衛庁防衛研究所図書館で、旧日本軍の慰安所設置、慰安婦募集統制を示す資料を発見したと『朝日新聞』が報道

1.13　加藤紘一官房長官、慰安婦問題に日本軍の関与は「否定できない」として謝罪と反省の談話発表

1.17　訪韓した宮澤喜一首相が、盧泰愚大統領に慰安婦問題に対して謝罪

2.1　日朝国交正常化交渉で、日本政府が慰安婦問題に関し、北朝鮮側に謝罪表明

5.上旬　秦郁彦「従軍慰安婦たちの春秋」（『正論』1992年6月号）が、吉田清治『私の戦争犯罪』の記述を虚偽と主張

7.6　日本政府、第1次調査結果公表

7.31　韓国政府、『日帝下軍隊慰安婦実態調査中間報告書』発表

8.10-11　第1次「挺身隊問題解決のためのアジア連帯会議」がソウルで開催

9.18　フィリピンでロサ・ヘンソンさんが記者会見

10.30　韓国・仏教人権委員会、元慰安婦の共同生活施設として「ナヌムの家」開設（95年12月広州市に移転）

1993年

2.1　韓国で証言集『強制連行された朝鮮人「慰安婦」たち』（挺対協、挺身隊研究会編）刊行

人名索引

【著者紹介】
和田春樹（わだ・はるき）
1938年生まれ。東京大学名誉教授。ロシア・ソ連史、朝鮮史研究。主な著書に、『朝鮮戦争全史』（岩波書店、2002年）、『東北アジア共同の家——新地域主義宣言』（平凡社、2003年）、『ある戦後精神の形成 1938-1965』（岩波書店、2006年）、『日露戦争 起源と開戦』（岩波書店、2009-10年）、『領土問題をどう解決するか——対立から対話へ』（平凡社新書、2012年）、『北朝鮮現代史』（岩波新書、2012年）、『慰安婦問題の解決のために——アジア女性基金の経験から』（平凡社新書、2015年）、『「平和国家」の誕生——戦後日本の原点と変容』（岩波書店、2015年）『スターリン批判　1953～1956年』（作品社、2016年）などがある。

アジア女性基金と慰安婦問題——回想と検証

2016年11月7日　初版第1刷発行

著　者　和　田　春　樹
発行者　石　井　昭　男
発行所　株式会社　明石書店

〒101-0021 東京都千代田区外神田6-9-5
電　話　03（5818）1171
FAX　03（5818）1174
振　替　00100-7-24505
http://www.akashi.co.jp

装幀　明石書店デザイン室
組版　朝日メディアインターナショナル株式会社
印刷・製本　モリモト印刷株式会社

（定価はカバーに表示してあります）　ISBN978-4-7503-4424-9

日本軍「慰安婦」関係資料集成

鈴木裕子、山下英愛、外村 大［編］

◎A5判／上製･函入／1666頁／上下二分冊:分売不可　◎35,000円

植民地下の朝鮮で「慰安婦」はどのように集められたのか。国際連盟からも注視され日本が関与を疑われていた婦女売買や背景に存在した公娼制度の実態、さらに戦時下の女性動員の動向を示す資料を韓国・日本で度重なる収集を行い、編集した総合資料集。

《内容構成》

〈上巻〉

第1編　日本軍「慰安婦」･労務「慰安婦」関係資料　（鈴木裕子）
第2編　朝鮮公娼制度　（山下英愛）

〈下巻〉

第3編　東洋婦人児童売買実地調査団と国際連盟における婦人児童売買問題（鈴木裕子）
第4編　植民地朝鮮における女性と戦時動員　（鈴木裕子）
第5編　戦時女性労務動員と女子勤労挺身隊　（外村大）

解説編

第1編　日本軍「慰安婦」･労務「慰安婦」関係資料　（鈴木裕子）
第2編　朝鮮における公娼制度の実施とその展開　（山下英愛）
第3編　東洋婦人児童売買実地調査団と国際連盟における婦人売買問題（鈴木裕子）
第4編　植民地朝鮮における女性と戦時動員　（鈴木裕子）
第5編　戦時下朝鮮人女子労務動員の実態　（外村大）

〈価格は本体価格です〉